中央文化产业发展专项资金重大项目

聋人与社会

主编 孟繁玲

郑州大学出版社

图书在版编目(CIP)数据

聋人与社会/孟繁玲主编. —郑州:郑州大学出版社,2018.11(2023.1 重印)
ISBN 978-7-5645-5899-4

Ⅰ.①聋… Ⅱ.①孟… Ⅲ.①聋哑教育-教材 Ⅳ.①G762

中国版本图书馆 CIP 数据核字(2018)第 244917 号

郑州大学出版社出版发行
郑州市大学路 40 号　　　　　　　　邮政编码:450052
出版人:孙保营　　　　　　　　　　发行部电话:0371-66966070
全国新华书店经销
新乡市豫北印务有限公司印制
开本:710 mm×1 010 mm　1/16
印张:18.5
字数:364 千字
版次:2018 年 11 月第 1 版　　　　　印次:2023 年 1 月第 3 次印刷

书号:ISBN 978-7-5645-5899-4　　　　定价:38.00 元

本书如有印装质量问题,请向本社调换

编者名单

———《聋人与社会》———

主　　编　孟繁玲

参编人员　（以姓氏笔画为序）

　　　　　　王珍珍　王俊珍　白瑞霞

　　　　　　丛永红　杨超然　陈　英

　　　　　　陈　洁　孟繁玲

序
Prologue

本书付梓时,正值中央经济工作会议召开,为什么会把这两件事联系在一起?当本书作者邀我为书写序时,我思绪中第一个闪出的念头便是:关注民生。

《中国青年报》(2009年12月8日)用头版头条刊载了这条会议的消息,在对这次会议所作的导读栏中,特别用加红底色的方式列了两个标题:"明年经济工作的总体要求""明年经济工作的主要任务"。在对"总体要求"和"主要任务"的几百字提示中,分别写着"更加注重改善民生""着力保障和改善民生"。这两年把民生问题摆在如此重要的位置,不仅反映了我们党执政为民的一贯宗旨,更是新一届中央领导与时俱进、加快社会文明建设进程的突出体现。

民生,就是人民的生活,就是人民怎么活,活得怎么样。聋人是人民的一部分自不待言,而这部分人民的生活如何,他们能和大多数听人一样分享到社会的恩泽吗?我们对民生的关注,在政策层面上当然不会把他们排除在外,但是,从关注弱势群体的操作层面上,我们该关注而没有关注的事情实在不算太少。

孟繁玲教授主编的《聋人与社会》,做的就是这桩事。起初,它虽然是在聋人大学生中开设的一门课程,在经过几轮讲授后形成为一本教材。但它的意义已远远超出一门课程、一本教材的范围,它完全称得上是一本聋人的生活地图,一本聋人家长的教育指南,一本聋校老师的工作手册,一本聋人工作者的囊中珍本。

聋教育在我国已有百年历史,而聋人高等教育却依然年幼。但生长力旺盛,长势迅速,依我个人的亲身经历深深感到,对于从事聋人高等教育的人,既要有热情,又要有智慧,更要有责任心。因为聋人高等教育,没有升学压力,也少有横向比较,教好教坏,学好学坏,多半不会有人在教师头上指三道四,很大程度是一份"良心活"。由孟繁玲教授开头设立的这门"聋人与社会"课程,并由她带头讲授,就是一份由热情、智慧和责任心结成的"良心活"。

近十年里,由聋人写的书和为聋人写的书逐渐多了起来,例如由聋人写的,早几年有像老一辈聋人戴目先生的《百年沧桑话聋人》(2003)、《梦圆忆当年》(1999)和郑立群的《我拥抱了文学女神》(2002)已为许多聋人和聋人工作者所熟知。较近的也是年轻一代聋人的著作,如严鹏飞的《我的无声世界》(2004),李颖《双语策略的效果研究》(2009),陈少毅《从聋到龙——聋人生活必读》(2009),张旭东《我是聋人》(2009),等等。为聋人而写的书,十年里出了多少本,我难以计数,但我相信这本《聋人与社会》是比较有意义的一本,从主编酝酿撰写的初衷,到邀集数位同事(他们中多数有教育聋生的长期积累)选题取材、落笔成文,再到听取多方意见进行修改,尤其值得提一提的是听取了几位聋人知识分子的意见,凡此,都是本书作者精心之处。从而使这本教材,能贴近聋人生活实际,满足他们的实际需要,为聋人大学生学习成长,塑造健康的人格,成长为适应现代社会的新型大学生,发挥了应有的作用。

聋人高等教育在我国历史不长,为聋人设置的专业还不广,与各个专业相适应而配置的教材也十分稀少。当然,从专业学科的分野而言,自不必门门课程都需要编写聋人用的专门教本,但《聋人与社会》所列各项却是各个专业的聋人大学生都不可回避的人生话题。在这个时候,有这样一本"小百科"式的通识教材出版,对聋人是福音,对聋教育是喜讯,对聋人文化建设是路石,也是路标。

基于此,相信像《聋人与社会》这类为聋人的书会越来越多,寄望可期。

张宁生

2009年底·郑州

(张宁生,曾任辽宁师范大学教授、博士生导师,现为中州大学特聘教授。)

再版前言
Preface

耶鲁大学校长苏必德(Peter Salovey)在2018届毕业典礼上发表了题为 Drawing a Larger Circle 的演讲。演讲中与毕业生分享了 Pauli Murray 在1945年所写的关于她的志向,"那时,她还是一位年轻的律师和民权活动家。"我要通过积极和包容的方式打破隔离,"Murray 写道,"当我的兄弟们试图画一个圈把我排除在外时,我会画一个更大的圈来包容他们。他们为小团体的特权发言,而我为全人类争取权利"。苏必德校长建议耶鲁大学毕业生要努力构建自己的圈子,首先要"确保画的圈足够大",其次要"尽自己所能画更多的圈"。

我欣赏苏必德校长的致辞。在多年的聋教育实践中,我们也致力于探索一条促使聋人群体更加融合包容、更好地实现个人发展的道路。而"聋人与社会"就是帮助聋人画出尽可能大、尽可能多的"圈"的一门课程。

2001年中州大学(现郑州工程技术学院)开办了聋人高等教育。当聋生们从相对封闭的聋校,走进开放的大学校园时,兴奋之余,也会产生很多困惑,也会感到迷茫和无助。比如:为什么听人有那么多的专业可以选择,我们就不能呢?是因为我们大脑不够发达,还是因为我们有听力障碍?同时,初接触聋生的老师也有很多不解,有一些老师曾有这样的疑惑:上课时聋生通过翻译和我们互动良好,但课程结束后,聋生们看到老师总是如同路人,毫无表情。而聋生的回答则是:我们确实很尴尬,和听人老师相见的时候也想打招呼,但如果我们用手语,老师看不懂,老师用有声语言,我们听不到,干脆就不语而过吧。我告诉聋生可以用表情(微笑)或体态语(点头),也可以用简单的手势与老师们打招呼。聋生们试用后告诉我:"成功了,很开心!"老师们也反映学生进步了,越来越可爱,师生互动增加,教学效果也明显改善。由此,我开始思考为聋人开设一门课程帮助其更好地融入社会,2002年"聋人与社会"课程应运而生。"让聋人走近社会,让社会接纳聋人"成为该课程的主旨。

课程开设初期,主要针对聋生面临的各种问题选择教学内容。教材是自己编写的讲义,课由我来上。出乎预料的是学生们对该课程充满了期待,每次上课总是提前很长时间到教室。最多时100多名聋生同堂听讲,他们对每一个知识点穷追不舍。学生对知识信息的渴望极大地调动了我讲课的激情,在师生互动中课程结构不断完善,教学效果不断提高。

在教学中,我告诉学生:"聋人同样可以创造人生的辉煌,同样可以拥有幸福美好的生活!"聋生们为此而感到振奋。在这门课程开设的过程中,我一直保持着与学生的积极互动,通过周记的形式了解其想法和困难,从而培养了与聋生们深厚的情感。他们为我的"QQ"头像做了个性签名:"聋孩子的亲娘、聋人的引路人"。每年的教师节、圣诞节、母亲节等节日我都会收到聋生们送来的鲜花与苹果。我也在教学过程中对聋人群体渴望发展的内在需求和巨大潜能有了深刻的认识,在走进他们心灵深处深度交流的过程中,不断强化着我要为聋人事业奋斗终身的强烈愿望。

十余年来,课程所涉及的"圈"不断扩大,内容不断丰富,面向人群不断增加。课程开设初期以解决聋人交际问题为主要目的,名称考虑为"聋人与交际"。随着教学时间的延长,我发现造成聋人融入社会的障碍不只是交际问题，因此，教育、心理、就业、创业、恋爱、婚姻等诸多方面逐渐被纳入课程体系。于是该课程最终定名为"聋人与社会"。

课程所面向人群也从校内聋生，不断扩展至听人老师、学生家长、用人单位等，从而使社会各界开始关注聋人问题，共同参与探讨解决聋人问题。2004年，我校开设了手语翻译专业，为了使手语翻译专业的学生尽快了解和接纳聋人，也为其开设了该课程。课程的开设加速了手语翻译专业的学生与聋人群体的融合，迅速缩短了两个群体之间的心理距离。手语翻译专业的学生向聋生学习手语知识，同时帮助聋人获取更多的校园内外信息，在这一过程中二者都获得了快速成长。多少年来，在特教学院的课余时间，聋生们是手语翻译学生的手语老师，手语翻译专业的学生是聋生学习、生活的助手。他们之间发生了很多动人的故事，有真挚的友谊，也有动人的爱情。只要有聋生的地方就有手语翻译专业的学生，学校召开的大会小会运动会、文艺演出、学术讲座、学科竞赛、学术研讨都会有手语翻译专业的学生为聋生提供手语翻译服务。2014年10月，在我校召开的第七届世界手语大会上，26名优秀手语翻译专业的学生为大会提供翻译服务，受到了来自世界各国聋人学者的好评。

通过"聋人与社会"课程的学习，我校聋生画的圈也越来越大，越来越多。由聋生发起的、聋听合作的"爱心手语社"持续开展活动15年，由其承办的"聋艺杯"河南省高校联盟手语大赛自2012年至今也开展到了第七届。聋人、手语正在被越来越多的人所认识、接受和热爱，这是一个可喜的变化，也是社会文明进步的具体体现。

2012年，我和同事们带领24名聋生走出了校园，三次登上了中央电视台《我要上春晚》栏目。通过演出，让更多人了解到内心充满阳光的聋人大学生。世界乒乓球冠军邓亚萍看到学生们的表演高兴地说:"我为家乡的你们感到骄傲,欢迎你们毕业后来我公司工作!"学生们得到了肯定,受到了鼓舞,对未来生活充满了信心!同年,这24名学生带着创业的梦想再次登上了浙江卫视的《中国梦想秀》栏目并圆梦成功。《浙江日报》的记者在报道中说道:"他们在舞台上阳光积极的状态,彻底颠覆了世人对他们的偏见。"以《中国梦想秀》提供的15万元梦想基金为基础,在社会各界的支持和帮助下,以聋人大学生创业孵化为宗旨的"聋艺画廊"成立,并先后孵化出数家以聋人大学生为主体的企业。一些聋人成为企业负责人,用自己的知识智慧创造财富的同时实现了创业梦。

"聋人教育要对学生的一生负责",这是我们坚持的教育理念,也是我们对聋生的承诺。毕业多年没有结婚的学生要求我为其介绍对象。我了解他们,他们对幸福的要求是很高的,不是那么容易能解决问题。在毕业生、家长、社会的强烈要求下,从2013年起,我和聋艺画廊开启了"全国聋人相亲大会",后来改名为"全国聋人相亲节"。到目前为止,已经举办了好几届,据不完全统计,已经由100多对聋人青年通过此项活动结为伴侣,幸福地生活着。

近几年,我校所画的"圈"更是由国内拓展到了国外。2014年,由我和聋人毕业生关雪松共同申请的"第七届世界手语大会"在我校召开。来自15个国家和地区的参会聋人学者使我们大开眼界,他们中有毕业于世界名校的博士、硕士,有大学教授、聋人领袖,甚至还有聋人钢琴手。世界聋人协会主席科林·艾伦在大会开幕式上说道:"真的想不到,这里聚集着这么多的聋人大学生(当时在校生近600人),他们在幸福地学习生活着,他们的生活状态说明了中州大学对聋教育的重视,进而说明了中国政府对聋人教育的重视。"

2016年3月至2018年,由英国文化协会资助、英国中央兰开夏大学和中州大学(现郑州工程技术学院)合作研究的聋人英语教学与网络资源开发的跨国研究项目已经取得了阶段性成果，实验组成员英语成绩明显提高。2017年，在马来西亚林国荣创意科技大学校长林国荣的资助下，我校15名聋生赴马来西亚留学半年，他们的出色表现受到了所在学校的高度赞扬。

"聋人与社会"课程开设以来，受到国内外专家学者以及学生们的认同。美国波士顿大学聋人研究中心聋人副教授江和、德国汉堡大学聋人讲师倪大伟、原辽宁师范大学博士生导师张宁生、北京联合大学教授吴铃、北京联合大学聋人教师胡可等先后走进了"聋人与社会"课堂听课，并给予了充分肯定。2016年10月，我和同事在上海参加第16届中国当代语言学国际研讨会手语语言学专场讨论会期间，深入了解了在沪工作的聋人毕业生的工作和生活状态，为他们的幸福而欣慰。临行，一个毕业10年的学生郑小三追上我，认真地告诉我，之所以有今天，与当年"聋人与社会"课程对其的指导与帮助分不开，这是对该课程的最高赞扬。

在过去的十余个年头里，"聋人与社会"课程已形成了稳定的教学团队，《聋人与社会》教材也已出版8年。在教学过程中，教学内容不断改进，教学体系不断完善。本次再版，应广大聋生要求，增加"聋人与手语"一章，该章内容由两位年轻的手语翻译专业教师（王俊珍、杨超然）编写，她们长期工作在翻译一线，对聋人朋友有着充分的理解和深厚的感情，能够结合工作实践编写教材。同时，非常感谢张宁生教授年逾八旬依然指导本教材编写，对稿件字斟句酌，严格把关。感谢我校文化传播学院的王静教授百忙之中抽出时间给予指导并提出宝贵意见。特别感谢王珍珍老师，不顾身体的虚弱为教材编写审定终稿。

我国进入了全面实现小康的攻坚克难的关键阶段，习近平总书记说过："全面进入小康社会，残疾人一个也不能少。"

新时代的发展赋予聋人教育工作者更多的责任和使命,提高聋人教育质量,促进聋人群体综合素质的持续提高,进而提高聋人群体的生活质量是我们义不容辞的责任,愿这本《聋人与社会》能为聋人群体的发展贡献一份力量!

孟繁玲

2018 年 7 月 2 日于郑州

前言
（第一版）

为聋人大学生编写教材的愿望由来已久,这种愿望来自于聋人大学生对知识的渴望和对交流的期盼,他们渴望走进社会、融入群体;他们渴望被了解和了解他人;他们渴望驱走心灵的寂寞,他们渴望获得平等的就业、创业机会;他们渴望平等、参与、共享;他们渴望能够为民族兴旺、国家富强贡献力量!

"聋人与社会",就是根据聋人大学生如何克服成长中的各种障碍,从而使自己得到全方位的健康成长,以尽快适应社会需要而开设的课程;也是在对聋人群体中各个年龄段、各个学历层次的聋人及聋人家长充分调查的基础上开设的特殊课程。中州大学自2002年开始开设本课程,现已开设八年。在八年的教学实践中,编者根据社会发展的变化、聋人大学生在毕业后所反馈的问题和聋人大学生家长所提供的信息,对教学内容进行及时的调整和补充,力求为聋人大学生尽快融入社会提供切实指导。而八年的教学实践也充分证明,聋人大学生非常需要并且十分热爱这门课程。通过案例讲述、课堂讨论、模拟实践等灵活多样的教学方式,聋人大学生通过"聋人与社会"的课程,进一步认识了自己、认识了社会;掌握了基本的礼仪知识,学会了广泛交际;懂得了健康的含义,理解了如何保持健康的心理;学会了如何求职,怎样创业……这一课程的开设,在帮助聋人大学生快速成长、更好地适应群体、适应社会,不断提高他们的生存竞争能力、提高生活质量等方面,发挥了积极作用。

  2005年,为帮助手语翻译人员更好地深入了解聋人,开始在手语翻译专业开设本课程。五年的教学实践证明,"聋人与社会"课程的开设,首先加快、加深了手语翻译专业学生对聋人大学生群体的了解;其次,缩短了听人与聋人的心理距离,搭建了听人与聋人相互认知的桥梁;再次,让手语翻译专业的学生认识到了手语翻译的价值和意义,为他们努力成为优秀手语翻译人才奠定了良好的基础。

  "聋人与社会"是一项十分重要,十分复杂,包含内容广泛,所辖子课题均可独立成为一个个重大的社会课题。它涉及教育、心理健康、礼仪、交际、励志、就业、创业及残疾人相关法律政策等方面的知识,在有限的教学时间内要讲述如此复杂、系统且十分深奥的内容,对编者讲授和聋人大学生接受而言都十分困难。因此,如何完善我们已经使用的自编教材,合理安排教材内容,深入浅出,方便教学使用,成为编写组反复考虑的一个问题。经反复讨论,根据聋人大学生在校期间专业教学与本课程之间的关系,结合编写人员的不同优势,确定了从认识聋人到教育、心理、礼仪、交际、励志、就业、创业、聋人工作知识的顺序来编写。

  本书为河南省"十一五"规划重点图书项目立项课题。这是我校特殊教育团队在张宁生教授指导下共同努力的结果:张宁生教授年过古稀,亲自指导编写,多次审阅书稿,提出了许多宝贵的修改意见;王珍珍、陈英、白瑞霞、丛永红、陈洁等积极参与资料的搜集和编写。河南省优秀聋人代表李景明、仰国维、周晓宁等朋友,热情支持教材的编写和帮助搜集材料。另外,郑州大学出版社的领导和相关同志为教材立项与出版,给予了有益的指导和大力的支持,特别是孟巧颖博士为整套教材的策划和编辑付出了辛勤的劳动。在此,我们谨对以上支持、关心、帮助过我们的同志和朋友表示衷心的感谢!

参加本书撰写人员均为中州大学特殊教育学院教师,具体分工如下:孟繁玲编写绪论和第五章;王珍珍编写第一章和第七章第一、二节;白瑞霞编写第二章;陈英编写第三章和第四章;丛永红编写第六章;陈洁编写第七章第三、四节。全书由张宁生、孟繁玲、王珍珍通稿。本书因多数作者比较年轻,所负责章节涉及内容都比较广,且章节之间差异很大,虽经多次认真修改,其中仍有许多纰漏之处,敬请有关专家学者和广大读者批评指正。

编 者

2009 年 11 月 16 日

目录

绪论 /1

一、聋的概念及分类 …………………………………………… /2

二、对"聋"及"聋人"的理解 ………………………………… /4

三、"聋人与社会"是我国聋人高等教育发展的产物 ………… /5

四、"聋人与社会"的研究对象与方法 ………………………… /8

第一章 聋人与教育 /11

第一节 聋人教育发展历程 ……………………………………… /11

一、西方聋人教育发展历程 …………………………………… /11

二、中国聋人教育发展历程 …………………………………… /17

三、当代聋人教育的发展状况 ………………………………… /19

第二节 聋人与高等教育 ………………………………………… /22

一、当代聋人高等教育 ………………………………………… /22

二、聋人如何选择合适的专业 ………………………………… /28

三、聋人如何适应当代大学生活 …………………………… /33

第三节　聋人大学生活典型案例 ………………………………… /43

　　一、聋人选择专业的案例分析 ……………………………… /43

　　二、专业与兴趣的案例分析 ………………………………… /44

　　三、大学生活规划的案例分析 ……………………………… /45

　　四、独立生活能力培养的案例分析 ………………………… /46

　　五、适应大学学习规律的案例分析 ………………………… /46

　　六、适当参加社团活动的案例分析 ………………………… /47

第二章　聋人与心理健康　/49

第一节　聋人心理健康 ……………………………………………… /49

　　一、聋人心理健康的标准 …………………………………… /49

　　二、培养聋人心理健康的方式 ……………………………… /52

第二节　聋人心理障碍的特征 ……………………………………… /53

　　一、个性缺陷 ………………………………………………… /53

　　二、学习障碍 ………………………………………………… /66

　　三、社交障碍 ………………………………………………… /72

　　四、意志行为障碍 …………………………………………… /75

　　五、网络成瘾 ………………………………………………… /79

　　六、恋爱心理障碍 …………………………………………… /81

第三节 聋人心理障碍典型案例 …………………………………… /83
一、逆反心理的案例分析 ……………………………………… /83
二、虚荣心理的案例分析 ……………………………………… /83
三、学习动机缺乏的案例分析 ………………………………… /84
四、人际关系不良的案例分析 ………………………………… /85
五、网络成瘾的案例分析 ……………………………………… /85
六、离校出走的案例分析 ……………………………………… /86
七、偷窃行为的案例分析 ……………………………………… /87

第三章 聋人与礼仪 /89

第一节 礼仪的基本概念 ……………………………………… /90
一、礼仪的本质 ………………………………………………… /90
二、中国当代礼仪的特点 ……………………………………… /90
三、西方礼仪的特点 …………………………………………… /91
四、国际礼仪通则 ……………………………………………… /92

第二节 个人礼仪 ………………………………………………… /93
一、仪容礼仪 …………………………………………………… /93
二、仪表(服饰)礼仪 …………………………………………… /96
三、仪态礼仪 …………………………………………………… /98

第三节 聋人实用社交礼仪 …………………………………… /100

一、日常交往礼仪 ………………………………………… /100

　　二、社会交际礼仪 ………………………………………… /104

　　三、学校礼仪 ……………………………………………… /109

　　四、电子通信礼仪 ………………………………………… /112

　　五、求职礼仪 ……………………………………………… /112

　　六、聋人与健听人交往应遵循的特殊礼仪 ……………… /112

　　七、健听人与聋人交往的礼仪 …………………………… /114

第四节　聋人礼仪典型案例 ……………………………………… /115

　　一、东西方礼仪差异的案例分析 ………………………… /115

　　二、聋人宴请礼仪的案例分析 …………………………… /115

　　三、聋人电子通信礼仪的案例分析 ……………………… /116

　　四、聋人同学交往礼仪的案例分析 ……………………… /117

　　五、聋人食堂礼仪的案例分析 …………………………… /117

　　六、聋人求职礼仪的案例分析 …………………………… /118

第四章　聋人与交流　/121

第一节　认识人际交往 …………………………………………… /122

　　一、人际关系与人际交往的含义 ………………………… /122

　　二、人际关系中的个体因素 ……………………………… /123

　　三、人际关系中的互动因素 ……………………………… /124

四、人际关系的建立、维持与疏远 …………………………… /125

　　五、良好人际关系的准则 ……………………………………… /126

第二节　聋人如何进行人际交往 ……………………………… /127

　　一、不同文化层次的聋人对交际的需求 ……………………… /127

　　二、聋人大学生人际交往与人际关系的特点 ………………… /127

　　三、掌握成功交往的主要方法 ………………………………… /128

第三节　聋人如何进行人际沟通 ……………………………… /131

　　一、对人际沟通的基本认知 …………………………………… /131

　　二、人际沟通的方式与障碍 …………………………………… /134

　　三、聋、健沟通的关键问题 …………………………………… /136

第四节　聋人交流典型案例 …………………………………… /140

　　一、聋人自闭导致交流障碍的案例分析 ……………………… /140

　　二、聋人主动大胆、乐于交流的案例分析 …………………… /141

　　三、聋人微笑助人、扩大交际范围的案例分析 ……………… /142

　　四、聋人熟练掌握手语、成功与人交往的案例分析 ………… /143

　　五、聋人提高语言文字能力、顺畅与人沟通的案例分析 …… /144

　　六、聋人拥有良好心态、与健听人无障碍交流的案例分析 …… /145

　　七、聋人性格孤傲、阻碍沟通的案例分析 …………………… /145

　　八、信息网络搭建聋人与社会交流平台的案例分析 ………… /146

第五章 聋人与励志 /148

第一节 聋人与社会定位 …………………………………… /148
一、聋人与社会认同 …………………………………… /149
二、聋人的自我定位 …………………………………… /159

第二节 聋人与社会成长 …………………………………… /161
一、影响聋人健康成长的外在因素 …………………… /161
二、影响聋人健康成长的内在因素 …………………… /167

第三节 聋人励志经典案例 ………………………………… /170
一、追求卓越、善待他人的案例分析 ………………… /170
二、快乐生活、追求成功的案例分析 ………………… /173
三、兴趣与成功的案例分析 …………………………… /177
四、培养一技之长的案例分析 ………………………… /179

第六章 聋人与工作 /183

第一节 聋人与就业 ………………………………………… /183
一、聋人如何选择职业 ………………………………… /183
二、聋人求职的技巧 …………………………………… /191

第二节 聋人与创业 ………………………………………… /202
一、聋人创业的条件 …………………………………… /202
二、聋人大学生如何创业 ……………………………… /205

第三节　聋人工作典型案例 /208
　　一、高素质成就大事业的案例分析 /208
　　二、善于积累、失业后跨出新高度的案例分析 /210
　　三、爱岗敬业、奉献社会的案例分析 /212
　　四、传统经营的创业案例分析 /213
　　五、网络经营的创业案例分析 /215

第七章　聋人与社会常识　/218

第一节　聋人与社会组织 /218
　　一、中国残疾人联合会 /219
　　二、其他相关社会组织 /220

第二节　聋人与法律常识 /222
　　一、聋人应树立正确的法律观念 /223
　　二、聋人如何维护自身合法权益 /225

第三节　聋人与其他社会常识 /227
　　一、聋人与文化艺术常识 /228
　　二、聋人与体育常识 /230
　　三、聋人与社会保障常识 /232

第四节　聋人维权典型案例 /235
　　一、维护劳动者人身权的案例分析 /235

二、维护合法劳动权益的案例分析 …………………………… /236

三、避免非法同居带来麻烦的案例分析 ………………………… /237

四、维护财产权的案例分析 ……………………………………… /237

五、维护人身权的案例分析 ……………………………………… /238

第八章　聋人与手语　/240

第一节　手语的本质 ……………………………………………… /240

一、手语是一种语言 ……………………………………………… /240

二、手语与聋人语言习得 ………………………………………… /241

三、手语的功能 …………………………………………………… /242

第二节　手语与手语语言学 ……………………………………… /244

一、中国手语的发展 ……………………………………………… /244

二、手语语言的特点 ……………………………………………… /245

三、手语对聋人文化的影响 ……………………………………… /254

第三节　手语与手语译员 ………………………………………… /256

一、手语译员 ……………………………………………………… /256

二、手语译员的培养 ……………………………………………… /258

三、手语译员的职业素养 ………………………………………… /260

第四节　手语对聋人影响的案例分析 …………………………… /262

一、在手语环境下长大的聋人的案例分析 ……………………… /262

二、在语言缺失环境下长大的聋人的案例分析 …………………… /263

三、在口语环境下长大的聋人案例分析 …………………………… /264

参考文献 ……………………………………………………………… /266

绪　论

在多年的聋人教育实践中,我们深深认识到:生活在无声世界中的聋人少被人知。社会主流层面对整个聋人群体并不完全了解,很多时候大家在谈论聋人问题时,都是基于对个别或少数聋人的认识,简单而片面地将聋人概括为"好"或"不好"、"聪明"或"愚钝"。事实上,聋人是一个大群体,我国目前聋人有两千多万。每个聋人由于家庭环境、后天教育、成长过程的不同,他们之间存在着很大的个体差异。古今中外,成功的聋人有很多,但每一个成功者的受教育经历和奋斗历程又有很大差别。所以,我们有必要让聋人了解他们自己,了解他们的群体,了解他们群体中的优秀人才的成长过程,让他们从榜样的身上获取力量,从而变成自己成长的动力来促进每一个个体更好地成长。

作为聋人,听力语言障碍造成的信息渠道不畅通严重制约了他们的健康成长。但随着聋人教育的发展,聋人群体的内在潜力不断得到开发,聋人和听人之间的心理距离不断缩短。接受良好教育的聋人,越来越强烈地渴望走进主流社会、渴望与更多的人群进行心灵交流、渴望被人理解、渴望理解他人、渴望参与社会、渴望为人类创造财富、渴望为社会进步贡献力量。但是语言交流的障碍曾经使两个群体之间产生了很多误解,信息渠道的不畅阻碍了聋人融入社会的步伐。在广大聋人的强烈渴望中,中州大学于2002年开始为聋人大学生开设"聋人与社会"课程,这一课程在聋生中引起了强烈的反响。很多成年聋人反映,这一课程对于他们很有意义,它告知他们应该如何学习、如何交流、如何走向心理健康、如何认识自己、如何包容他人、如何珍惜受教育机会、如何求职就业、如何励志成材、如何实现创业。

开设"聋人与社会",旨在提高聋人大学生的社会适应能力和群体适应能力。

通过本课程的学习,力求达到以下几个目的:

首先,要帮助他们尽快适应大学生活,尽快缩短和健听人之间的心理距离,让聋人大学生也能始终充满必胜的信心。让他们懂得:只要努力学习、勇于创新、大胆探索、奋力拼搏,聋人和听人一样,同样可以创造人生的辉煌。

其次,帮助他们做好"融入社会、回归主流"的准备工作。通过教学使聋人学会做人、学会认知、学会交流、学会相处、学会合作、学会维权、学会宽容和理解、学会尊重和体谅,懂得如何求职、如何创业,帮助聋人大学生正确认识自己、初步了解社会。通过本课程,让聋人走近社会,让社会理解聋人。

总之,通过教育来提高聋人大学生的综合素质和做人标准,提高他们的生活质量和生存竞争能力。愿《聋人与社会》能够成为沟通聋人与健听人之间的"桥梁",愿"她"能够成为聋文化和主流文化融合的"媒介",愿"她"能为聋人开创一片愉快学习生活的"绿地"。

一、聋的概念及分类

(一)聋的概念

聋,又称听力障碍、听力残疾。张宁生教授在《听力残疾儿童心理与教育》一书中这样描述:"听力残疾"这一术语始见于中国内地1987年开展全国首次残疾人抽样调查,由中国残疾人抽样调查领导小组印发的《五类残疾标准》一文。至今,在华语地区,也只有中国内地使用这样的称谓。尽管学者们强调应该把"残疾"与障碍区分开,认为"残疾"是医学上或生理学上的名词,可以客观地运用医学诊断加以评量,"障碍"则是心理学上或社会学上的概念,生理残疾未必构成一个人生活适应上的障碍,障碍也未必具备生理上的残疾,但在实际应用中远非如此简单划一。

在特殊教育学与康复学领域中,对于"残疾"相关联的概念,英语中用"impairment""disability"和"handicapped"三个词做了区分。相应地在汉语中也有"损伤""残疾"和"障碍"三个词来表达。但是,"残疾"也好,"障碍"也罢,这种区分一旦与具体的残疾类别相关联,则他们间的界限就消失了。因此"听力残疾"与"听力障碍"在同一意义上被一再使用,未见过对"听力残疾"与"听力障碍"作过任何实质性的区分。所以我们暂且还是把"听力残疾"与"听力障碍"认为是同义,"听力残疾"与广义的"聋"同义。

1987年我国公布的全国残疾人抽样调查五类《残疾标准》中,将听力残疾定义为:"听力残疾是指由于各种原因导致双耳听力丧失或听觉障碍,而听不到或听不真周围环境的声音。"听力损失程度有重有轻,医学上将听力损失程度重的称"耳聋",听力损失程度轻的称"重听"。由于"听力残疾"本身就包括聋和重听两种,因此,听力残疾也可以泛称"耳聋",即两者同义。

（二）聋的分类

根据不同的实践需要和不同的标准,可以将听力残疾做不同的分类。

1. 按听力损失程度分

首先,按听力损失的程度可分为聋和重听两类。国际上有国际化组织（ISO）、世界卫生组织（WHO）和国际伤残人奥运会制定的听力残疾标准。1987年,我国参照国际标准制定了中国听力残疾的标准（表1）。

表1 各种听力残疾标准对照

听力损失程度 （dB,听力级）	中国标准		WHO、ISO 标准		伤残人 奥运会标准
	类别	分级	分级	程度	
>110	聋	一级聋	G	全 聋	可参加世界 聋人运动会
90~110			F	极重度	
71~90		二级聋	E	重 度	
56~70	重听	一级重听	D	中重度	
41~55		二级重听	C	中 度	
26~40			B	轻 度	
0~25			A	正 常	

资料来源:《中国残疾人手册》,地震出版社,1988年。

理解上述标准应注意两点:一是听力损失程度是指三个语言频率（500 Hz、1000 Hz、2000 Hz）听力损失的平均值。二是聋和重听均指双耳,若双耳听力损失程度不同,以损失轻的一耳为准。如果一耳聋或重听,另一耳听力损失小于40分贝,在我国大陆不属于听力残疾的范畴。

2. 按听力残疾的性质

可分为器质性耳聋和功能性耳聋两类。前者指听觉系统的组织结构异常所导致的耳聋,后者指听觉系统的功能下降所导致的耳聋。

3. 按听力残疾发生的部位

一般可分为传音性（传导性）耳聋、感音神经性耳聋、混合性耳聋和中枢性耳聋几类（表2）。

表2 按病变部位的耳聋分类

病变部位	外耳	中耳	耳蜗	听神经	听神经核和大脑听觉中枢
耳聋类别	传音(传导)性耳聋		感音神经性耳聋		中枢性耳聋
	混合性耳聋				

4. 按听力残疾发生的时期

可分为先天性聋和后天性聋两类。一般来说,妇女怀孕至分娩阶段由各种因素导致的胎儿耳聋是先天性耳聋;胎儿出生后发生的耳聋是后天性耳聋,也称获得性耳聋。

5. 按听力残疾发生的频率范围

不同频率带的听力损失,导致不同频率带的听力残疾。高频率带的听力损失,将使高音的听觉产生困难;低频率带的听力损失,将使低音的听觉产生困难。若听力损失为语言频率带,则将使语言学习效果明显受限。

通常传导性听力残疾的听力损失频率较为一致。感觉神经性听力残疾,则高频率的听力损失可能较低频率的听力损失严重。混合性听力残疾,则听力损失的频率带可能有"山形"或"谷形"等较不一致的起伏状况。

二、对"聋"及"聋人"的理解

说到聋人,我们首先要讨论对"聋"的理解,对"聋人"的理解和对"聋"的理解联系在一起。目前,国外对"聋"有两种截然不同的认识,一种是从临床医学的角度出发,另一种是社会文化的角度出发。

从医学角度上看,聋是一种听力缺陷,需要矫正和治疗,这是传统的认识。在我国,学术界、家长以及聋教育工作者大都还是从这一角度看待"聋"。但是,这种认识存在着一定的片面性,以致形成聋人教育中难以逾越的障碍。从临床学角度上来看,人具有听力是正常的,而聋是非正常的;有声语言是人类的自然语言,手语则是原始落后的语言;幸福的生活应该是健听人社会的生活。所以聋人应该以健听人的语言为标准来学习,用口语和读话来与社会交流,最后达到与主流社会完全融合,这就成为聋教育的目标。

对聋的另一种理解,即从社会文化角度的理解,近年来在国外研究者中受到普遍重视。希金斯认为聋人是"听觉世界的局外人"(outsiders in a hearing world),他们有自己的感受、价值和经验,有自己的语言;彼得·V.保罗和多罗西·W.杰克逊也认为"聋"不仅仅是一种听力状况条件,更重要的是一种社会文化条件,是一种身份。从这一角度出发,聋人和健听人之间的差别只是文化上的差异和语言的差异,聋人不必要以健听人的生活为理想标准,他们有权利选择适合自己特点的生活方式。

耳聋是一种无法改变的事实,尤其神经性耳聋目前尚无法治愈,被动地承认耳聋的病态无疑是令人沮丧的。但是,耳聋并不是个体生命和生活的全部,聋人仍是社会中具有价值的社会主体。人们在对聋人的认识中,往往只片面地看到其生理上的缺陷,把注意力过多地放在耳聋这一不可更改的事实上,而忽略了个性的培养和社会化过程。多年的聋人教育实践证明,让所有的聋人都用口语与他人交流永远是非自然的、非自动的和令他们紧张的。对大多数聋人而言,与主流社会的完全融合都是困难和不可实现的目标。经常可以看到这样的情况,两位聋人听力状况相似,但参与社会的能力和水平却大不一样,原因就是他们的社会化程度不同。从中可以看出,简单地从医学角度看待"聋"和"聋人"是有局限的,应该更多地从社会文化的角度来理解"聋"。

对"聋"及"聋人"的两种不同理解也带来对聋人教育最终目标的不同。从临床医学角度来看待"聋"及"聋人",对残疾儿童教育的最终目标将是能让他们使用有声语言,并且完全融入主流社会,像正常人一样生活。但是大量事实证明,这是不能实现的。而从社会文化角度来看待"聋"及"聋人",那么不管说话清楚与否,他们都应该拥有同健听人同等的机会,应该充分感到自身的价值、尊严,被社会认可,应该掌握必需的社交技巧,能够自然地表达自己的思想感情,自然地与亲人、朋友、老师、同学交流,建立和谐的人际关系,逐步适应社会生活。这一目标是基于聋人个性全面发展的,有利于大多数聋人自尊、自信以及健康幸福的生活。

三、"聋人与社会"是我国聋人高等教育发展的产物

（一）我国聋人高等教育的产生与发展

我国聋人高等教育的历史,可以追溯到抗战前,当时政府为开辟聋人接受高等教育的途径,特为南京市立盲哑学校师范毕业的优秀学生设立面试保送制度,通过面试的优秀聋人学生,可以被保送到当时的国立中央大学特殊教育学院就读,这是政府为听障学生开辟通往高等学府之路的先河。新中国成立初期,我国虽然存在个别聋人接受高等教育的现象,但由于缺少法律的保障,发展极其缓慢。我国聋人高等教育的真正起步还是到了20世纪80年代中期以后。

20世纪70年代末,"文化大革命"后中断11年的高考制度得以恢复,但是,聋人接受高等教育的机会并没有获得保障。为了解决这一问题,时任中国残联主席

邓朴方同志于1984年8月17日就高等院校招收残疾考生问题同教育部负责人谈话指出："高等院校残疾人班一定要办，每省办一两个班可能一时办不到，明年至少要在全国范围内办一两个专门的残疾人班。"同年，经基金会和原国家教委有关政府部门多次协商，1984年以加急电报、1985年以（85）教学字004号文件形式，要求各地教委、高招办在招生工作中开始招收那些生活能够自理、毕业后不影响在所学专业领域里正常工作的残疾考生。1987年北京大学首次招收21名肢体障碍学生，自此，全国各地普通高校陆续开始招收残疾学生。

普通高等院校招收残疾学生工作开展的同时，为了更大程度地满足各类残疾人接受高等教育的需求，经各级政府、残联、教育主管部门批准，先后有多所特殊教育学院成立。我国规模性的聋人高等教育起源于1987年长春大学特殊教育学院，长春大学特殊教育学院是在改革开放、全面推进社会主义现代化建设的历史背景下诞生的。1987年4月6日，经国务院批准，进行了全国第一次残疾人抽样调查，调查结果显示，中国残疾人总数约为5 000多万，其中听力残疾约1 770万，智力残疾约1 017万，视力残疾约755万，肢体残疾约194万人，综合残疾约673万。调查发现，各类残疾群体中，都有相当一部分优秀青年渴望接受高等教育，但因身体条件失去了这一机会，广大残疾人及其亲属乃至全社会对创办残疾人高等教育的呼声日益高涨。长春大学特殊教育学院就是在这种背景下成立的，它的成立，成为我国乃至亚洲第一所集盲、聋、肢障者于一体的综合性高等特殊教育院校。当年，迎来了第一批45名盲、聋、肢障大学生，这些学生的入学，使全国广大残疾青年看到了与健全人一样上大学的希望。

继长春大学特殊教育学院之后，天津理工大学特殊教育部于1991年创建，1997年正式成立为天津理工大学聋人工学院，这是我国第一所专门为聋人举办的工科院校。2000年，北京联合大学特殊教育学院正式成立并开始招收聋人，2001年中州大学特殊教育学院成立并开始招收聋人大学生。另外，南京特殊职业技术学院、南京金陵科技学院、上海应用技术学院、长沙职业技术学院等都先后开始招收聋人学生。目前，我国聋人高等教育逐步形成了以特殊教育学院为骨干、以随班就读为主体的发展格局，聋人接受高等教育的机会不断增加，教育质量不断提高，教育过程中的人文关怀程度逐步提高。

（二）"聋人与社会"课程是聋人高等教育发展的产物

随着聋人高等教育的发展，高校中的聋生规模不断增加，反映出来的聋人对社会的不适应情况日显突出。突出表现为以下几个方面：

第一，聋人对社会的认识不足。大多数聋人大学生由于听力障碍的原因，无法和社会进行有效沟通，加之多数学生基础教育阶段长期处于一个相对封闭的环境之中,对外界信息知之甚少,导致这个群体对社会的认识严重不足。例如:某高校特殊教育学院首届聋人大学生毕业前夕,聋生们反复重复着一个问题:大学把我们招进来了,我们很快就要毕业了,你们准备给我们一个什么样的工作?一个月给多少钱?面对同学们的问题,学院在聋人毕业生中开展讨论:"请结合社会需求,根据个人目前能力,你认为给你一个什么样的工作、多少报酬合适?"聋生们很快作出了反应,据统计:70%的同学希望到聋校做老师,且要求月薪3 000~5 000元,多多益善……当时当地聋校教师的平均工资只有1 000多元。剩下30%的同学,有的说希望当画家、老板、教授、工程师等。面对这一问题,老师们告诉学生,如果要到学校做老师,根据相关法律规定,应该首先具备教师资格。同学们问:如何获取教师资格?答:通过考试。学生又问,教师资格证考什么内容?答:教育学、心理学等内容,同时拿来这些教材给他们看,很多学生看后说:哇!这么难呀,教师不做了,我们还找一份普通工作来做吧。另外,老师告诉那些希望毕业后就做老板、画家、教授的学生:一个普通大学毕业生需要从最基础劳动开始,老板、教授、画家都是通过长期辛勤工作的积累、在不同的专业领域具有一定的学术水平或较好的经营能力后才有可能实现的,没有哪个人刚毕业就是老板、画家、教授的,听人大学生如此,聋人大学生也应该如此。

第二,聋、听两个群体的沟通不畅带来的不和谐。在高校,由于聋人听力语言的障碍而听不到或听不清有声语言,而多数教师不能使用手语,由此带来的直接问题就是由于沟通渠道的不畅造成了两个群体之间的误会。为了解决这一问题,一些高校配备了专职手语翻译,在手语翻译的帮助下,聋生不仅可以更加有效地获取教学信息,同时,通过翻译这一桥梁,教师和聋生都可以充分地交流感情、促进理解、增加友谊。很多聋生和专业教师建立了良好的关系,但是,教学结束后,很多听人专业教师反映,以前教过的学生再见面形同路人,面无表情。带着这一问题,特殊教育教师对聋生进行了询问,聋生们无奈地说:当我们在校园里再次见到以前的老师时,真不知道该如何是好,如果使用手语他们不懂,并且他们说话我们不懂。为此,我们也感到很痛苦。

第三,聋人大学生渴望走向心理健康。随着聋人高等教育的不断发展,聋人大学生的思想、知识不断得到丰富,专业技能不断提高。但是,我们应该看到,随着这些变化,他们的精神需求不断增加,他们不仅渴望平等,要求参与,而且懂得了没有陪伴的孤独,理解了没有交流的寂寞。他们喜欢漂亮,热爱生活,向往爱情,追求幸福。但是很多时候,由于沟通交流的障碍,他们又感到很多无助与无奈。在毕业生座谈会上,聋人学生代表深情地表述着他们内心的渴望,渴望能够通过这些专门为他们开设的特殊课程解决特殊的问题。

第四，聋人，同样渴望能够创造辉煌。古今中外，有许许多多成功的聋人给人类留下了美好的印象，聋人大学生的成长需要榜样，需要通过榜样的力量找到个人走向辉煌的途径。在一定程度上，他们有着比普通人更加强烈的愿望，聋人大学生们希望通过这一课程获取更多的世界各国聋人发展的信息，获取成功聋人成长的路径，从而能够更好地规划自己的人生，为人类发展贡献力量。

第五，求职、创业对于多数聋人都是一个全新的课题。在我国，党和政府历来重视残疾人工作，尤其是残疾人教育与就业。改革开放以来，党和政府出台了很多政策法规来保证残疾人就业，但多数就业是由相关部门组织的。聋人大学生渴望自己和听人大学生一样通过自己以大学毕业生的身份，利用所学专业，通过一定程序获得自己热爱的工作。还有一些毕业生觉得自己大学毕业后依然到福利企业就业去从事一些简单的劳动很浪费自己所学专业，与听人在一起工作又感到交流不便很苦恼，于是开始萌生创业的念头。但是对于创业前的准备，创业后的经营等方面的知识知之甚少，他们渴望得到指导。

基于聋人个体和群体发展的需要，他们渴望在社会适应方面获得更多的指导，在聋人大学生的强烈要求下，在国内同行专家的大力支持下，中州大学特殊教育学院于2002年首先在我国高校为聋人开设了这一课程，几年的教学实践证明，这一课程教学成果良好，在一定程度上满足了聋人大学生发展的需求，深受广大聋人同学的欢迎。

四、"聋人与社会"的研究对象与方法

(一)"聋人与社会"的研究对象

听觉是人的一种主要感觉，通过听觉人能感知到外界的各种声音，并分辨这些声音的特点，从而认识各类事物。更重要的是，人通过听觉途径可以习得语言，进行语言交际活动，这对一个人的心理发展和能否正常参与社会生活非常重要。而聋人由于听力障碍，获得语言信息的机会大大减少，调查显示，大多数聋生与家长、老师沟通的程度有限，与主流社会的距离较大。

"聋人与社会"是整个聋人教育体系中一个新的组成部分，而聋人教育又是教育科学体系中的一个分支，所以就其教育的广义而言，它也是研究教育理论规律的科学。

"聋人与社会"课程开设的目的任务在于研究聋人群体社会适应过程中的各种现象，透过对现象的研究来揭示对这一群体进行教育和教学的规律，并运用其规律探讨聋人社会适应过程教育所需要的原则与方法。

综上所述，"聋人与社会"是以聋人群体为对象，系统地研究其教育现象和规

律的科学。

（二）"聋人与社会"的研究方法

"聋人与社会"这一课程，需要理论工作者和实际工作者在学习、应用、总结教育、教学经验过程中，进一步充实和完善教学内容，不断改革教育方法，在不断总结教学实践的基础上，进一步采用科学的研究方法对《聋人与社会》进行科学研究，为丰富内容、改革教法、提高质量和效益提出有价值的见解和方法。理论工作者，必须不断加深对聋人这一特殊群体的理解，掌握科学的研究方法，不断提高聋人群体的社会适应能力和群体适应能力。

研究"聋人与社会"的主要方法有：教育调查法、经验分析法、教育实验法、个案法和多学科结合法。

1. 教育调查法

研究者有计划、有系统地按照研究课题的要求了解有关的教育实践问题，通过各种形式的调查，收集大量事实材料，在此基础上，进行定量和定性的分析、概括，寻找规律和解决实际问题的研究方法。调查的方法包括问卷法、谈话法、访问法、听课、召开座谈会、学生家访、毕业生社会适应信息搜集、学生作业、测验、考试等。

2. 经验分析法

是指研究者对自己或他人在教育实践中积累的经验进行总结，分析成功与失败的原因和条件，不断总结出规律性的东西，用以完善和丰富教学方法。通过经验分析法肯定正确的经验是充实教育理论及方法的重要途径。理论来源于实践，理论以实践为基础。对于聋人与社会这一特殊课程，社会实践尤为重要，在实践中总结经验更为重要。

3. 教育实验法

教育实验法是根据研究问题的设想，在自然的教育实际状态下，通过创造特定的条件而进行实验的一种方法。教育实验法是一种特殊形式的科学实验，其目的是：①通过对实验结果的分析、比较来检验研究者的设想的科学价值；②探索所要了解的教育现象的变化、发展原因及条件；③鉴定教育或教学的某种方式、方法、内容和形式的效果。其常用的做法是将被实验的对象分为两组，即实验组和对照组。将事先设计好的实验项目在实验组中进行，然后通过实验的结果来比较两组学生的差异并找出变化的原因。

4. 个案法

个案法是对某个人进行深入而详尽的观察与研究，以便发现影响某种行为和社会适应现象原因的方法。此方法较为传统古老，是由医疗实践中的问诊方法发展而来，但也是研究特殊人群常用的方法。耳聋学生受后天教育、环境、语言学习程度的影响较大,每个个体之间差异较大,个案法有着非常重要的意义。例如:通过对某个研究对象家庭成员对待聋的态度,采取的教育方法、促进孩子适应社会的教育措施、孩子成长过程中各种能力的开发措施等进行研究。从个案中找出成功的经验在教学中加以推广,总结个案失败的原因而加以避免。当然,在采取个案法的过程中可以与其他方法配合使用,比如,与调查法、实验法有机结合等。

5. 多学科相结合的方法

要想真正实现聋人与社会的教学目标,必须研究相关学科——普通社会学、普通心理学、聋童心理学、交际心理学等。

普通社会学的研究对象是社会整体的基本构成及各部分的相互关系,它的任务是揭示社会整体的发展规律。对作为社会整体一部分的聋人群体的社会适应教育具有一定的指导意义。

普通心理学和耳聋心理学,分别研究一般人和聋人的心理现象与心理活动的规律,为聋人与社会教学过程中把握聋人和听人之间的心理差别、聋人个性发展规律、指导聋人学生走向心理健康、制定科学的教学体系,提供心理依据。

聋人社会适应问题直接与这一群体交际方式与范围相关。交际心理学对交际与心理活动的相互制约、互为因果的关系,作出了辩证而深入的阐释,成功交际心理的专门训练对聋人群体交际能力的提高有着重要的意义。

综上所述,为使聋人与社会的研究工作达到一个较高的水平,我们必须把"聋人与社会"的研究工作与毗邻学科的研究工作结合起来,充分利用相邻学科为提高聋人群体的综合素质、社会适应能力及群体发展规律提供的可能性。

【思考题】

1. 浅谈对"聋"及"聋人"的认识。
2. 试述《聋人与社会》的研究对象与研究方法。

第一章

聋人与教育

所谓"百年大计,教育为本",就是强调教育对一个民族、一个国家的根基性地位。同样,对于任何一个群体,教育都起到提高这一群体素质,进而提高其社会地位的重要作用。特别是对于聋人这一特殊群体,其教育程度的高低更是一个国家文明进步程度的标志。但是,在历史上,聋人教育发展的历程是坎坷而缓慢的,即使在今天,作为社会上的弱势群体,聋人教育仍受到多方面的制约。

第一节 聋人教育发展历程

一、西方聋人教育发展历程

在西方由于错误观念的影响,聋人的地位低下,聋人教育更是长期处于压制状态。特别是亚里士多德对聋人的错误认识在18世纪前极大地影响着社会对聋人的印象。他认为,聋人由于语言能力的缺失而不具备学习知识的能力,其智力也必然低下。聋人的认识和学习能力被否定,因而一直被排斥在正常人的生活之外,没有职业,没有经济来源,甚至没有继承权。基督教也拒绝聋人入教,因为他们不能聆听上帝的声音、接受上帝的教诲。

(一)聋人教育的启蒙

真正的聋人教育实践起源于提倡人道主义哲学思想的文艺复兴时期。西班牙人在经济利益的驱动下,最早尝试对聋人进行教育。根据查士丁尼一世法令中的继承法,不能说话的聋童没有继承权。因此,影响巨额家产继承权的继承法客观上便成为教育贵族聋儿的催化剂。

(1)第一位聋教育家——庞塞(1520—1584)。西班牙的修道士庞塞,采用自己设计的选择性刺激方法来训练聋童开口说话,并取得了良好的效果。他教的聋童能学会流利地说话,并且"娴熟教规、政治,甚至知道亚里士多德排挤他们的各种说法"。庞塞的一位学生也因此成功地获得了财产和爵位继承权。庞塞的成就不仅在于教聋童学习说话,而且在于他第一个证明了聋人具有学习更多知识的能力并能获得成功。庞塞因而也成为人类历史上第一个聋教育家,真正意义的聋人教育便从这里开始了。

(2)第一篇关于聋人教育的论文。庞塞之后的聋教育家包耐特(1579—1629),在聋人教学方法中加入了手语的成分,即采用手指语、手势和常规语言共同作为教学手段进行教学,并且强调看话的作用,使聋人教学向科学的方向迈进了一步。更可贵的是,包耐特还注重研究和总结聋人教育的经验,在1620年发表了他的第一篇有关聋人教学艺术的实用论文,即《手指字母的简化和手势语的教学方法》。这也是人类历史上第一篇关于残疾人教育实践的论文。

成功的聋人教育证明了聋人具有学习知识的能力,这也使亚里士多德对聋人的偏见不攻自破。

(二)17世纪的聋人教育

历史进入到17世纪,聋人教育得到了进一步发展,但是这一时期的聋人教育依然是个人行为,采用的教学形式也只是个别教育。

1. 以手势语、书面语教学为主的英国聋人教育

(1)代表人物——约翰·瓦利斯(1616—1703)。约翰·瓦利斯是17世纪乃至18世纪聋人教育领域中最有影响力的人物之一。他的著作《英语语法》(为非英语国家的人学习英语使用的英语语法书籍)在前言中阐述了聋人学习语言的观点并探讨了聋人学语中的诸多问题。他强调学生语言学习的实用性,曾多次指出学生所学如果不在交际活动中运用,就会很快忘记。因此,聋人的学习必须注意实用性和实践性,决不能将所学闲置不用。他的这种利用一切机会使学生正确地理解和运用语言的观点,在语言教学中有很大的意义。

(2)第一部写给聋人教师的书。约翰·布韦于1648年出版了关于聋人教学的著作《聋人的朋友》,这是第一部写给聋人教师的书。作者在其中阐明了聋人教学的基本方法,并提供了一些教学手段。布韦赞成包耐特的看话教学法,强调视觉对语言获得和理解的作用。他认为聋人具有很好的手语表达能力,在生活和教学中

使用手势语灵活、易理解,应该将"表情手势语"作为聋人教育和教学的基本手段。另外,布韦还是英国第一个申请办聋哑学校的人,但由于种种原因,学校最终未能开办。

2. 以口语教学为主的荷兰与德国的聋人教育

当英国的聋人教师在依赖于手指字母进行语言教学时,欧洲的其他一些国家正在悄然兴起另一种与手语教学完全相反的聋人教学方法——口语教学法。

(1)杨·海尔孟特(1577—1644)。荷兰的杨·海尔孟特在聋人教学中,为了更好地帮助聋人运用发音器官、掌握发音位置,将发音时发音器官的不同运动做成了石膏模型,制订了荷兰语的直观教具体系。他试图通过让聋儿用直观的发音运动观摩来补偿听觉的损失,学习语言,并且进一步将聋人的发音教学与看话训练联系在一起,他认为聋人是以视觉来代替听觉的,看话不但能发展视力,而且能够弥补听力的不足。

(2)口语教学的奠基人——阿曼。海尔孟特所创造的直观教具和发音教学法在德国的阿曼那里得到了进一步的发展,并最终形成了聋人的口语教学体系。在聋人教育史上,人们一般将阿曼看作是聋人口语教学的奠基人。

与亚里士多德学派相同,阿曼认为说话是上帝赐予人类的最神圣的礼物,而使用手语和任何非口语的形式替代有声语言都是有缺憾的。因此,他试图通过自己的教学使聋人掌握口语。不幸的是,他对自己的教学方法采取了保密的态度,后人对他使用过的聋人教学手段知之不多。我们只能够从有限的资料了解到,在聋人学语教学中阿曼强调触觉、视觉及精确模仿的作用,引导并鼓励他的学生利用触摸和镜子的反馈来达到精确的模仿,以获得准确的发音。同时,阿曼已经注意到人类学习语言的年龄限制,在生源的选择上,坚持他的学生必须智力正常、年龄不能太大。

总的来说,17 世纪,随着社会各方面的发展,人们对聋人的关注越多,从事聋教育的人也不断增多,聋人教育实践超过了过去近两千年的发展。但是由于他们各自的专业领域和知识结构不同,便形成了不同的教育理论和教学方法,出现了口语教学法和手语教学法的争论。虽然由于 17 世纪聋人教育刚刚展开,这种争论并不十分激烈。但是这场在 17 世纪展开的讨论可以说是一路伴随着聋人教学实践和理论探讨的深入而走向激烈,直至延续到今天。

(三)18 世纪的聋人教育

到了 18 世纪,西欧的聋人教育在许多哲学家、思想家、医学家、语言学家的积极参与下,聋人教育得到了迅速地发展,并很快在北美得以推广,直至后来影响到全世界。

1. 走向专业化的英国聋人教育

(1) 第一位专业聋人教师。18世纪的英国出现了从事聋童教育的专业教师，并有了专门的聋童教育机构。亨利·贝克尔(1698—1774)是英国第一位专业聋人教师。他与学生同吃住，用自己独创的方法实施教育并取得了一定的成绩，但可惜的是亨利·贝克尔也对自己的教法采取保密的态度。当然他的成功也与苛刻的生源标准有关，他只招收有训练成功可能的学生，那些听力损失严重以及他认为难以训练成功的学生都被拒之门外。

(2) 第一所聋童学校。1760年，英国当时另一位聋童教师托马斯·布雷渥在爱丁堡成立了英国第一所聋童教育机构，1773年移至伦敦，并开办了第一所聋童学校。他曾经信心十足地向人们宣称：他可以在三年内教任何一个智力正常的聋童学会说话和阅读。但是他所使用的教学方法也是保密的，我们只能从后来他侄子的《聋童教育》一书中得知他的训练方法与约翰·瓦利斯相近，将看话、发音、书写单词、理解意思等内容相结合进行训练。

托马斯·布雷渥的教育使人们看到了聋人受教育的必要性和可能性，但是私立学校的高昂费用让很多聋童家长望而却步。为了让更多穷人的聋孩子能接受教育与训练，一位名叫约翰·汤申德的牧师为贫困聋童开办了一所小型慈善学校——贝尔豪赛学院，首批招收六名聋童，后扩展为一所国家性质的慈善型聋人教育机构，其办学模式成了其他慈善机构开办聋童教育机构的典范。

2. 手语教学法的发展——法国聋人教育

在18世纪的法国聋人教育中占主导地位的是手语教学法，其代表人物莱佩可以说是18世纪特殊教育领域影响最大的人物。莱佩认识到了语言和人的思维能力、智力的联系，而聋人的母语就是他们自发的手势语，因此手语对帮助聋童学习有着口语不可替代的作用。从而创立了以手语教学为基础，以口语学习训练为辅助手段的聋童语言教学法。与大多数聋人教育者的保密态度不同的是，莱佩的教育观念十分开明，他从不对任何人隐瞒他的教育观点和教学手段，并于1776年和1784年发表《通用手势法对聋人进行教育》《真正的聋教学法》两篇论文，其中详尽地表述了他的聋人教育理念和教学方法。这也是他的聋教育引起更多人关注的原因，从而确立了他在法国聋人教育中的地位。他创办的聋童训练学校1791年被国家接管，并由国家学会确立为法国最著名的残疾人教育机构——巴黎聋哑学校。

3. 坚持口语教学——德国的聋人教育

18世纪德国也有了专门的聋人学校，1768年德国第一所聋人训练学校在艾本道夫建立，1778年迁至莱比锡。创立人海尼克受到以口语教学为主的传统聋人教育思想影响，公开反对莱佩的聋人教学方法。他坚持聋人教育应该是口语教育，在口语与手势语之间没有可以调和的余地;主张应该把言语学习放在聋人教学的首要位置,并强调应该将口语教学看成是促进聋童心理发展的唯一手段。他的教育目标就是要使他的学生能用口语与人交谈,相互理解。

从欧洲各国的聋人教育发展情况可以看出,18世纪英国的聋人教育以口语教学为主,法国以莱佩为代表的聋教育者则坚持采用手势语教学,德国海尼克则公开反对莱佩的教育方法,从此关于聋人教育的"手语"与"口语"之间的争论开始走向激烈,一直延续到今天。

(四)19世纪的聋人教育

进入19世纪,人们逐渐看到了聋人接受教育的可能和必要,聋人教育机构迅速兴起。这一时期聋人教育的显著特点是对聋人的教育、训练、研究、治疗等中心则由欧洲转移到了美国。

1. 手语教学与口语教学的分歧

随着聋人教育中心转移到美国,手语教学和口语教学的分歧也在美国出现。其中加劳德特赞成手语教学,而克拉克聋哑学校和亚历山大·格雷厄姆·贝尔则是推崇口语教学的代表。

(1)托马斯·霍普金斯·加劳德特。加劳德特是19世纪上半叶美国卓越的教育改革家和特殊教育的专家,他的家族在美国聋人教育中也扮演着重要角色。加劳德特在神学院学习期间从宗教福音中得到启发,开始设想为贫穷的聋童开展慈善教育。1817年4与15日,加劳德特在康涅狄格州政府及社会各界人士的支持与资助下,创立了美国大陆第一所专为聋人开办的学校——"康涅狄格州聋人教育与指导中心",为聋人的教育与训练提供一些指导课程。后更名为"美国哈福德聋人教育与指导中心"。此后,美国大陆的聋人教育得以迅速展开。

在教学中,加劳德特采用了莱佩创立的法国式聋教育技术,而且他还将法国手语译成英语在美国聋人教学中推广、应用。从而形成了美国聋童手语教学的基础。经过一段时间的教学,他的学校培养出了许多懂手语的学生,而这些学生又将法国式的英语手语传播到美国各地的聋校。

这一时期美国聋人教育呈现出的一个显著特点就是在很大程度上缘于宗教界的福音传递。出身于神学院的加劳德特,其教育主张和早期从事特殊教育的许多人一样,主要是对生理障碍者进行宗教福音的传递。从而使19世纪的人们对残疾人教育的理解产生了许多偏误,认为残疾人教育的目的似乎就是为了学习宗教,接近上帝,掌握上帝的思想。

(2)克拉克聋哑学校与亚历山大·格雷厄姆·贝尔。美国聋人教育中口语教学的代表克拉克聋哑学校1870年成立于美国马萨诸塞州。克拉克学校的教育者提出残疾人具有与正常人同样受教育的权利,这种教育观念深刻地影响了北美乃至世界特殊教育的发展。其教育目标是培养聋童直接进入社会,并开办了全新的教育模式,即"家庭教育"。为此,学校大量起用女教师,教师们常常以"母亲"的身份出现在孩子的面前,她们用亲切的话语和良好的教学技能对孩子进行教学,并以中产阶级的生活习惯和道德准则来教育聋童辨别是非善恶。口语教育使聋童从狭窄的社会活动范围内解放出来,去面对更广阔的生活。克拉克聋校的成功很快影响了聋人教育的立法。在立法人员的提倡与推动下,一大批以口语教学法为教育手段的聋人教育机构迅速出现。到20世纪初的1903年,聋童接受口语教学的比例已升至48.4%。

亚历山大·格雷厄姆·贝尔是19世纪以来最伟大的聋人教育家、科学家、发明家之一。他崇尚口语教学,对手语教学法一直持激烈的排斥态度。1871年,贝尔将其父设计的"可视语言字母表"介绍到北美聋人教育领域,注重对聋教育师资进行有关人的发音机理、发音方法、演讲方法的培训。他是第一个让大家接受使用"特殊教育"这个词语的人,推进了为特殊儿童开办全日制学校,提倡开办聋童幼儿园,对聋童进行早期的语言训练。第一次强调了人类在发音过程中发音机理的重要作用,并将语言学的研究所得用于聋人教育教师的培训。在他去世的1922年,口语教学法在美国的普及率已高达80%。

2. 聋人职业教育及高等教育的发展

随着工业化程度的加强,社会要求每一个成员都能承受工业新技术带来的变革。在这种环境下,19世纪的聋教育领域内,有不少学校是以职业训练为主体的教育模式。其中,男孩子以制鞋、印刷、装订、木刻、家具、制作、园艺等手工业训练为主;而女孩子则以缝纫、装饰和衣帽加工职业训练为主。美国聋校中的职业教育发展到20世纪初时,已有近70个工种。

19世纪中叶,当聋人的教育得到普及后,教育家们开始关注如何将聋人的教育提高到一个新的高度。经过一段时间的教学实践,很多人认为聋人具有进一步深造的资质。其中作出突出贡献的是加劳德特父子,他们认为应该在聋人中选拔优秀的聋人青年去大学进一步深造,经训练以发挥他们在文化、艺术上的特长。它的意义不只是社会给聋人以接受高等教育的机会,而是说明了被剥夺了听力的人完全有可能通过其他的教育手段弥补生理上的不足,成功地进行高层次的学习。经过教育家们多年的努力,1864年林肯总统签署一项特别令,同意在哥伦比亚盲聋教育学院内特设大学部并有学位的授予权,第一任校长由加劳德特之子爱德华·加劳德特担任。同年,在政府的直接关怀下,托马斯·霍普金斯·加劳德特等建并成立了美国第一所聋人高等学府——国立聋人学院。后人为了纪念学校的创办者,于1894年更名为"加劳德特学院",也就是今天的"加劳德特大学"。

二、中国聋人教育发展历程

(一)中国聋教育的起源

作为一个拥有悠久历史和灿烂文化的文明古国,我国古代很早就对于残疾人给予了极大关注。但是在漫长的封建社会中对残疾人的教育却发展得相当缓慢,甚至停滞不前,但是对于残疾人的关注却从来没有停止过。在中国最早明确提出创办特殊学校思想的是太平天国运动后期领导人洪仁玕。1859年,他在《资政新篇》中提出:"兴跛盲聋哑院。由财者自携资斧,无财者善人乐助,请长教以鼓乐书数杂技,不致为废人也。"后因太平天国运动失败未能实现。

中国真正的近代聋人教育的开端是与西方思想的传入分不开的。中国近代第一所聋校——"登州启喑学馆",就是美国传教士查理·梅尔斯夫妇1887年在山东登州(今蓬莱市)创办的。初办时,只接受了一名贫苦木匠的聋哑儿子,学生的衣食、住宿全由学校提供。开办三年,只有学生11人。1898年,该校迁到烟台,改名为"烟台启音学校",即是今天"烟台市聋哑学校"的前身。

1894年,法国天主堂也在上海徐家汇创办了聋哑学校,收留、教养社会遗弃的聋哑儿童。在教学方面,引进了当时法国的教学方法并受到了良好的教学效果。

(二)民国时期的聋人教育

1912年,新成立的中华民国政府教育部颁布了《小学校令》,在第九条中规定:盲聋哑学校的建立要按普通小学相应的条文规定办理审批手续。这标志着政府确立了特殊学校的学制地位,同时也是政府正式参与特殊教育管理——包括聋人教育管理的开端。我国第一所公立特教学校——南京市立盲哑学校(今南京市聋哑学校前身)创办于1927年,也是当时唯一的国立特殊学校。

民国时期,除了南京市聋哑学校和外国人创办的特殊学校外,1934年前后,烟台启音学馆办过两期师范班,上海、汉口、天津、北平、成都、香港、九龙均有学员参加。这些学员毕业后,回到家乡也创办了一批地方聋哑学校。直到1949年,全国设有盲聋学校42所,在校生2 380人,教工数60人。总的来说,民国时期中国特殊教育的发展是极其缓慢的。

(三)新中国成立初期的聋人教育

新中国成立后,在中国共产党和人民政府的关怀下,中国的聋人教育迈向了一个新的台阶。

新中国成立初期,中国政府就开始着手对外国人创办的各种特殊教育机构进行接收,对中国人办的私立特殊学校逐步进行改造。1951年10月,政务院颁布《关于改革学制的决定》,指出:"各级人民政府应设立聋哑、盲目等特种学校,对生理上有缺陷的儿童、少年、成人,施以教育。"特殊教育被正式列入国民教育体系。此后,教育部先后颁布了三部聋校教学计划,即1956的《关于聋哑学校使用手势教学的班级的学制和教学计划问题的指示》、1957年发出的《关于聋哑学校口语教学班级教学计划(草案)的通知》以及1962年的《全日制聋哑学校教学计划(草案)》,规定了两类学校的培养任务和目标。同时,教育部开始组织力量编写新中国第一套聋校语文教材。

1959年,教育部在汉语拼音方案公布不久,就制定了《汉语手指字母方案》,并在全国聋哑学校试行。同年,中国盲人聋哑人协会整理了《聋哑人通用手语图》,全国从中央到各省市都办起了盲聋哑教育师资讲习所或培训班,各地的聋哑学校如雨后春笋,得到了迅速发展。1963年12月29日,《汉语手指字母方案》正式公布,作为聋哑学校发音教学、识字教学的辅助手段。

(四)20世纪80年代以来中国聋人教育的发展

在"文化大革命"的十年间,中国的教育事业受到严重摧残,聋人教育也不例外。直到20世纪80年代中叶,随着经济的发展,人民生活水平的提高以及人们精神面貌的改观,中国聋人教育才进入了一个蓬勃发展的新时期。中国特殊教育无论是规模效应,还是学术水平都有很大的发展并取得了显著的成绩。

首先,政府出台了一系列方针政策,加强了特殊教育的立法,把聋人及各类残疾人受教育的权利写进了我国的根本大法。《中华人民共和国义务教育法》《中华人民共和国残疾人保障法》更是保证了聋人接受教育的权利。在各级教育部门宏观指导和调控下,我国聋人教育得到长足发展。

其次,审定出版了聋校语文、数学教材。1984年,教育部委托上海市教育局改编聋校语文、数学教材,于1985年5月和10月召开两次审稿会,经反复修改后,由上海教育出版社出版发行。第二年委托北京市教育局修订聋校的律动、体育教材;第三年又委托山东省教育厅编写聋校的常识教材,这套聋校教材的编写和出版大大提高了我国聋校的教学质量。此后,又不断对教材进行修订,自1996年秋,全国聋校和盲聋学校的聋生部开始使用由人民教育出版社出版的新编全日制聋校教材。这套教材包括:思想政治、语文、数学、自然常识、社会常识、体育、律动、美术、劳技等十个科目。

第三,确定了我国聋校以口语为主导、手语为辅的语言教学方针。起源于19世纪的聋人教学"手口之争"也是我国聋教界一直争论的问题。口语学派着眼于聋人必须同听力正常的人交往,而手语学派认为手语能促进聋生之间的交往。经过一段时间的试验之后,1984年,教育部拟定的《全日制聋哑学校教学计划(征求意见稿)》对口语教学问题明确地提出了坚持口语教学的意见;1993年,国家教委制定的《全日制聋哑学校教学计划(试行)》所作的说明中又提出:"聋校的教学语言应以口语为主,凭借课文,使用手指语、手势语、板书等多种语言形式,使学生在学习知识、形成能力的同时,发展语言能力。"这些具体的指示确定了20世纪末期我国聋校以口语为主导、手语为辅的语言教学方针。近年来,欧美有些国家兴起的一种全新聋教育理念——"双语双文化教育"开始引起我国聋教育界的重视。这一理念强调从每个聋人的具体情况出发,根据听力损失程度的轻重决定主要发展其口语和书面语能力,还是以培养其手语和书面语能力为主。认为聋幼儿学习的第一语言应该是聋人的自然手语,这也是他们的母语,而他们所在国家的语言(包括口语和书面语)是他们的第二语言。通过双语教学让聋人不仅能掌握手语,使之能与其他聋人无障碍交流交往,而且还要掌握一定程度的书面语,使之能与健听人交流交往,能看懂各种书面材料,用书面语正确表达自己的思想、观点等。

此外,我国的聋教育工作者还注重聋教育专业人员的培养,不断加强对聋教育、教学规律的研究,关注聋童心理。这就使我国的聋教育事业目前一直保持着高速度的增长趋势。在我国的某些经济发达地区,特殊教育的发展越来越接近西方发达国家的发展水平。中国已经形成了一个从幼儿教育到高等教育的特教体系。

三、当代聋人教育的发展状况

到20世纪,人们已经普遍认识到残疾儿童同样拥有受教育的权利。但是这种教育一直以来都是隔离式的,残疾儿童们在特殊的学校或特殊的班级学习,采用特殊的教学计划。60年代起,一些特殊教育工作者、专家及残疾儿童的家长开始对这种隔离教育中出现的问题进行反思和探讨,有研究者通过比较研究,认为把残疾儿童局限在特殊教育学校或班级中受教育不一定有效,从而提倡一体化教育,即让残疾儿童回到主流学校,接受与正常儿童一样的教育。这种一体化的残疾人教育趋势在聋人教育中同样存在。

(一)一体化教育思想的形成与发展

20世纪,医学、心理学等学科的发展与进步使得与特殊儿童、特殊教育有关的知识得到迅速拓展,残疾人辅助设备——如助听器的开发利用也得到了极大的发展,这使得残疾儿童能够有更多的机会参加正常儿童的生活与学习。

20世纪50到60年代,由于美国联邦政府和州政府对特殊教育给予了大量援助,残疾儿童和成人的生活和教育有了明显改善。人们对特殊教育的目的、任务、实际效果展开了认真的讨论,结果引起了极大的争论。1968年,劳伊德·邓恩强烈批评了特殊教育所存在的缺点,并对隔离式教育的公正性提出了质疑。他指出安置特殊学校、特殊班级的隔离式教育给残疾儿童贴上了一个所谓"特殊儿童"的标签,将他们排斥主流社会之外,使其自尊心受到了严重伤害。这些特殊学校还普遍存在着低质量、差设备及教师缺乏训练等问题,并不能真正地促进特殊儿童的学业进步。

20世纪70年代,更多的人通过对隔离学校及隔离班级的功能与作用的思考而对特殊教育的性质有了新的认识,认为"应为特殊儿童提供平等、适当的教育",出现了正常化思想,即主张残疾人每天的生活模式应尽可能接近主流社会,应具有正常生活、正常发展及独立选择的机会,同时还应保障其在正常环境中生活、工作、娱乐的权利。正常化原则在学龄儿童身上的实践,导致了对整个特殊教育产生深刻影响的"回归主流"运动,在英国又称"一体化"、"融合",即改革原来公共隔离机构的封闭形式,将残疾人安置于正常人所处的环境中,包括教育环境。

针对邓恩的批评,1970年迪诺提出了瀑布式特殊教育服务体系,又称"倒三角形体系"。按照学习环境受限制程度的多少将教育安置形式分为七级,从最多的隔离式教养机构到受限制最少的普通学校的全日制普通班,根据特殊儿童的障碍程度不同将儿童安置到各级各类公立学校中。从而提出了"最少受限制环境",其核心就是要让特殊儿童尽可能与没有残疾的正常儿童一起生活、学习,即使特殊儿童接触正常儿童与主流社会的限制降到最低程度。

早期回归主流所指的对象虽然只是智障儿童,但是后来逐步发展到包括其他类别的障碍儿童,包括听力障碍儿童。在很多国家都对有部分残余听力的听障学生提供在普通学校各个层次的"随班就读",并且为其提供学习和生活各方面的帮助。"回归主流"运动这种特殊教育体系改变了以往将特殊儿童隔离在特殊学校或特殊班级的教育形式,而是让他们在普通学校内接受教育,从而使其能够更好地融入主流社会。

"回归主流"、"一体化教育"一经形成,便在许多国家和地区得到了响应。1990年,全民教育大会在泰国召开,155个政府,20个国际组织及150个非政府组织参加了此次会议。会议通过了《世界全民教育宣言》及《实施全民教育的行动纲领》,并在宣言中提出:残疾人的学习需要值得关注,必须采取步骤向各类残疾人提供平等教育的机会,而使这种教育成为整个教育体系中的一个组成部分。1990年,我国也颁布了《中华人民共和国残疾人保障法》,明确规定:"普通教育机构对有接受普通教育能力的残疾人实施教育。普通小学、初级中等学校,必须招收能够适应其学习生活的残疾儿童、少年入学;普通高级中等学校、中等专业学校、技工学校和高等院校,必须招收符合国家规定的录取标准的残疾考生入学。不得以其残疾而拒绝招收;拒绝招收的,当事人或其亲属、监护人可以要求有关部门处理,有关部门责令该学校招收。"

一体化教育的实施对特殊教育产生了重要影响,并促使特殊教育发生了重大变化。特殊教育和普通教育之间的鸿沟被打破,开始出现"你中有我、我中有你"的局面;提倡放弃分类教学,而采取无类别教学的方式,即不考虑儿童的分类,根据他们的能力水平和教学需要进行教学;对特殊儿童进行评估与诊断的作用不再是为了对儿童的残疾进行鉴定,而是为了帮助教师制定特殊儿童的教育计划;在一体化教学的实施中,为了满足特殊儿童特殊教育的需要,采取了许多新的、不同的教育方式与教学策略,如个别化教育计划、合作计划、资源教室等。

总之,一体化教育的实施很好地保障了残疾人平等接受教育的权利,使每一个残疾人都能够充分发展人的个性,真正体现了"有教无类"的教育思想。

(二)全纳性教育

一体化教育提倡为特殊儿童的提供最少受限制环境,以使其身心得到充分发展,这在特殊教育史上前进了一步。但它毕竟还是主张根据特殊儿童障碍的程度进行分级教育,也就是说在整个教育结构中,一体化教育实施的对象主要是轻度、中度障碍的儿童,而重度、极重度障碍残疾儿童依然要留在特殊教育就读。例如,在聋人教育体系中,只有轻度或中度听力损失的儿童能够在普通学校内随班就读,另外一些重度听力损失的儿童只能选择在聋校学习。因为普通学校不能为他们提供所需要的支持性服务和配套设施,如手语翻译等。因此,20世纪90年代人们又提出了全纳性教育的思想,认为任何儿童都有权利进入普通教育系统接受与正常儿童一样的教育。

1990年在泰国召开的世界全民教育大会发表了《世界全民教育宣言》,宣言指出应向各类残疾人提供平等教育的机会,特殊教育是全民教育的一个重要组成部分,为全纳教育搭建了平台。1993年在哈尔滨召开的"亚太地区有特殊需要的儿童、青少年教育政策、规划和组织研讨会",指出要在制定各种儿童教育方案中考虑"全纳性"这一概念。接着,1994年在西班牙萨拉曼卡召开的"世界特殊需要教育大会"明确提出了全纳性教育的思想,并对实施全纳性教育的各个环节进行广泛讨论。

尽管现在"全纳教育"的呼声风靡世界,在英国、西班牙、美国等许多国家也有不同程度的实验,但也应该看到实施全纳教育难度也很大,真正全面实施全纳教育还任重道远。这是因为全纳性教育涉及教育体制、课程、教法及师资、教育资源等许多问题。特别在我国全纳教育还基本上停留在理念层面和宣传层面。要使全纳教育真正走向实践,体制要改革、课程要改革、教学要改革……

另一方面,虽然各国还在激烈争论,在实践方面还要面对诸多困难,但是全纳性教育作为一种全新的教育思想,最为彻底地承认了每一个儿童所具有的享受平等适当教育的权利,正在指导着特殊教育的改革。我们有理由相信,残疾人的教育必将沿着越来越平等的方向前进,残疾人的生活状况必将一步步改善。

第二节 聋人与高等教育

在一体化教育和全纳性教育思想的指导下,教育家们认为平等地受教育的权利不仅包括初等和中等教育,而且应该包括高等教育。于是,人们开始关注如何将聋人的教育提高到一个新的高度,为聋人更好地融入社会,得到更全面充分的发展提供条件。另一方面,聋人们在各行各业取得的成绩,也证明了自身具有进一步深造的资质。在这种情况下,当代聋人教育在国内外蓬勃发展起来。

一、当代聋人高等教育

（一）中国聋人高等教育状况

我国的聋人高等教育主要是在20世纪80年代以后,在改革开放、全面推进社会主义现代化建设的历史背景下发展起来的。1987年4月6日,经国务院批准,进行了全国第一次残疾人抽样调查。调查结果显示:中国残疾人总数约5 164万人,其中听力残疾约1 770万人。有相当一部分具备条件的优秀残疾青年,因身体限制得不到进入高校深造的机会。广大残疾人乃至全社会对创办残疾人高等教育机构的呼声日益高涨。在这种气氛下,1987年经原国家教委批准,中国残疾人联合会和吉林省人民政府共同创办了长春大学特殊教育学院,面向全国招收聋、盲及肢残学生。此后,国家教育部先后批准了天津理工大学、北京联合大学、中州大学等一批高等学校开办聋人学院或面向聋人招生的专业。

1.院校介绍

（1）长春大学特殊教育学院。长春大学特殊教育学院是我国第一所集盲人、聋人、肢残人于一体的综合性高等特殊教育学院,面向全国招生。该校1997年以前是专科教育,1997年开创了残疾人本科高等教育,成功地创建了残疾人高等教育本科人才培养体系。现设有针灸推拿学、音乐表演、绘画、艺术设计、动画五个本科专业,在校生584人,其中绘画、艺术设计、动画专业招收聋生。截至2008年,已有1 642名毕业生分布在全国各地。

长春大学特教学院注重国际间的合作交流。自建院以来,先后与美国加劳德特大学、日本筑波技术大学等国外特殊教育高等学校建立合作关系,共同探讨特殊教育发展等方面的问题。

(2)天津理工大学聋人工学院。天津理工大学聋人工学院是我国第一所高等工科特殊教育学院,成立于1997年11月5日,前身为天津理工学院特教部。设有计算机科学与技术、艺术设计(服装设计)两个本科专业,面向全国招收具有高中毕业水平的聋人青年,现有200余名聋人大学生在校学习。截至2007年已向全国20多个省市输送毕业生300多名,在各个岗位上为社会、为我国的残疾人事业做出贡献。

天津理工大学聋人工学院于1998年7月与美国罗彻斯特理工学院、美国国立聋人工学院签署了建立姐妹校的协议。1999年4月,两院签署了全面合作协议。

(3)北京联合大学特殊教育学院。北京联合大学特殊教育学院成立于2000年9月,为隶属北京联合大学的二级学院。学院共有本专科专业十个,其中面向聋人招生的本科专业有艺术设计专业、计算机科学与技术专业,专科专业有视觉传达艺术设计专业(装潢广告设计)、计算机应用技术专业(办公自动化)、园林技术专业。

北京联合大学特殊教育学院的一大贡献就是在全国首次对成人残疾人实行单考单招政策,开辟了残疾人终身教育的新途径,填补了残疾人教育体系中继续教育的空白;并与日本、韩国、美国开展交流与合作,成为国际PEN-International(国际高等教育网络)成员,与韩国拿撒勒大学、日本筑波技术大学结成姐妹校,并与韩国拿撒勒大学签订了每年互派留学生的协议,在特殊教育界赢得了较好的声誉。

(4)中州大学特殊教育学院。中州大学特殊教育学院成立于2001年,是中西部第一所聋人高等院校。当年开始面向全省招收聋人中的优秀青年接受高等教育的高等专科学校。2004年开始面向全国招生。截至2007年,学院有来自全国各地的聋生348名。目前为聋人开设的专业有:装潢艺术设计、艺术设计(古建筑绘画方向)、摄影、动漫设计与制作、计算机技术应用五个专业,毕业生享受普通专科学生的同等待遇。

中州大学特殊教育学院不仅注重对优秀聋人青年的职业教育,而且致力于为聋人提供更为完善的支持性服务,为聋人创造无障碍的生活和学习环境。在这种思想指导下,2004年在全国首次开创了手语翻译专业,填补了我国高等教育学校的一项空白,深受国内外聋人、聋人教育工作者的拥护,并得到各级残联的支持。

同时,深入开展国际合作与交流,目前为国际PEN-International(国际高等教育网络)成员,并与韩国拿撒勒大学、日本筑波技术大学签署多项合作协议。建院数年来,能够明确办学指导思想,加大投入,不断改善教学条件和教学设备,保证了办学质量。

2. 招生方式

目前,我国的聋人高等学校的招生主要采取单独命题、单独考试录取的形式。招生对象为高中毕业(或同等学力)的聋人未婚青年。一般要求年龄在25周岁以下,生活可以自理,无传染性疾病和影响学习的疾病。

聋人高等学校入学考试的科目也与普通高等学校不同,一般只考二到三门基础科目:语文、数学和英语,加上聋生报考的专业基础课,如计算机专业加考物理与计算机基础,艺术设计专业加考色彩、素描。

这种单独命题、单独考试的招生形式,为聋人进入高等学校学习提供了更多的机会。因为聋生的基础科目命题相对容易,专业课标准和要求也相对较低。但是,由于各个聋人大学单独考试,同时申请多所大学的聋人应届毕业生要准备不同大学的考试,相对又增加了考生的负担。

3. 专业建设

在专业设置上,我国聋人高校注意兼顾聋人学生的生理特点和社会需求两个方面。针对聋人视觉观察能力敏锐、对具体形象事物感受力强的优点,目前我国为聋人开设的专业主要是工艺美术设计、计算机应用和园林艺术等。

应该说,就目前我国高等教育发展情况,为聋生开设的专业仍然比较单一,在专业的选择上受到很大限制。当然这里面有聋人生理条件的限制,另一方面则是聋人高等教育支持性服务跟不上。聋人虽然与健听生同校,却只能在专门为聋人开设的极少数专业学习,而不是在普通大学随班就读。再加上聋人高中教育滞后,使其中学基础知识不足,这也极大地限制了为聋生开设专业和选择专业的广泛性。

各大学都只开设相同或相似的个别专业,也会形成就业的潜在问题。一位大学校长说:"如果大学都开设同样专业,就业就会有问题。"随后,他进一步说:"市场需要自然就会调节大学开设不同专业,但这需要时间。再说,中国聋人高等教育只是刚刚兴起。"[①]这说明聋人高等教育工作者已经注意到了这一问题,正在进行摸索和尝试,相信不久的将来,每位聋人学生都能够选择自己喜欢且有能力去学的专业。

4. 支持服务

为了方便聋人的学习和生活,各个高等学校都为聋生提供了一定的支持性服务,通过各种适应性调节来使聋生更为广泛地接收信息。大体上包括交流无障碍、个别辅导、课外活动等几个方面。

---

① Patricia A. Mudgett-DeCaro,James J DeCaro:《中国聋人高等教育:问题、作用、职责和建议》,http://www.pen.ntid.rit.edu/pdf/chinarpto6cn.pdf.

目前,虽然各大学手语交流规范各异,但是都能在课堂上以手语交流作为聋生的辅助服务。其中,少数教师主要靠手语与聋生交流,学校为另外一些不能使用手语上课的教师配备手语翻译。学校鼓励教师学习手语,如有的大学为教师开设手语课,聘请有声望的聋校教师教手语;有的学校开展教师之间的手语评比,以期促进与提高教师的手语水平。教师们在教学中也注意启用多种交流方式帮助聋生获取信息,如利用多媒体技术来增加视觉效果,通过网上电子邮件进行师生交流等。另外,为了增加交流和在学习上帮助聋生,一些学校还把优秀的健听生和聋生配成对,以对其在课下个别辅导。如中州大学艺术设计学院就能够利用其手语翻译专业的优势,将手语翻译班的学生和聋生结成对子,一方面方便了聋生,另一方面,也给手语班的同学提供了更多练习手语的机会。

组织课外活动是大学为聋生提供辅助服务的另一方式。在大学中,虽然大多采用的是聋人单独授课的形式,但是高校很注意在课外活动和课余生活中将聋生融入健听生之中,使他们习惯与所有人交流,使他们习惯于在学习和生活上回归主流。课外活动通常是为聋生和健听生合搞的,聋生从中可以学到怎样与健听生交往。同时为健听生提供有关聋生方面的信息和活动,向健听生宣传聋生及其心理和生理方面的知识。

生活上,几乎所有大学都向学校工作和服务人员宣传关于聋生在校的信息,并教授他们应如何与聋生交往。如中州大学聋人艺术设计学院的手语教师多次为图书馆工作人员义务提供手语培训。还有一些学校改变食堂售饭方式,如专门为聋生设一个窗口,聋生可以以书写的方式点菜,有些学校虽未为聋生单设窗口,但为聋生提供笔和纸。

虽然今天我国聋人高校为聋生提供的支持性服务还很有限,还不足以实现聋生在普通班级的随班就读,但是也应该看到,这一系统正在一步步完善,我国的聋人高等教育是一个上升的体系。

(二) 美国、日本聋人高等教育状况

在聋人高等教育起步比较早的国家,如美国和日本现已形成了比较完善的大学教育系统。在美国,聋人高等教育非常普及,截至2000年,有聋人就读并提供无障碍校园环境服务的大学约有100所,在读聋人大学生4 500人。日本的聋人高等教育虽然起步较晚,但发展速度较快,在发展模式、结构上效仿美国,至今已是聋人教育较发达的几个国家之一。其中一些先进的经验可以为我国聋人高等教育的发展提供借鉴。

1. 院校介绍

(1) 加劳德特学院。美国第一所聋人高等学府加劳德特学院创立于1864年,至今仍是世界上唯一一所专门为聋和重听者设置本科、硕士及博士课程的大学。其主旨在于以高质量的教学,激发学生发挥最大能力,鼓励教师创新工作。学生来自世界各地,绝大部分都是极重度听障者。开设的课程有:数学、社会工作及商业管理等方面的文理兼容课程。同时,作为一所私立的、拥有国家财政拨款的、多元目标的教学机构和研究中心,该大学也为聋、重听及健听者设置学术研究和公共服务。140年来,加劳德特大学已成为一所学术机构、一个文化中心和聋人能力的象征。

(2) 美国国立聋人技术学院。成立于1965年的美国国立聋人技术学院是世界第一和最大的聋人理工学院,隶属罗切斯特理工学院,又称为罗彻斯特聋人技术学院。现有1 100多名来自美国本土和其他国家的聋人学生。其办学的指导思想是要使聋人成为完整的人,不只是学习知识和技能,还要培养聋人交往和社会适应能力;目的是使每一个聋人学生都能获得成功,发挥其潜能。开设的专业有:实用财会、实用艺术、实用摄影、建筑制图、商业、电子机械等15个专业;设置的课程有:商业科技、医药技术、电脑、旅馆管理等科目,学生可自由选择一至四年制的职业课程。① 除此之外,罗切斯特理工学院开设的200个专业都允许聋生选修。聋生既可以选择在聋人工学院学习,也可以选择在其他学院开设的专业随班就读。罗切斯特学院现有400多名聋生在与健听同学一起攻读本科和研究生。同时,该学院还设有教育科学研究所,研究改进教学技术,分析研究聋人文化和手语,培训美国手语翻译和聋教育师资。

(3) 日本筑波大学。日本的第一所、以招收视觉和听觉障碍者为对象的国立三年制高等教育学府——筑波技术短期大学创立于1987年,现已并入筑波大学。1990年4月,第一批听障学生入学。现面向听障学生设有四个专业:设计专业(美术、工业)、机械工专业、建筑工专业、电子信息学专业。该校的教育目的是:进行有关职业技术方面的教育及研究活动,培养具有广泛知识教养和专业技能的职业人才。并通过促进视觉和听觉障碍者的社会自立,来实现福利社会的不断进步和发展。该校作为日本第一所障碍者大学,尤其重视应用最新的技术来开发符合各种障碍特征的教材、教学方法。为此,学校专门设有教学开发中心,把提高障碍者教育事业的整体水平视为己任,并力争作出应有的贡献。

2. 招生方式

在美国,除社区大学学生可免试入学外,聋人若想进入普通高校随班就读必须通过与普通人一样的考试,而加劳德特大学与罗彻斯特理工学院则对聋人进行单

---

① 张宁生:《残疾人高等教育研究》,辽宁人民出版社2000年版,第19页。

独测验。如加劳德特大学有聋人入学能力测验;罗彻斯特理工学院在入学前四周对学生进行阅读、写作、数学、听力和口语能力测验。

在日本,本着民主教育精神,任何高中毕业,想升入高等院校深造的学生都必须通过大专联考。对残疾人既没有特别的优待办法,也未作限制。稍作变动的只是考虑到残疾学生的障碍缺陷,而采取一些措施,如对聋人考生配备手语翻译等。

3. 专业建设

在专业设置上,美国和日本的聋人大学特别注重随着社会的变化而弹性变化。罗彻斯特聋人技术学院和日本筑波大学均设有专门的研究及指导中心,派出专人调查市场,通过广泛的社会调查及时把社会上各行业对人才的数量和结构的需求汇报给学校调整专业的决策者,使其能够及时淘汰不适合市场的专业,开设新的专业。

另外,美、日的聋人大学均依附于一所综合性大学,聋人大学生既可以选择在聋人学院就读,也可以选择到该大学的其他学院和专业随班就读。日本和美国的聋人学院均无独立的本科四年制教育,但允许学生修满专科层次的学业后进入该大学的任何一个专业学习获得更高的学位。这种模式有利于聋生回归主流社会,为聋生提供更多的专业选择机会,同时节约了成本,实现了资源共享。

4. 支持服务

对于提高聋人高等教育水平来说,为学生提供真正的无障碍环境至关重要。其中美国罗彻斯特聋人技术学院为聋生提供的支持服务可供借鉴。

每一个到该学院学习的聋生都能享受到以下服务:一是新生适应指导,使新生能够正确认识自我,认识专业,以尽快适应大学生活。二是就业服务。学院设有就业中心,负责为学生寻找实习单位并进行跟踪访问;教授学生求职技巧并召开招聘会。同时学院还允许学生用三个学期的时间了解专业及相关的职业,然后再选择专业。三是咨询服务。每一个新生都有专人跟踪学习生活情况,以便发现问题、及时疏导。四是学习中心的支持辅导。聋人技术学院建有一个学习中心,聋生可以在规定时间里到中心上网学习,找个别辅导员寻求辅导,开展讨论等。

另一方面,对于随班就读的聋生,提供手语翻译、笔记记录等服务。首先是手语翻译,罗彻斯特聋人技术学院为聋生课堂学习和业余生活配备了110名专职手语翻译,聋人大学生只需提出申请即可获得无偿服务。2005年全年共提供手语服务99 175小时。其次,由于记录笔记会影响聋生在课堂上要观看手语翻译,学院为聋生提供的支持性服务还包括笔记记录,一般由同专业高年级或同级健听学生担任。再次,近几年一个被称作 C-Print 集笔记记录和实时字幕于一体的教学软件开始应用于聋人教学中。这项技术能够实时将声音转换为文字,更加方便了聋生的学习。此外,罗彻斯特聋人技术学院还为聋生提供学习支持服务,如个别辅导——聋人学院中具有不同专业背景的教师组成几个的团队分派到相应的学院,为在那里随班就读的聋生提供咨询,类似于家教。

正是因为学校提供的这种从入学到就业的一条龙服务,最大程度上提供平等的机会,使聋生能够在一个最恰当、最有利的环境中学习,从而不仅在学业上有所成就,而且有助于其获得完整的人格,更好地融入主流社会。

二、聋人如何选择合适的专业

对于相当一部分大学生来说,大学时所学的专业和以后所从事的工作密切相连,因此,选择专业可以说是影响人生的重要抉择之一。如何选择合适的专业也就成为了聋人进入大学前后所面临的第一个问题。

可喜的是,今天的高中生接触到的各种信息远远高出十数年前,绝大部分同学在选择专业时都曾深思熟虑过。我们对中州大学2006级、2007级进行抽样调查的50名高校在读聋生中,只有一人在选择专业时没有目的性,认为只是"随便学学",其余同学都能考虑到诸如兴趣、自己的学习能力、社会需求等各方面因素。而相对于早些年老师、家长帮助学生选择专业,如今68%的学生能够自主选择专业,20%的人接受了老师的建议,完全由父母做主的仅占12%。

信息的便利使我们在选择专业之前,能够对其有更多了解。在接受调查的学生中有52%对自己报考的专业比较了解,但是,仍有24%的人不太了解自己所学专业,并且另外24%的人根本不了解自己的专业。这表明,学生在选择专业时需要得到更多的指导。

那么,究竟应当怎样选择专业呢?

(一)了解专业信息

对于即将跨入校门的大学生而言,从某种意义上说,选择专业就是在选择自己的未来,因为大学中所选择的专业很有可能就是以后所从事的职业。而招生简章上纷繁的专业名称又是陌生的,因此,在填报志愿前设法了解自己所报专业的主要用途、应用领域、课程设置情况就显得非常必要。不可否认,现在仍有相当一部分大学生在进入高校之前对自己所填报的专业缺乏深入的了解,最终自己无法驾驭所选的专业,耗费了大学的光阴。

来自陕西的大二男生冀勇从没想过,自己将会在钢铁行业里工作。可他现在已在武汉科技大学的材料成型及控制工程专业学习两年了。当初在填志愿时,他没有细查这个专业的有关情况,只是从这个专业名称来看,感觉应该不错,听说就业率也高。所以,毫不犹豫地填报了这个专业。到校后才知所谓的"材料成型及控制工程专业",就是以前的"压力加工"和"轧钢"专业的重组,这令他左右为难。①

另外,一些专业名称相近也会给报考带来困扰。浙江某重点大学的学生王粲,在高考时报考了该校"信息管理"专业,是想当然地认为专业名称带有"信息"两字,就应该和计算机、IT相关,以后就业也是热门。可是上了一个月的课后才发现,"信息管理"与学习计算机的"信息技术"专业完全不同。名称虽然带有"信息"两字,侧重的却是"管理",是属于管理学院而不是信息学院的学科。大体上就是过去的"图书馆学",不过是带有一定程度的电子化、信息化的图书馆学。②

因此,选择专业不能以专业名称来主观判断专业的内涵。高校的每个专业,都有确定的科学内涵以及确定的应用领域,对专业的内涵和应用领域要借助有关专业资料详细了解,切忌主观决断,失之毫厘就会谬以千里。

(二) 做到扬长避短

大家都十分熟悉田忌赛马的故事,齐国的大将田忌经常与齐王及诸公子赛马,设重金作为赌注。田忌的好友孙膑发现他们的马脚力都差不多,可分为上、中、下三等,便教授田忌用下等马与他们的上等马比赛,再用上等马对付对方的中等马,用中等马对付对方的下等马。最终三局两胜,赢得了齐王的千金赌注。这是中国历史上有名的揭示如何善用自己的长处去对付对手的短处,从而在竞技中获胜的事例,也就是要扬长避短。其实,我们在选择专业时也要做到扬长避短,以求在以后的学习和工作中更好地发挥自己的长处,取得好成绩。

一般来说,人们普遍认为聋人比较适合从事视觉敏锐性强的工作。手语的使用锻炼了他们的眼睛,让手指变得灵巧,再加上听力的损失同时使他们免受外界嘈杂声音的干扰,因此,美术和计算机被认为是最适合聋生学习的专业。确实,很多聋生在各种美术比赛中取得了好成绩。这也影响到了各高校专业的开设,美术和计算机也是聋生们选择较多的专业。

如果说视觉能力强是聋人的长处的话,那么听力的缺陷就是聋人的短处。因此,与健听人交流是考虑每个专业是否适合聋人的一个主要因素。对需要与健听人交流较多的专业,如经济管理专业毕业后要搞管理工作,聋人大学生就业压力较大,这并不是说聋人不具备学习此类专业的能力,而是说在学习和以后的工作中将遇到较大的困难。相对而言,对语言没有太多要求的计算机专业,则更受聋人青睐。另外一种普遍看法是,聋人的抽象能力不够好,需要较强逻辑思维能力的专业

---

① 《高考考生选报志愿几类典型热门专业案例解析》,http://gaokao.eol.cn/bkjq_2928/20080108/t20080108_275242.shtml.

② 胡礼祥:《大学生发展启示录》,浙江大学出版社2003年版,第162页。

不适合聋人学习。但是这两种看法并不被所有聋人认同,虽然有些专业在语言沟通方面的要求会对聋人的学习带来障碍,但是聋人能够想出更多的办法来克服与健听人语言沟通方面的困难,如电子邮件及电脑网络等手段。事实证明,尽管教聋人抽象思维有时会很困难,但很多聋人不难掌握抽象思维,并把它用于学习中。并且,随着教育层次的提高,抽象思维能力也会提高。

另外,每个人的性格不同,基础知识的掌握程度也各有差异,因此,在选择专业方面也要充分考虑自己性格方面的长处和缺陷。分析自己的气质和性格能否适应这类职业的要求。一般说来,性格开朗、活泼、热情、温和的人,比较适合从事外贸、涉外、文体、教育、服务等同人群交往多的职业;性格多疑、好问、倔强的人,比较适合从事科研、治学方面的工作;性格深沉、严谨、认真的人,比较适合从事人事、行政、党务工作;而勇敢、沉着、果断、坚定则是公安、企业家、领导者、军人不可缺少的性格。当然,性格虽然是相对稳定的,但也是可塑的,因此,在确定专业和职业倾向后,应该更好地培养、发展自己良好的个性品质,矫正、消除不利的个性品质。

聋生的基础知识和中学阶段的教育质量也是影响专业选择的一个关键问题。目前聋人高中的发展滞后于普通高中,聋校高中生的自然科学知识较差,在科技相关方面知识贫乏,尤其是数学和物理,这就在很大程度上限制了对理工类学科的选择。因此选择与自己文化基础相适应的专业就显得十分必要,只有如此才能保证以后学习的顺利进行。

总的说来,在专业的选择上,评估自身的长处和缺点是很有必要的,真正做到扬长避短,可以说是迈向成功的第一步。

(三)关注社会需求

目前我国的就业状况对应届毕业大学生非常不利,对于聋人大学毕业生来说更是困难。因此,社会对各专业人才的需求量也就成了大学生选择专业时不得不考虑的一个因素。那些就业市场需求旺盛、工资待遇高的专业往往为考生们所青睐。

也是基于就业的考虑,绝大多数大学都是根据就业市场的需求为聋生开设专业。在开设新的专业以前先做就业市场调查,分析哪儿有就业需求,干哪个行业聋人容易找到工作。一位大学领导说:"如果我们为聋生开设社会不需要的专业,聋生找不到工作,为他们开这个专业也就没有意义了。"另一位大学领导举例说:"在动画方面,动画设计公司最近招聘了很多我校美术设计专业的聋生。尽管他们不是学动画设计这一行,但美术设计与它很相近——基于这点,我们知道动画设计行业有很可观的就业前景,应该开设动画专业。"同时学校还会考虑学生毕业后独立创业的可能性,"如果他们学服装设计专业,他们可以在服装厂工作,如果他们在那儿找不到工作，他们可以自己开一个服装店做个小生意。他们可以养活自己，不给社会增加负担"。①

那么，如何审时度势，把握社会需求呢？首先，我国经济和社会发展的变化决定着社会需求的变化，了解社会发展的趋势对各行业的影响就显得十分必要；其次，要从我国政治、经济体制改革和发展的前景来把握。国家各项改革政策将会对整个社会结构、经济结构产生深刻的影响，从而带动社会对人才需求的一系列变化。第三要从高等教育自身规律来把握。高等教育的一个突出规律和特点之一就是"滞后性"，选择专业不能仅仅局限于现在的冷与热，而应该具有预见性，要预测到几年后人才的需求将发生什么变化。

根据实际，充分考虑社会的需要及行业的发展状况，理性选择专业，对今后的求职和就业将会产生积极的影响。当然，如若将社会需求与个人兴趣相结合，又兼顾到自己的性格、文化基础，则能够取得专业选择的最优解。

（四）兼顾兴趣

当前，对我国聋人大学生而言，完全根据个人兴趣选择专业还是一种奢望，但是，在可能的情况下兼顾兴趣，将会对以后的学习和职业生涯有较大帮助。

两千多年前，孔子就提出了"知之者不如好之者"。两千多年后，教育家陶行知先生从自己丰富的教育经验出发，认为"学习有了兴味，就肯用全副精神去做事，学与乐不可分"，"浓厚的兴趣会使个体产生积极的学习态度，推动他兴趣勃勃地去进行学习"。确实，对学业的兴趣、对未知世界的探索和学业有成的愿望，可以抵御和克服学习过程中的枯燥与困难，反之则会阻挡你在学业和事业上前进和脚步。就读于清华大学建筑系的朱辉，1998年第一次参加高考，由于考试成绩低于他所填报专业的录取分数，结果被调剂到了化工系。在本科的几年中，虽然不喜欢该专业，但朱辉一直都努力使自己适应专业的学习，成绩一直都很好。2002年朱辉获得学士学位，并被保送到清华大学化学反应工程专业，直接攻读硕博研究生。随着研究生学习的不断深入，他逐渐认识到了学化工专业并不适合自己。2003年3月，经过深思熟虑，朱辉毅然退学，当年6月他再次参加高考，在填志愿时，只填了"建筑学"一个专业，而且不服从调剂，最终他第二次进入了清华园。

对于个人来说，能选择既适应社会需求又符合个人兴趣的专业固然是好，但是现实中并不是每个人都能实现这种完美结合，对于聋人大学生更是如此，因此，勇敢地面对现实显得尤为重要。

---

① Patricia A. Mudgett-DeCaro, James J DeCaro：《中国聋人高等教育：问题，作用，职责和建议》，http://www.pen.ntid.rit.edu/pdf/chinarpt06cn.pdf.

（五）面对现实状况

虽然聋人高等教育近年来取得了较大发展,但是招收聋生的高校仍非常有限,开设的专业也比较单一,主要集中在美术和计算机领域。尽管许多毕业生确实在美术和计算机行业找到了工作,单一的专业设置必将带来就业的潜在问题。更重要的是并不是所有学生的能力和强项都在计算机或美术及相关专业。有些学生文化基础很好,兴趣不在这两个领域或不擅长这两个领域,但由于专业有限而无法选择自己喜欢且有能力去学的学科。我们在调查中发现对自己专业完全满意的学生只占到50%,也就是说一半的学生对自己所学专业有这样或那样的不满。其中44%位同学认为我国现有聋人高等教育的专业非常有限,可供选择的专业太少,限制了聋人的发展空间,有一位同学甚至提到了聋人高等教育发展过于缓慢。例如一位女同学就指出自己的兴趣和强项都在数学方面,但是我国目前还没有高校为聋生开设数学专业。

在聋人高等教育相对比较发达的美国,聋人高中毕业后可以选修健听生的课程,通过随班就读的方式来弥补专业选择上的局限性,但是在我国当前还没有足够的设施、资源来支持学生随班就读。在接受调查的50位同学中,有九人甚至对随班就读不了解;12人因为担心跟不上课,害怕由于生理上的残疾受到歧视和嘲笑而明确表示不支持随班就读;18人认为可以随班就读但要视听力情况和文化基础而定,需要聋人自身付出加倍的努力,需要同班同学的鼓励与支持。一位大学领导曾举了一个例子说:"在我们大学有一位聋生,他要求去健听生班上课。他只去了几次就决定回到聋生班,速度不同,在健听班没有手语翻译。"[①]聋生没有辅助性服务,就没法随班就读,能选择的专业十分有限。从而使一些聋生失去了拿到学位的机会,也失去了用他们的强项为社会做贡献的机会。

那么,如果对所学专业不满意该怎么办呢？聋人高等教育这种相对比较落后的面貌并不是一朝一夕能够改变的,它是一个逐步发展的过程,这也是我们今天的聋人大学生必须要面对的现实。

首先,在可能的范围内考虑转系或转专业。尽管大学面向聋人招生的专业相对较少,但毕竟已经实现了美术、计算机、园林等领域多个专业的招生。现在各个大学都有转专业的规定,符合条件的学生可以申请转到本校招收聋生的其他专业学习。不过,必须注意的是,即使你打算转专业也不能放弃当前专业的学习,因为大部分学校对转专业要求"学生入学后的必修课成绩必须合格,课程学分累计在该

---

① Patricia A. Mudgett-DeCaro,James J DeCaro:《中国聋人高等教育:问题,作用,职责和建议》,http://www. pen. ntid. rit. edu/pdf/chinarpt06cn. pdf.

专业中排名前30%,且无纪律处分"。

其次,在转专业的选择也很有限的情况下,重新审视本专业异常重要。用心去认识自己所学专业的价值,调整心态,培养兴趣。专业虽然有暂时的冷热之别,但是无好坏之分,每个学科、每个专业都有其存在及研究、学习的价值。如果是没有价值的"坏"专业,国家、高校还投入资金、设备、教师的劳动等重要资源,招收这些社会不需要的学生干什么呢?高校的每一个专业在开设之前都要经过严密的考察、论证,并报送国家教育部批准、备案。任何一个专业,只要它存在着,就必然有存在的合理性,专业所培养的毕业生就必然有自己的社会定位。对于任何一个专业,只要你肯花精力,天天学习、用心钻研,就会逐渐培养出兴趣。通过长期的努力学习,可以增加对这个专业的知识,懂得越多在这方面就越容易取得成就,从而产生一种成就感和进步的喜悦。越有进步,越有成就,就会越喜欢它,更愿意学习、研究它,形成了良性循环,也就一定能培养出专业兴趣来。突破了这个瓶颈之后,你在专业学习上的收益将会突飞猛进。

其三,超越专业限制。越来越多的人认为,现代人没有专业,只有基本素质,大学是素质教育。大学生所学的专业,其实是培养全面素质的载体。对于一个合格的大学毕业生而言,最重要的不是他所掌握的专业知识,而是由他的思想道德素质、个人能力、个性发展、身体健康和心理健康等构成的基本素质。在大学里学习到的专业知识数年后将要面临老化,甚至相当多的大学生毕业之后所从事的职业与他在大学里所学的专业相去甚远。所以我们的眼光不能只瞄在所学专业上,而是要尽量拓宽,强化能力,增强基本素质,提高社会适应能力。

选择辅修或者第二专业也是一条不错的出路。在现实中不乏这样的例子。人民大学法学博士海洋(化名),1997年被调剂到某高校新闻专业,对自己专业不满意的他从大一起,就把所有的业余时间都用在了法律专业的自学上,四年的刻苦换来了专业梦的实现。大学毕业后如愿考上了中国人民大学法学专业的硕士研究生,后来成为一名法学博士。可见,大学的专业设置,只是在一定程度上代表了一种社会对人才的需求,并不决定一个人的职业和命运。关键是自己要拼搏,只要自己努力,专业就不会成为一种限制。

三、聋人如何适应当代大学生活

背着行囊、带着新奇和憧憬走进大学校园,每一个新生面临的都是一个全新的世界,双脚踏上了一段新的奋斗历程。可能我们已经习惯了家长的呵护,习惯了固定的教室,习惯了老师的详细讲解,习惯了两点一线的生活模式,可是走进象牙塔后,一切都发生了变化,没了父母的唠叨,找不到专属教室,甚至下课后很少见到老师。面对这种巨大的变化,许多新生会产生适应困难。通过调查,我们发现虽然有44%的聋人大学生能够在半年以内适应大学生活,仍然有28%的同学表示自己用了相当长时间才能适应,甚至有11人提到自己用了全部三年的时间来适应大学生活。那么,对于刚刚跨进大学校门的学子,应该如何适应大学的生活,在大学里创造出更大的辉煌,成为国家、社会所需要的人才?

(一)正确认识和评价自我

进入大学之后,每个人都会面临对自己重新评价的问题。很多聋人大学生,在上大学之前,都是班级甚至学校的佼佼者,深得同学、老师、家长、亲友的重视。但是到了大学之后,就会发现和周围的同学相比自己不再那么出类拔萃,不再是最优秀的一个,甚至有了差距。这就是所谓的"大学生的相对平庸化",是由于比较的团体和范围的变化造成的。首先比较对象由原来中学数百个同学扩大到了全国聋人青年中的佼佼者。因此,成绩相对下降是客观存在的,也是非常自然的。这并不是说明本人的能力发生了变化,而是自己的比较团体发生了变化。其次,在中学,聋生的自信心主要建立在学习成绩这单一方面,不论老师还是同学对其的评价也主要是根据学习成绩做出的。进入大学之后,比较的范围也越来越广泛,不仅是学习成绩,眼见学识、文体特长、社交能力、组织才干,都成了比较内容。就会发现周围许多同学都身怀绝技,甚至会因此而产生自卑感,这就是平庸化导致的结果。但是由于自己刚刚经历了中学那样一个引人注意的阶段,每一个聋人大学生都背负着来自家长、老师、朋友及自身的期望。这种期望与相对平庸化在现实中形成强烈反差,使得很多同学不太敢、也不太愿意去直接面对这种现实,因此客观的认识和接受自我就成了一个问题。

解决这个问题的根本就是真正地了解自己,客观地面对自己。就是要做到既不盲目自大,也不自卑。对自己存在的差距进行分析,如果差距是在学习、人际交往等能力方面,那么必须设法赶上。因为对知识的掌握是将来开创事业的必要基础,人际交往则是重要的辅助手段,这是安身立命的根本。但是即使在能力方面与别人存在差距,也要允许自己有一个逐渐追赶的过程。如果差距是在其他方面,能赶上的话是锦上添花,赶不上也无伤大雅。人来到世界上必须面对这样的现实,在一生中我们能做的事情非常少,能做好的就更少了,所以不要期望自己所有方面都比别人强。大学是全国优秀青年的聚集地,每个人都具备许多优点。一个人在某一方面赶不上别人没关系,即使硕士、博士、专家,大多也只有在特定领域有所专长,离开这个领域他们与普通人没什么差别。因此,要能够客观对待别人的优势,在承认与别人有差距的情况下,仍能保持自信心,自己要心悦诚服地看待别人的优势,虚心学习别人的优点,而不是耿耿于怀。

另一方面,对于聋人大学生而言,大学校园和中学校园的一个显著不同就是在这个校园里不仅有聋人同学,而且还有更多和自己"不同"的健听同学,这是因为我国当前面向聋人招生的学院和专业基本都依托于一所普通高校。面对这些新同学,一部分聋人大学生会感到不自在、局促,他们和健听人交往很少,甚至不好意思在健听人面前使用手语。如何正确与健听同学相处,将会直接影响到聋人大学生的自我定位,影响到聋人大学生的学习与生活。事实上,通过调查显示,虽然有52%的聋人大学生喜欢与健听学生交往,仍有30%的人很少与健听学生接触。究其原因,主要是因为对聋人世界文化的强烈认同,认为在健听学生面前无法获得平等的尊严,且通过笔和纸交流带来的不便更加重了这些同学的担心,认为健听学生会嘲笑聋人。实际上,绝大多数健听大学生都具有较高的文化素养,并且通过电视、网络、报纸等媒体对聋人世界有一定的了解,尤其是近年来聋人在文化艺术事业的发展中所展示出的风采,更是让健听人佩服不已,所以健听学生在内心深处并不存在对聋人的歧视,相反,很多人愿意帮助聋人大学生学习知识、了解社会。目前,一些招收聋人的高校中开设了手语翻译专业,由于手语专业学生的介入,将聋人大学生与健听大学生的交流推向了一个新的台阶,为聋人大学生创造了良好的外部生活学习环境。即便在没有手语专业的高校里,也有一些志愿者学习手语,主动帮助聋人大学生进行交流。这都有助于减少聋人学生对健听世界的误解,使他们愿意接受健听朋友,从而客观评价自我,积极融入与健听大学生共处的大学校园生活,为大学毕业后步入社会面对更为复杂的外部世界打下基础。

(二)做好人生规划

寝室—食堂—教室,进入大学好长一段时间小萌仍像高中一样过着三点一线的生活。而她的室友小春却忙碌于各种学生社团的工作,策划宣传、张贴海报,凡是有社团活动的地方都能看到她的身影。而生活方式完全不同的二人在一次聊天中却不约而同地用了两个词形容目前的生活——空虚、茫然。的确,高中时期,学习目标明确而单一,就是为了高考。为了高考而不停地努力,不断地学习。进入了大学,没有了高考的压力,很多人却感到无所适从,不知所措。目标缺失使看似有序的生活背后茫然无措,不知道自己要做什么,该如何去做,为什么要做。实际上,相当一部分人的大学生活就是在这种茫然无措的状态中度过,直至毕业才感慨:"如果重上一次大学,我一定要好好进行规划……"与其事后后悔,不如早做打算。在调查中,虽然50%的聋人大学生表示对大学生活有规划,但是大都目标不明确,规划不具体,一般都是好好学习、增加知识之类笼统的目标,只有四位同学——8%制定了每学年要完成的任务。另外有32%的同学对大学生活没有规划,每天想到什么就做什么。

"凡事预则立,不预则废"。60多年前原浙江大学校长竺可桢曾经语重心长地劝勉浙大学子:"诸位在校,有两个问题应该自己问问,第一,到浙大来做什么?第二,将来毕业后要做什么样的人?"自此,这就成为每个浙大学子入校后必须面对的两个问题。这两个问题让浙大学子避免了盲目与不安,使浙大学子在这两个问题中学会思考,找到方向。现在,我们不妨也用这两个问题问问自己,大学并不是奋斗的终点,而是成才、事业的新起点。大学生应尽早从考入大学的满足和陶醉中清醒过来,根据学校教学的客观现实和自己的实际制定出个人在学业、思想道德等素质培养方面的目标和规划。没有明确的目标,人生就没有了方向;反之,树立了明确目标之后,即使存在多方面的不足也不能阻滞坚定的步伐。

那么,目标从何而来,怎样进行规划呢?

首先,全面审视自己,正确地评价自己,明确自己的兴趣、能力、价值观和理想、优势和劣势。在大学期间挖掘出真正感兴趣的领域,从而确定自己的发展方向,了解自己的价值观,有助于搞清自己以什么样的心情看待周围的世界和以什么样的方式生活。

然后,了解实现目标所需要的能力和条件,为自己规划的目标设计具体执行方案和步骤。记住,一定要制定出具体的每一步计划,这样,你才能体会大学生活和学习中的成就感和充实感。当然这一执行方案的确立同样要根据自身的实际情况,不能过于保守,也不能冒进,因为任何人生目标的实现都不是一蹴而就的事情。

最后,任何目标的实现都不是坐等能够得到的,一旦目标确立,规划清晰以后,就要付出努力,为之进行大量的准备工作。没有努力,凭空想象出来的目标只能是无法实现的"乌托邦"。

目标是人生的灯塔和方向,她会指引你前进的方向。进入大学之后,只有尽快确定人生目标,做出人生规划,才会有新的发展方向与动力,生活也不再盲目,一切都将沿着自己确定的轨道前行。

(三)大学究竟学什么

某校古建专业三年级聋人大学生小赵说:"我们的专业学习不是太忙,其实很多大学生在这不是学习而是享受的。"动漫专业的小新说:"进入大学后,总觉得时间多的用不完,我也知道大学学习要靠自己,可我不知道该怎么做。"确实,和中学相比大学生的管理相对宽松,除了上课之外有大量的课余时间,每天上课的密度也不一样,有时甚至一天只上一两节课,老师布置的作业也不多。这就造成部分新生误以为大学学习很轻松,没有什么可学的,浪费了大量的时间在上网聊天、打游戏等对专业、人生毫无帮助的事情上面。那么我们大学期间究竟要学会什么,又应该怎样进行学习呢?

第一章
聋人与教育

联合国教科文组织曾对大学的学习、生活就提出了四个要求,叫做"四会"。这四会是什么呢？第一就是"learn to be",学会做人；第二是"learn to do",学会做事；第三叫做"learn to be with others",学会与人相处；第四叫做"learn to how learn",学会如何学习。达到了这"四会"可以说你的大学教育就是成功的教育。

1. 学会做人

在我们平常的观念里觉得上大学就是学做事,学知识。但是无论是做事还是治学都必须首先学会做人。联合国经济合作与发展组织指出未来人都必须掌握三张教育"国际护照",一是学术性的,二是职业性的,三是证明一个人的事业心和开拓能力的。具有第三张"国际护照"的人应该"有能力并勇于负责,善于交流、谈判、施加影响、规划和组织。他是积极而不是消极的,是有信心而不是朝三暮四的,有主见而不总依赖他人"。① 可以想见,如果缺失了第三张"国际护照",不首先学会做人,那么学术和职业的潜力就不能很好地发挥,一个人的成功也就是不可能的了。而学会做人最重要的就是要终身保有诸如善良、诚信、乐观等重要的品质,把自己铸造成为一个言行一致、心胸开阔、平易近人,能够实现自我、为社会发展作出贡献的人。

以诚信为例,美国凯姆朗公司老板迪克·杜克,20世纪50年代初为生计所迫卖起了圣诞树。为防被偷,他每晚都睡在车里,有一晚实在太冷便回到家中。第二天一看,圣诞树少了一棵但同时多了一张便条,拿树的人当天晚上主动找他付了款。这件事使杜克对诚信有了新的认识,改变了他一生的经营理念,他要用诚信作为资本回报客户。靠着"诚信"二字,杜克的公司从4万美元起家,15年后的营业额高达3亿美元。② 据此我们可以清楚地看到要做事必须先做人,以人格的魅力折服周围的人,自然就能走向成功。有的同学认为这些只有走上社会之后才有意义,和当前的大学生活关联并不是很大。在此,不妨举一个例子,一位教授聋人大学生的老师讲过这样一件事情：2006年,学校举行青年教师讲课技能大赛,要求每一位参赛老师带20名同学配合教学。这位老师和所带班级20名同学约好前去配合,可是就在比赛的前一天晚上,其中十多位同学给老师发短信,说他们有一个更有意义的活动要去参加,结果搞得这位老师很被动。

这些看起来很平常的道德品质,人人都要遵守的行为规范,正是做人的根本。虽然看起来简单,但是易说难做。可能撒一次谎不算什么大事,久而久之就会形成习惯,俗话说："莫以善小而不为,莫以恶小而为之。"让每个人都从小事做起,时时

---

① 胡礼祥：《大学生发展启示录》,浙江大学出版社2003年版,第243页。
② 胡礼祥：《大学生发展启示录》,浙江大学出版社2003年版,第257页。

刻刻约束自己。

2. 学会做事

很多聋人大学生在进入大学之后都制定了很高的理想,例如,据对某校动漫专业聋生的调查来看,相当一部分同学表示毕业之后想要做动漫大师。可以说,能进入大学的都是聋人中的佼佼者,很多人认为自己就是要做大事的,小事让别人去做。有这样一则小故事:

> 东汉有一少年名叫陈蕃,独居一室而龌龊不堪。其父之友薛勤批评他,问他为何不打扫干净来迎接宾客。他回答说:"大丈夫处世,当扫除天下,安事一屋?"薛勤当即反驳道:"一屋不扫,何以扫天下?"

实际上凡事总是由小至大,做大事的人也必须得从小事做起。可能老师布置的作业非常基础,参加学生会或社团分配的事情又过于琐碎,又或者你的第一份工作看起来只不过是"打杂",但是能力正是在这些平凡小事中得到锻炼的。

另外,学会做事还应该包括凡事要有头有尾,善始善终。大学生中很多同学都是非常有创意的,能够把一项活动策划得非常好,但是他们往往只关注活动的高潮,高潮过去之后就不再管了,这就留下很多事情要靠别人来替他收拾,这还是没学会做事。学会做事对于一项活动的策划而言,不仅仅包括从策划到计划的实施,到高潮的时候受万众瞩目,还包括最后把场地打扫干净,把该要还的东西还掉,向该表示感谢的人表示感谢,这是做事的一个完整过程。在大学里面我们学会这种做事的能力,比多读几本书、多看几篇文章可能意义要更大一些。

3. 学会与人相处

一个人从出生到中学毕业,人际关系相对来讲都比较单纯,到了大学之后,人际关系会变得复杂一些。更进一步说,当离开校园走向社会之后,人际关系将是决定成功与否的重要因素。因此,大学生掌握人际关系,学会与人相处,也是在大学阶段的重要任务。著名的演讲家吉米·道南认为:"无论你干哪一行,或从事何种职业或专业,学会处理人际关系,你就在成功路上走了85%的路程,在个人幸福的路上走了91%的路程。"

大学中最小的单位是寝室,室友之间的关系也是首先必须要面对的人际关系。入校前,很多同学对即将到来的集体生活充满浪漫幻想。然而,真正开始寝室生活的时候,却发现似乎一切都不如想象的那么美好。"家里"突然多了五个操着各地口音的兄弟或姐妹,首先碰到的问题可能是生活习惯方面的,看起来都是一个个小问题。比如,一个寝室里住六个人,有的习惯9点睡,有的10点,有的11点,还有的12点睡,等等。但是这些问题处理得如何却会直接影响你在大学的学习、生活质量,甚至今后的人生。

大学里的人际交往要注意从以"自我"为中心向以"集体"为中心的转变。首先要尊重他人,不能以自己的标准来要求别人。对于不同的学习、生活习惯应当相互理解、相互协调。例如,据调查,一所高校部分健听学生提出不愿与聋生住在邻近宿舍,因为聋生晚上走路、关门的声音很大,影响他们休息。这就要求,一方面,聋生要对自己的行为有所约束;另一方面,健听生也应该理解这是由于聋生对声音的不敏感造成的,并不是故意。其次,要有一颗宽容的心。同学们来自五湖四海,生活习惯、脾气秉性和个人爱好会有所不同,所以产生一些矛盾是难免的,关键就是怎样来看待这种矛盾。可以说绝大多数同学都不是故意跟谁过不去,这是很重要的一个前提。只要怀着一颗宽容理解的心,问题就可以通过交流、沟通来解决。最后,还要消除交往中羞怯情绪,培养交谈中"说"与"听"的技能。注意提高个人修养水平,养成良好的行为习惯,培养全方位的交际能力和处事艺术。

4. 学会如何学习

大学同样是教书育人、培养人才的地方,大学里面学生的主要任务还是学习。只是在这样一个信息爆炸或者叫信息获得非常容易的时代,我们想了解哪方面的知识,用鼠标点一下就可以有成千上万的文章,成千上万的内容浮到你的眼前来。学习已经不仅是直接获取知识的一个过程,还包括从众多的信息里面尽快地检索、尽快地寻找到你所需要的那一部分知识的能力。因此在大学里学习专业、掌握知识固然是非常重要的,但更重要的还是要获得一种学习的能力,也就是"learn to how to learn"。有教育人士说:"未来的文盲指的不是不会读书识字的人,而是不会学习和不会重新学习的人。"

首先,学习靠自觉。大学学习的课程多、课时少,几乎堂堂换老师,节节换教室,这就决定了其以自主学习为主的学习方式。大学老师讲课往往容量大、速度快,这就要求课下进行自觉性消化吸收——课前预习和课后复习。大学所培养的人才应是视野开阔的复合型人才,也就是说除了专业知识外,还要广泛涉猎课外知识,自觉地补充完善自己的知识体系。但遗憾的是,我们在调查中发现只有10%的聋人同学能够做到每次课前预习、课后复习,20%的同学经常课前预习、课后复习。而在课外时间的安排中选择自修的只有12%,大部分同学选择在宿舍休息、聊天、上网、逛街或体育运动。

其次,多与老师沟通。清华大学老校长梅贻琦先生当年曾说:"大学者,非谓有大楼之谓也,有大师之谓也。"大学教师除了专业知识外,还拥有丰富的工作经验或长期理论研究的心得体会,至于一些德高望重的教授,更是在专业领域具有独到的见解。多与老师交流有助于我们了解本专业的前沿知识和现实状况,认清专业的发展方向。"我发现大学老师不像中学老师那样一直在办公室里,我有问题也很难及时找到人解答",一年级学生晨晨说。大学和高中不同,老师除教学外往往都有自己的研究和其他工作,一般课后很难找到人。所以,如果你有问题,最好一下课就"抓"住老师,如果还想要更深入地交流,可以向老师要手机或电话号码,或先约好时间再去办公室交流。

再次,最大限度地利用学校资源。大学里的老师、同学、图书馆,这些资源是可遇而不可求的。读大学,除了读大师,最重要的便是读图书馆。图书馆是学校为同学们准备的知识宝库,是历代各学科专家学者的智慧结晶。可以毫不夸张地说,大学期间没有安心在图书馆好好看过几本书,那就绝对没有真正意义上过大学。而聋生对图书馆的利用率并不高,在调查中遇到不懂的问题只有8%的同学想到去图书馆查资料。另外,只有16%的同学经常到图书馆,80%的同学偶尔到图书馆去,更有两位同学——4%从来不去图书馆。同时,读大学,还要学会"读同学"。高中时每个同学侧重的学科没有太大的区别,但是,读大学的过程中每个人的精力却可能放在截然不同的地方,每个人都有自己的闪光点。同学之间的交流、辩论不但可以分享彼此的知识,而且能够碰撞出思维的火花,对毕业后在工作中分析问题解决问题能力的形成也有莫大帮助。

最后,培养独立思考的能力。衡量一名大学生是否合格,不在于他所具有的被动记忆能力,而在于主动地分析和独立思考问题的能力。不管在什么行业工作,所面对的问题都是纷繁复杂而且经常变化的,如果没有主动分析、独立思考的能力,就算把所有的书本吞进肚子,就算大学期间每次期末考试都得第一名,也绝对不可能在工作中脱颖而出。这就要求我们对于教材和其他书籍中的观点应该带着批判的眼光加以学习,不能认为书上说的就一定是对的。只有经过自己独立的思考和评价,才知道书中正确的观点为什么正确,错误的观点才能被摒弃。同时,老师在课堂上讲授的观点也不一定绝对的真理,要敢于怀疑、善于怀疑。韩愈在《师说》中提到:"弟子不必不如师,师不必贤于弟子。"事实上书本上的观点或者老师讲授的观点都可能只是学术界对某一问题很多种观点中的一个。对有争议的观点作出取舍,必须要经过自己独立的思考过程。

(四)独立生活

虽然多数同学在聋校就读时就开始住校,集体生活锻炼了与同学相处的能力,锻炼了自理能力。但是,毕竟当时离家不远,生活中很多事情还是依靠父母的。而进入大学之后,父母远在千里之外,所有的一切都需要自己打理。自主、自立、自律便成为大学生活的主旋律,大学生应当适应这些的变化,注意培养独立生活的能力。

首先要不断提高生活自理能力。在学校,一切的琐事,包括起居饮食、天凉换衣,凡此种种都要自己亲力亲为。但是这些还不是最重要的,一般来说,在个人生活方面大家还是能照顾自己的。进入大学后,不仅要有独立自主地生活的能力,而且也有权力在很大程度上自主地选择生活方式和模式等。大学生活是丰富多彩的,应该做到有效的学习、有序的生活、有益的娱乐、有心的交往、有度的消费。例如,上大学后要学会做自己的财务管理,学会自己当家。手里攥着父母的血汗钱,每月的吃、穿、用一切花销都要有所计划,既要考虑物质产品,又要考虑精神食粮。否则出现了"财政赤字",一方面远水解不了近渴,另一方面也会给父母增加负担。而在接受我们调查的50名同学中对自己的花销有详细计划的只有19人,另外31名同学计划很粗略或根本没有计划。

其次,独立又不只是对自己的生活自主,也是一个摆脱"想要有所依靠"的心理独立过程。在调查中,50%以上的被调查者会经常想父母,经常想家。但是我们想家的时候多半是遇到困难、挫折或不适的时候,想家其实是在困难面前不自觉地去探摸身边的拐杖,是凡事不肯自己负全责、要家人师长相扶持。因此,离家的距离,不只是地理距离,更是心理距离。离家近,心理距离就近,以致都没有长大了的实际感觉。只有在异地住校后,才真正开始自己的独立成长,舒展开自己的羽翼。这种思想上的独立才是真正的独立。只有你在思想上不再期望别人为你负责,愿意而且能够自己"总揽全局"的时候,才是独立的开始。只有真正具有独立自主的人格、个性化的思想,有自己的主见,而不是人云亦云,有自己的思维方式和思辨意识,带着批判的精神学习、工作和生活,不再觉得有依赖他人的需要,才有足够的能力给自己定出目标,设计未来。

(五)如何看待勤工俭学

勤工俭学现在已经成为大学生自我历练、自我磨砺的一种重要途径,它的价值远远超出了其所带来的经济上的宽裕。如果聋人大学生也都能够参加力所能及的勤工俭学工作,相信对于以后人生道路的价值又要超过健听大学生的收获。聋人大学生进行勤工俭学首先要攻克心理关。大多数聋生家长对孩子都有一种愧疚感,宁愿自己吃苦受累也要为孩子提供比较优裕的生活学习条件,因而大多数聋生根本不需要通过勤工俭学补贴生活。那么,对于家境困难的同学而言,勤工俭学必然要面对部分同学不理解的目光。更重要的是,由于交流问题在工作中还要面对来自不同素养的人的目光,这更需要自信和勇气。调查显示,74%的聋人大学生没有勤工俭学的经历,只有大约20%的聋生做过短暂的勤工俭学。很多人之所以不愿意勤工俭学,理由多是"害怕被同学取笑"、"会被人嘲笑"。当然,有些同学会以学习任务重为理由拒绝勤工俭学,但事实上相当一部分同学大部分课余时间都花在上网、逛街等其他娱乐之中。

有关调查显示,有过勤工俭学经历的学生,相对于其他学生而言,要具有较强的社会适应能力、自我调节能力、开拓创新能力等。聋人大学生如果能够积极参与到各种力所能及的勤工俭学活动之中,必然会收获更多,进一步提升自己的生存能力与竞争能力。即便最初的目的是为了补贴生活,但工作的过程客观上切实提高了其综合能力。另一方面,由于这些同学要投入一部分时间去劳动,学习时往往会更加努力,这样不但没有耽误学习反而推动了学习。俗话说:"书到用时方恨少,事非经过不知难。"大学生缺乏的就是实践能力,正确面对并积极参加勤工俭学对聋人大学生而言意义尤为重大。

(六)丰富多彩的社团

大学生社团是五彩缤纷的校园文化生活的重要组织者与参与者。大学生社团,种类繁多,活动各异,为广大学生提供了施展才华的平台,同时也为大学生锻炼自身能力提供了机会。尤其是对于刚刚步入大学校门、摆脱一切围着高考转的大一新生更是如此。面对着校园里花样翻新、创意独特的社团宣传招贴与宣传标语,满怀激情与梦想的他们自然而然成为社团进一步发展的新生力量。但"学生"的天职就是"学习生疏的知识",频繁的社团活动必然会占用相当的学习时间,尤其是对于聋人大学生而言,大学的学习机会十分难得,正确处理社团活动与学习之间的关系十分重要。必须肯定的是,社团的确可以锻炼大学生人际交往能力,提高大学生的业余文化生活质量,培养大学生的兴趣爱好,有益于大学生的身心健康。同时,也必须看到,有些社团有名无实,活动质量不高。因此,聋人大学生在选择社团时一定要根据自己的学习任务与兴趣爱好,理性地选择,而非凭借一时冲动盲目参加。另外,由于社团组织活动需要会员缴纳会费,因此参加时一定要慎重。如果因为一时难以确定参加与否,可以积极参加班级或院系组织的各种活动,这样既不会增加经济负担,又可以丰富业余生活且不过多影响学习时间。调查显示,经常参加社团的聋人大学生约占30%,而积极参加班级或学校集体活动的约34%;从不参加社团的约占20%,从不参加集体活动的仅为2%。当然,社团活动与集体活动有时会出现交叉,如舞蹈、书法、绘画、武术、体育等方面的活动等。换个角度来看,积极参加社团活动,同样也是学习自己不熟悉的社会知识,只是要恰当处理与专业知识学习的关系。

(七)树立正确的爱情观

有人曾经比喻说,爱情对于大学生活而言就好比是盐对于水,没有爱情的大学生活将是索然无味的。如果大学没有谈过恋爱,那么对大学生活的回忆将是苍白的,无任何亮丽可言。难道大学生必须恋爱吗?事实证明,爱情并非是大学生的必修课,并不是像制定学习计划、人生规划一样,必须在大学里谈恋爱。有人通俗地说大学生谈恋爱,是"谈了吹,吹了谈,谈谈吹吹"。这句话可以说在很大程度上反映了大学生恋爱的真实状况。因为大学生风华正茂,处于人生的黄金时期,这个阶段将直接决定以后人生的走向,所以,学业仍然应在大学生活中占据首位。同时,由于大学期间的经济状况、家庭条件、学习压力等限制,更主要地由于大学生的情感容易受到外界因素的干扰,所以大学生的爱情有较多不稳定因素。大学生如何面对爱情问题,将直接影响到大学生活的质量和毕业后的人生发展潜力。通过调查显示,目前约有58%的聋人大学生都能理性面对恋爱问题,认为大学生可以谈恋爱,但不应鼓励。大学生毕竟还是要以学习为主,即便恋爱也要兼顾学业。同时,对于在爱情面前徘徊的同学而言,应该认识到爱情是双方感情自然而然地发展,爱情既不是消除寂寞的调味品,也不是满足虚荣心的奢侈品。即便是经历爱情,最终失恋的同学,也不应一蹶不振,而是应该相信自己,因为感情的磨合需要一个过程,爱情虽然浪漫,但浪漫之后毕竟还要直面平淡而烦琐的日常生活。爱情,是每个人都要经历的人生课堂,一定要慎重面对。

第三节 聋人大学生活典型案例

一、聋人选择专业的案例分析

【案例介绍】

老师,我想对您说

老师:

感谢您给我们这样一个题目——老师,我想对您说。正是这样一个题目让我得到了一个和您说话的机会,也谢谢您趁着这个机会听听我们的心里话。

……

我们不能理解,是不是因为我们身体条件的原因、是不是因为我们文化水平和常人相差太远?为什么我们就不能和健听人一样选择自己喜欢的专业?学校为什么不能为我们开设更多健听人一样的专业?选择了自己不喜欢的专业,我们确实失去了继续学习下去的信心,没有了发展自己的空间,即使坚持留在自己不喜欢的专业,努力学习也没有太大的进展。我们最需要的是有更多符合自己发展的专业供我们来挑选。

  老师,您不是经常告诉我们聋人同样可以创造人生的辉煌吗?您还说:除了听,聋人什么事情都可以做吗?但在我们看来,事情恰恰相反,聋人想做出一些成就实在太难,因为我们发展的空间就有很大的局限。老师,您知道吗?我们一直在期待着聋、听平等的那一天的到来,更渴望社会真正地接纳我们,因为我们也是人呀!老师,我们这样的要求不算太过分吧,聋、听同在一个地球上生活,可为什么我们生活的空间竟那样渺小!老师,我说了这么多,希望您能理解,更希望您能帮助,因为这是很多聋人的心声。

【案例分析】

  以上是某校聋人大学生小吴写给任课老师的一封信,信中说出了聋人对大学专业设置的不满及困惑。目前由于我国聋人高等教育资源的匮乏,招收聋人的专业十分有限,还不能满足让所有聋人都学习理想专业的需要。这种状况也很难在短时间内改变,聋人同学出现困惑也是很正常和普遍的。在这种情况下,一方面要深入了解专业,培养兴趣,一样能够做出不错的成绩;另一方面要认识到大学教育重在培养基本素质,大学期间尽量强化个人能力,这样即使毕业后不从事本专业相关工作,也能很快适应社会。另外,当前聋人在求学和就业方面受到多方面的限制也是现实,这有待于广大聋人和残疾人工作者不断的努力,相信在不远的将来,聋、健平等一定会实现。

二、专业与兴趣的案例分析

【案例介绍】

  小余曾经是某大学聋人装潢专业的一名大学生,初次见面谁也不会想到这个笑容甜美的漂亮女孩竟会是一位聋人。和很多爱美的女孩一样,小余喜欢漂亮的服装,再加上从小就有的绘画天赋,从而立志要报考天津某聋人学院的服装设计专业,将来成为美的创造者。但是天不遂人愿,小余聋校高中毕业报考了两所院校,却被另一所学校的装潢专业录取。即使这样,读大学的机会对与聋人来说也是弥足珍贵,因此小余虽心有遗憾,仍然报到入学了。入学后,凭着天生的聪明劲儿,各科成绩都还不错,老师们也喜欢上了这个乖巧的女孩儿,但是在她的内心仍然保存着做服装设计师的梦想,并不时地折磨着她。最终小余在大学一年级下半学期选择了退学重新参加高考。

【案例分析】

这个案例说明,兴趣在专业学习中的重要性。兴趣是影响学习活动效率的重要心理因素,对于感兴趣的专业,学习自然会有积极性和主动性。兴趣能够帮助我们克服困难,排除干扰。当然,这并不是说录取到不感兴趣的专业就要退学,我们可以通过深入了解本专业知识,重新了解专业的价值,培养对所学专业的兴趣。

三、大学生活规划的案例分析

【案例介绍】

小刘的大学生活规划	小朱的大学生活规划
大一:尽快适应大学生活,调整好自己的思想和状态,开始以真正的大学生的标准要求自己。 大二:努力学习,打下扎实的专业基础和科学文化知识 大三:积极参加各种社会实践,争取有一定的实践能力,为顺利就业打基础。	用心学习,争取好成绩,将来到日本留学,做一流的动画大师。

【案例分析】

以上是某大专院校两位聋人大学生为自己设计的大学生活规划。我们从这两份规划中都能看到制订人的良好愿望,区别就在于小刘的计划比较"微观",但是每一步切实可行;小朱的计划比较"宏观",泛泛而谈。从实际情况来看,像小刘这类有明确可行目标的学生,多数能够成长为优秀的学生;而没有明确可行的目标的学生,譬如小朱,最后各方面的成绩就要差一些。

汽车时代的到来使我们懂得了把握方向盘的重要性,同样,在人生的道路上,我们也要把握住方向盘。要为自己的人生、为自己的大学生活制定目标,然后才能一往直前地向前行驶。在大学,有多种多样的选择存在,可以为立志成为学者而学习,也可以为今后有一份好的工作而学习。但无论你的目标是哪一种,都要根据自己的实际情况,认真地给自己定好位置,并制定一份详细的大学学习生活规划方案。要善于将大而不具体的目标划分成小而精确、详细的目标。大而空的目标,往往会因为前进的过程中看不到终点而显得枯燥无味。只有制定出十分具体的每一步计划,你才能体会大学生活和学习中的成就感和充实感。

四、独立生活能力培养的案例分析

【案例介绍】

某大学聋人学院院长办公室内谈笑风生,原来这一天是新生报到入学的日子,办公室里围坐着几位聋生家长正在和该学院院长聊天。

当院长提到新生独立生活能力如何时,一位家长接上了话茬:"我的孩子从小就很独立,从上聋校开始每年暑假都要和聋人同学外出旅游。起初,我和孩子的母亲很不放心,想着自己的孩子毕竟和健听孩子不同,万一路上遇到困难,比如说迷路、遇到坏人,连向人求助都说不清楚。可是当时一位高年级的聋生的话打动了我,他说,'叔叔,在大树庇护下的小树无法成长,在温室里更不可能有参天大树。您今天对小伟放不开手,将来他永远不能从你们的庇护下走出来,也就永远不会成为对社会有用的人,再说,出去还有我们高年级的学生陪着呢,您就不用担心了。'后来看到孩子从外面回来的兴奋劲儿,还讲了很多见闻,我们觉得自己的决定是对的。以后,只要经济条件允许,每年假期我们都支持他出去见见世面,现在,小伟不仅能够独自外出,而且已经能够照顾年纪比他小的低年级同学了。"

确实,在后来的学习生活中,老师也发现和其他同学相比,小伟遇事更有主见,考虑更周全,又懂得照顾其他同学的感受和利益,因此选他做了班长。

【案例分析】

小伟的案例告诉我们要勇于独立。每一个人都是在父母的呵护下长大,但是总有一天要离开父母的羽翼。因此,要抓住一切的机会,有意识地锻炼自己,当然并不一定要出去旅游,而是说从独立处理小事做起,培养自己面对社会、适应社会的能力。

五、适应大学学习规律的案例分析

【案例介绍】

虽然入学已经将近一年,但是小张仍然觉得只能用"不适应"三个字来概括自己的大学生活。一年来,小张感受最多的就是大学生活与高中生活的不同。

首先是学习方面,课上内容太多,课下找不到老师,甚至很多内容需要自学。这让她觉得学习很吃力。由于中学时期的刻苦,她一直是深得父母老师喜爱,被作为同学们的学习榜样。虽然小张依旧学习努力,但是大学中同学们眼中的焦点已不再是这些"两耳不闻窗外事,一心只读圣贤书"的尖子生,而那些在文体方面有特长的活跃分子更容易吸引大家眼球。最让小张不解的是,学校在评奖学金时,不仅计算专业课成绩,而且将在各种活动中的表现也计算在内。

另外,由于中学时学习的压力,使她特别渴望在大学中得到友谊,但是进大学以来一直没有找到她所希望的新朋友,她觉得不能融入同班同学的活动中。于是害怕一个人去食堂吃饭,害怕一个人去教室学习,甚至害怕一个人走路。用她自己的话来说:"我总觉得别人在议论我怎么总是一个人独来独往。"

本来色彩缤纷的大学生活在小张的眼里也昏暗了起来。

【案例分析】

小张的情况是典型的对大学生活和学习规律不了解,又缺乏正确的引导。首先大学的学习内容多,掌握科学的学习方法就显得特别重要。大家或许听过这样一则故事,从前,有一个人遇到了一位能够用手指点石成金的神仙,这位神仙对此人说你需要多少金子我都能满足你,但是此人只提了一个要求,就是想要得到这位神仙点石成金的手指。虽然这例故事通常被用来说明人性的贪婪,但是掌握了学习的方法何尝不是如同获得了能够点石成金的手指呢?当然这要求在学习中不断地总结规律,多向老师、高年级同学请教学习经验。其次,大学教育不仅仅在于知识的获得,更重要的是综合素质的培养。很多大学生正是在各类活动中培养了做人做事的能力,因此衡量优秀大学生的标准已不仅仅是学习一个方面。再次,大学交友重要的是要敞开心扉。每个人都有自己的优点和缺点,不要因缺点而自卑进而自闭,要在交往中取长补短。

六、适当参加社团活动的案例分析

【案例介绍】

小关是河南省三门峡市渑池县人,四岁时因患病造成神经性听力障碍。但他并没有因为自己失去听力而过度痛苦,也没有为此而感到自卑,而是积极面对现实,努力学习并积极参加学校各种活动。从小学到高中,他不仅曾经荣获全国中学生征文竞赛优秀奖,而且还多次荣获"优秀少先队员"、"社会实践积极分子"等称号。

　　2003年,在聋人高考中,他以数学100分、英语100分、语文96分的优异成绩进入中州大学特殊教育学院聋人装潢艺术设计专业。入学后,小关努力学习并申请到健听学生班级内"随班就读",通过刻苦努力,在和健听同学平等竞争中取得了专业三等奖学金和三好学生的荣誉。但这并不意味着他的全部生活只有学习。与一般同学一样,他也喜欢打球、上网。更重要的是,他还积极参加聋人社团活动。为了让更多的健听同学了解聋生,帮助聋生,与聋生交朋友,小关凭借自己能够读唇语、口语能力强的优势,主动主持"真情手语"班,帮助健听学生学习手语。他在"真情手语"培训班主持的36期里,培训了来自中州大学、郑州师范高等专科学校、河南商业高等专科学校的大约5 000人次的大学生,受到学生的热烈欢迎。"真情手语"培训班,在2006年发展成为了"爱心手语社"。小关虽然频繁参加社团活动,但并没有影响到他的学习,2006年,他以优异的成绩完成了自己的学业。

【案例分析】
　　小关的事例说明,大学并非只有学习一个科目,各种社团活动丰富着我们的生活,适当地参加社团活动,有助于提高交际能力,更好地适应社会。

【思考题】
1. 你是如何选择专业的?在选择专业时遇到过什么样的问题?
2. 你在进入大学后曾有过哪些困惑,是如何克服的?
3. 做一份大学生活规划。

第二章

聋人与心理健康

大学阶段是聋人发展的重要时期。他们作为一个特殊的群体,在学习、生活与工作中将会遇到各种困难与挑战,承受着巨大的心理压力,更容易产生自卑、易怒、焦虑等各种心理问题,进而影响其学业成绩、人际交往、将来就业、社会适应,甚至婚姻家庭等。目前,随着我国高等特殊教育事业的发展,聋人大学生数量的显著增加,聋人大学生的心理健康问题也越来越受到人们的关注。心理健康是聋人大学生自强不息、残而有为的重要条件和保障。只有加强心理健康教育,才能够促进聋人大学生学会自我心理调适,摆脱心理困扰,形成良好心理素质,为其将来融入主流社会、全面发展奠定基础。

第一节　聋人心理健康

一、聋人心理健康的标准

现代社会经济在发展,科技在进步,竞争无处不在,势必对聋人大学生的心理健康造成冲击,那么保持心理的健康就显得尤为重要。结合聋人大学生各方面表现的心理特征,可以归纳出衡量心理健康的八个方面。

(一) 正确悦纳自己

首先,要正视自身的听力缺损。对于自己无法避免的听力残疾,不悲观失望,不自暴自弃,不抱怨命运,做到愉快地接纳自己。其次,自我期待需切合实际。聋人大学生应对自身的素质有一个恰当的评估,不要过高地苛求自己。这样就会对生活充满乐观的态度,增强自信,最大限度地发挥自己的潜能。反之,如果不能客观地认识自己,悦纳自己,任意夸大自己的能力。当自己期望的目标与现实相脱节时,就容易产生焦虑、自卑等心理异常。

(二) 社会适应良好

对社会环境中的一切刺激能够作出恰当的、正常的反应,就是社会适应良好的表现。心理健康的人,能与自己所处的环境、与周围的人群、与所处的社会保持协调一致,并能主动地去了解和适应社会。有些聋人不能正视社会现实,借故自己有听力残疾,一味地向社会寻求庇护,稍有不如意便表现出悲观厌世,抱怨自己的不幸命运;或表现出对社会的不满,责备社会环境对自身的不利,妄自尊大、目无法纪、一意孤行,持续下去必然导致心理问题的产生,严重的甚至走上违法犯罪的道路。

因此,聋人大学生应该对社会现状有比较清醒的认识。在不回避听力残疾的同时,还要正视现实社会中的各种不完善与不合理之处,学会解决自己在学习、生活和工作中遇到的各种问题,掌握排解心理困扰、减轻心理压力的方法,以自己自强不息的行动融入社会的文明和进步。

(三) 智力正常

智力正常是聋人大学生学习、生活与工作的重要心理条件,也是心理健康的重要标准。智力包括人的观察力、注意力、记忆力、想象力和思维能力等认知能力的综合。尽管人的智力发展存在各种差异,但衡量人智力正常的关键在于看其能否发挥出效能,即保证在学习、生活和工作中有效地作出反应和解决问题。比如有强烈的求知欲;对新事物、新问题表现出兴趣和探索精神;智力结构中各要素在认识活动与实践活动中能积极协调地参与,并正常地发挥作用。

(四) 人际关系和谐

社会中的任何一个人都不能脱离人群而单独存在和发展,即使患有听力残疾,也离不开与人打交道,即与聋人、与健听人交往。具备健康心理的人,乐于与人交往,既有稳定而广泛的人际关系,又有知心朋友;在与他人交往中保持独立完整的人格,有自知之明,不卑不亢;能客观评价别人,取人之长,补己之短,宽以待人,友好相处,乐于助人;交往中的积极态度,如信任、真诚、友爱、喜悦等,要多于消极态度,切忌心中存有仇恨、猜疑、嫉妒、蔑视等不良情绪。人际交往中的自我封闭和退缩行为,就是心理不健康的症状。

（五）情绪健康

情绪包括积极的情绪（如信任、友好、尊重、乐观等）和消极的情绪（如怀疑、憎恨、蔑视、恐惧等）。[①] 在日常生活中，这两种情绪都是不可避免的，因而可以说这两种情绪都是正常的。心理健康的人，积极情绪应多于消极情绪。聋人大学生情绪健康主要表现在自身经常保持愉快、开朗、自信、满足的心态，善于从生活中寻求乐趣，对生活充满希望。更重要的是保持情绪稳定，能有效地控制和调节自己的情绪，使其在适当的时间、场合恰如其分地予以表达。喜怒无常或常常愁眉苦脸、怨天尤人、灰心丧气是心理不健康的显著标志。

（六）人格完整统一

人格是人的气质、能力、兴趣、爱好、习惯与性格等心理特征的总和。人格完整统一就是指心理与行为和谐统一的人格。主要表现在：①人格要素无明显的缺陷和偏差；②具有清醒的自我意识；③积极进取的人生观和信念，并以它为中心把需要、愿望、思想、目标和行动统一起来；④人格相对稳定。一个人的人格一经形成就具有相对稳定的特点，有的聋人大学生想的、说的、做的相互矛盾和混乱，或者一个开朗、外向的聋人大学生无缘无故变得内向、悲观，这就是人格的完整和统一失去平衡，说明这些聋人大学生的心理已经具有不健康的征兆。

（七）意志健全

意志是人自觉地调节行为去克服困难，以实现预定目的的心理过程。聋人大学生由于听力的缺损，更需要具备健全的意志。意志健全主要包括行动的自觉性、果断性、顽强性和自制力。意志健全的聋人在各种活动中有自觉的目的性，能适时地做出决定，并运用切实有效的方法解决遇到的各种问题，而不是缺乏主见或盲目决定，一意孤行。在困难和挫折面前，能以坚忍不拔的毅力克服，善于控制自己的情绪，自觉地调整自己的行为。

（八）心理特征符合年龄特征

心理年龄特征是指在人生不同的年龄阶段，其心理发展都表现出相应的质的特征。一个人的心理行为发展，总是随着年龄的增长而发展变化。如果一个聋人大学生的认识、情感和言谈举止等具有与大多数同龄人相一致的心理特征，对外部刺激的反应既不过敏，又不过分迟缓或毫无反应，就是心理健康的表现。反之，偏离了相应的年龄特征，就意味着此人的心理健康出现问题。例如，一个聋人大学生

[①] 玺璺：《青少年心理障碍个案与诊断》，广州出版社2004年版，第6页。

常哭闹不止或喜欢玩幼稚的游戏,表现出与其心理年龄不相符的一些行为特征,就属于心理不健康。

二、培养聋人心理健康的方式

大学阶段的聋生,意味着离开父母、家庭的监护,摆脱对成人的依赖,成为独立的个体。这一时期,聋人大学生内心的精神世界处在一种非常不稳定、不平衡的状态中,具有多重心理矛盾。因此,在注重聋人大学生身体健康的同时,培养聋人大学生的心理健康对其健康成长具有至关重要的作用。

(一)树立正确的人生观

正确的人生观是防止心理异常的根本条件,也是身患听力障碍的大学生心理健康的重要保证。聋人大学生在学习、生活和工作当中,只有树立了远大的理想和正确的人生观,才能有决心、有毅力去战胜一切困难和挫折。同时,只有树立了正确的人生观,才能把握好个人与社会的关系、个人与集体的关系、个人与他人的关系,协调好人际关系中发生的各种矛盾,保证心理反应的适度,防止异常。

(二)了解自我,接受自我

聋人大学生形成心理问题的重要原因之一就是不能正确地认识自我。因此,要保持心理健康,首先要对自己有比较全面和客观的认识。在充分了解自我的基础之上,坦然地接受自我,既不过高估计自我,也不过低看轻自己,这样才会心态平和,减少心理的冲突,保持健康状态。

(三)建立良好的人际关系

建立良好而真诚的人际关系,主要体现在关怀、安慰、鼓励、帮助、支持、理解等多个方面。健听人非常珍惜友谊的存在,聋人也是如此。如果自己在生活、学习、工作中能够真诚待人,主动地帮助他人、关心他人、理解他人,那么就会拥有稳定而广泛的人际关系,就会有知心朋友,这样就能够最大限度地降低心理偏激和危机感。如果一个聋人大学生经常孤芳自赏、离群索居、生活在群体之外,就是心理不健康的表现。

(四)保持健康的情绪

稳定而良好的情绪状态使人心情开朗、轻松安宁、精力充沛、对生活充满乐趣和信心。聋人大学生虽然听力缺损,但仍然有着丰富的情感,有时还容易冲动。因此,要学会自我疏导,自我排遣。忧郁烦闷的时候,可以找知心朋友或亲人倾诉,以获得更多的情感支持和理解,还可以大哭一场,以宣泄不良情绪。

(五)正视现实

现代社会充满机遇,也充满挑战,各种主客观因素都可能给聋人大学生造成这样或那样的挫折。因此,聋人大学生要培养自己的健康心理,应做到正确对待和战胜挫折,即避免生气、发怒、自暴自弃、借酒消愁等不良心理行为;还应树立正确的奋斗目标,善于灵活应变和转移情绪,增强挫折忍受力。聋人大学生要想将来成为优秀的人才,就应当不断地克服困难,战胜困难,勇于承受生活中的各种磨砺。心理健康也包含着经历挫折,容忍挫折。

(六)树立正确的恋爱观

聋人大学生正处于青春成熟期,最大的生理变化是生殖系统发育成熟,表现为性意识的觉醒。但此时的社会心理并没有完全成熟,他们的社会责任感、道德观念、恋爱态度以及恋爱学习关系的处理等都是不成熟的。由于聋人大学生各方面尚不成熟,因此,应正确对待大学生恋爱问题,避免沉湎爱情,上课时心猿意马,因此而荒废了学业;或形影不离,不参加集体活动;或追求物质享受,草率确定恋爱关系,甚至充当情人、情妇;或爱情不专一,搞三角恋或多角恋;或自作多情,单向思恋,茶饭不香,神情恍惚;或违反校规校纪,早食禁果等误区。

第二节　聋人心理障碍的特征

聋人大学生是一个特殊的群体,兼有残疾人和大学生的双重身份。作为大学生,他们正处在青春发育后期,生理和心理都在经历较大的变化。作为残疾人,他们听力损伤,语言沟通存在障碍。他们身处大学校园,面临着身份的认同、环境的适应、学业的竞争、能力的挑战、人际关系的困惑、恋爱与就业的选择等全方位的心理适应问题。当聋人大学生遇到这些问题不能正确进行心理的自我调适时,就会时常伴有较多的负面情绪体验和心理冲突。

一、个性缺陷

(一)自卑心理

自卑是一种个性缺陷,即自我评价过低,自己瞧不起自己。自卑是因为过多地自我否定而产生的,认为自己在某些方面不如别人的自惭形秽的情绪体验。根据心理学的研究,在健听人中,自卑感在一定程度上广泛存在着,自卑并不是聋人的代名词。自卑感人人都有,只有当它影响到人们的学习和工作的正常进行时,才将其归于心理障碍。自卑的人对自己评价过低,心理承受能力差,经不起较强的刺激,多愁善感。聋人由于生理上的缺陷而流露出悲观情绪和畏缩行为,主流社会的歧视和偏见则加重了聋人自卑的体验。①

自卑常以一种消极防御的形式表现出来,如嫉妒、猜疑、羞怯、孤僻、迁怒、自欺欺人、焦虑紧张、不安等。自卑的人,总是哀叹事事不尽如人意,常拿自己的弱点比别人的强处,越比越气馁,甚至比到自己无立足之地。如有的聋人大学生担心自己的生理缺陷会被他人嘲笑,缺乏自信心,不敢主动与人交往。所以常见到聋人大学生稍有不顺心就打退堂鼓,表现出瞻前顾后和畏畏缩缩;还有的聋人大学生谨小慎微,对新环境、陌生人有一种畏惧感和不安感等行为。

1. 自卑心理形成的原因

国内曾有人研究认为,多数聋人大学生均存在一定的自卑心理特征。② 经分析归纳,主要有以下几方面原因:

(1)听力缺陷所致。有的聋人大学生不能正视和接受自己听力损伤的残酷现实,担心话说不好,打手语健听人看不起,总是用自己的缺憾和健听人比,感觉聋人再努力也比不上健听人。常常自叹不如,心灰意冷,也就是被身体缺陷所"摧毁",从而导致自卑感的产生。

(2)消极的自我暗示。每个人面临一种新局面,首先都会自我衡量是否有能力应付。如果自我认识不足,常会觉得"我不行",由于事先有这样一种消极的自我暗示,就会抑制自信心,产生心理负担,在学习和交往中,就放不开手脚,就会限制能力的发挥,从而导致失败。这种结果会形成一种消极反馈,无形中印证了自卑者消极的自我认识,使自卑感成为一种固定的消极自我暗示,进一步加重自卑感。

(3)学习困难。学习是一种艰辛的劳动,学习成绩是多种因素相互作用的结果。聋人大学生由于失去了先天获得语言的自然途径,语言沟通存在障碍,因此在学习中会遇到比健听人大学生更多的困难,他们尽管做了较大的努力,但学习进步缓慢,学习动机屡屡受挫。这常使一些聋人大学生怀疑自己的能力,产生自卑、消极退缩的心理。

(4)生活中的挫折。通常,自卑感强的聋人大学生往往有过一段特别严酷的经历,或是心理创伤。例如,有的聋人大学生曾经在幼儿园或在普通学校就读时,成为健听学生恶作剧的对象,如助听器被健听小朋友当作玩物,或被抢走丢在地上或被丢在水盆里;有的会被调皮、淘气的同学扇耳光、撕衣服等等。③ 聋生在受挫

---

① 刘盈江:《听觉障碍青少年心理咨询》,华夏出版社2007年版,第138页。
② 李强,张然,鲍国东,姜海燕:《聋人大学生心理健康状况及相关因素分析》,载《中国特殊教育》,2004年第2期。
③ 刘盈江:《听觉障碍青少年心理咨询》,华夏出版社2007年版,第140页。

之后，由于表达不畅，不能及时把情况向老师和父母沟通。由于得不到心灵上的慰藉，他们的内心就会渐渐变得感受性高而耐受性低，稍微受挫也会给予他们沉重的打击，让他们难以忍受。时间一长，便形成了自卑的性格。

（5）生活环境的影响。聋人大学生与健听大学生生活、学习在同一个校园，常感觉被健听学生看不起而感到自卑；还有一些聋人大学生因家庭经济状况不如他人而感到自卑；或者是主流社会对聋人的偏见，使聋人大学生感觉将来难以融入主流社会而导致自卑。

2. 克服自卑心理的方法

许多事实是无法改变的。听力缺损引起的自卑，既能摧毁一个人，也能促使人不甘堕落、奋发向上，从而补偿缺陷。闻名世界的海伦·凯勒，正是因为她既盲又聋的缺憾，才成就了她的坚韧和壮丽。聋人要改变自卑，需从改变认识入手。人是有能力主宰自己，拯救自己的。要善于发现自己的长处，肯定自己的成绩，不要把别人看得十全十美，把自己看得一无是处。一个人身患残疾，并不是自己的过错，人生有时候就是在这种缺憾中才显得真实和珍贵。因而，要克服自卑心理，就应做到以下几点：

（1）扬长避短。每个人都有自己的长处和短处。自卑的人只看到缺点或缺陷，并整日为之烦恼，结果缺点没有消失，连优点也被遮住了。事实上，人的优点与缺点并存。要学会发现自身的优势。首先要发掘自己以前成功的经验，总结出自己的长处；其次是先做一些自己容易做到的事，总结经验，获得信心，然后努力去干一些对自己富有挑战性的工作，从而增强自信。

（2）积极的心理暗示。当自己面临某种境况感到信心不足时，可以暗示自己："我一定会成功！"或者鼓励自己："别人都能干，我为什么不能干？"如果干不好，以誓不罢休的心理去从事要做的事，事先不过多地体验失败的情绪，就会产生信心。在学习和工作中，目标不要定得太高太大，不然，就容易受挫。如目标定得较高，可将它分解为一个一个小目标，这样就容易成功，而每次成功对自己都是一种激励，这样有利于提高自信心。做事要善于满足，知足常乐。

（3）善于与人交往。聋人大学生的交往存在一定的障碍，但也应积极与他人交往。通过交往可以感受别人的喜怒哀乐；通过交往，可以看到他人的长处、短处，在比较中正确认识自己；通过交往，可以互相倾吐心声，了解别人的苦闷，还可以分享别人的快乐。这样心理活动就不会局限于个人的小圈子，心胸就会变得开阔、乐观，有助于克服自卑。

（二）猜疑心理

猜疑，顾名思义，即猜测、揣度、估摸、疑惑、疑心。猜疑心理是一种由主观推测而产生的不信任的复杂情感体验,它是一种消极的自我暗示心理。

有猜疑心的人,遇事总爱牵扯到自己,且大多往坏处想,导致对客观事物做出歪曲的判断。如一个聋人大学生见到几个同学背着自己讲话,就怀疑是在讲他的坏话;老师有时对他态度冷淡一些,就会觉得老师对自己有看法;健听人无意间的一个眼神,他会认为在嘲笑他,或者歧视他。随着聋人大学生年龄的增长,自我意识的增强,归属感得不到满足,这样的问题会越来越敏锐地表现出来。严重的猜疑会使人陷入苦闷,甚至对他人产生仇恨、敌对情绪。这样的聋人大学生心有疑惑,不愿公开,也鲜于与人交心,整天郁郁寡欢。由于自我封闭,阻隔了外界信息的输入和人间真情的流入,便由怀疑别人发展到怀疑自己、怀疑自己的能力,变得自卑、怯懦、消极、被动。

1. 猜疑心理的表现

分析有猜疑心理的聋人大学生的表现症状,可归纳出以下几方面的共同点:

(1)认知方式偏差。聋人大学生由于语言沟通的障碍,对人的观察主要通过视觉感悟对方的身体语言和面部表情,以获取有限的信息,这样就破坏了认知的丰富性和完整性,制约了感知的范围和深度,容易曲解视觉信息,难免比健听人有更多的猜测和揣摩。

(2)缺乏自信心。常疑神疑鬼的人,看似怀疑别人,实际上也是对自己的怀疑,至少自信不足。有些聋人大学生在某些方面自认为不如别人,如听力缺憾、长相丑、记忆力差等,因而总以为别人在议论自己,看不起自己,笑话自己。一个人越自信,越容易信任别人,越不易产生猜疑心理。

(3)创伤体验过深。有些聋人大学生可能以前由于轻信别人,在交往中受过骗,蒙受了巨大的精神损失和感情挫折,结果万念俱灰,不再相信任何人。

(4)长期自我封闭。生活在无声世界的聋人大学生,最大的障碍就是长期不与外界打交道,他们对外部世界感到陌生,所以常常以自我为中心,从一个极端跳到另一个极端。他们不相信别人,总以为自己是对的,看不到别人的优点、长处。有时不爱与同学交往,独来独往,很少与他人沟通与交流,常造成人与人之间的隔阂、矛盾和冲突。

2. 消除猜疑心理的途径

猜疑心理过重,对什么都怀疑,容易造成人与人之间的隔阂、矛盾和冲突。因此,聋人大学生必须克服自身存在的猜疑心理。消除猜疑心理可以有许多途径:

(1)学会加强沟通。如对某位同学产生了怀疑,不要马上乱猜测、乱对号入座,否则就会产生嫉恨和报复心理。要学会主动与所怀疑的同学多接触、多交流,敞开心扉。这样,对他人有了全面、深刻地了解,才会避免乱猜疑。生活中常有这样的情况,某件事,你坚信是某人所为,但经过交谈或侧面了解,结果发现,与自己怀疑的对象毫无关系。

(2)头脑保持冷静。当发现自己开始怀疑别人时,要立即查找产生怀疑的原因,从正反两个方面的信息入手。现实生活中的许多猜疑,是因为猜疑者的头脑被封闭性思路所限制,怎么想都觉得自己的猜疑理由充分,顺理成章。

(3)学会识别信息。猜疑心理可能源于自身,也可能是听信别人的流言蜚语而产生的。因此,在人际交往中,要善于对信息和信息源进行认真的鉴别,去伪存真,不可偏信。记住,唯有真人实事才是判断是非的依据。

(4)学会宽以待人。猜疑心重的人,大多对自己要求不高,对别人却很苛刻。如果对别人的要求不那么高,就不会把别人的言行变化看得那么严重,许多无端猜疑就从根本上失去了产生的基础。如果对自己要求很严格,对别人多一份理解和宽容,就不会无故猜疑别人是否做了不利于自己的事,说了不利于自己的话,自寻烦恼了。

(三)易怒心理

易怒心理是当遇到外界刺激时难以控制而突然暴发的较大的情绪波动。它涉及到人的内心体验、外显活动和生理活动等多种身心过程。[①]

大多聋人大学生的激烈情绪表现为容易冲动和缺乏理智。一遇刺激,无需时间上的酝酿,情绪突显凶猛,难以控制和驾驭,甚至会"翻脸不认人"。如行为上的暴怒、摔东西、大打出手等。

1.易怒心理的形成原因

(1)自身因素。聋人听力的损伤,长期处于封闭的环境,情绪的认知没有得到良好的训练与发展,辩证思维发展不成熟,不善于一分为二地看问题。所以,聋人大学生负面情绪的发生频率比健听学生要高。

(2)外在刺激。主要来自于被嘲弄、被欺骗、被训斥,觉得委屈,以及不和谐的人际关系,觉得自己应有的权利受到了他人的侵犯等。

2.克服易怒心理的方法

(1)学会辩证地看问题。改变不合理的思维方式,学习辩证、客观地认识思维活动,用积极的观念代替消极的观念,最大限度减少不合理的信念带来的不良情绪。

(2)自我心理的调控。采用积极的心理暗示,如在自己的桌子上或易看到的手机、墙壁上写上"忍"、"冷静"或"息怒"等字样。当想发脾气时,提醒自己看看这些字,并在心里默念几次,以此控制自己将要暴发的情绪。

---

① 刘盈江:《听觉障碍青少年心理咨询》,华夏出版社2007年版,第166页。

(3) 学会自我调控的方法。脾气的暴发常常由于外界刺激在大脑皮层中引起强烈的兴奋,当这种有害的兴奋进一步扩张,就有可能失去理智,产生怒气。自我调控,即设法降低外界刺激在大脑中引起的兴奋程度。如大哭一场、向朋友或师长诉说苦闷、进行体育锻炼、看电影电视等,逐渐平息心中的怒气。

(四)焦虑心理

焦虑是一种不愉快的情绪体验或心理状态,并伴有紧张或恐惧情绪,表现为对人与事的担忧、紧张、忧虑和神经过敏。

研究表明,聋生的焦虑情绪普遍高于健听学生。焦虑的倾向主要集中体现在对人焦虑、孤独倾向、身体症状等方面,其中男性聋生的焦虑情绪比女性聋生更为普遍。[1] 另外,不同年龄的聋生焦虑倾向也存在显著差异。[2]

1. 焦虑心理的成因

(1)自身因素。聋人大学生随着生理的日渐成熟和心理的发展滞后,造成身心发展的不适应和不平衡。在缺乏准备的条件下,他们面对种种矛盾、困惑,容易出现不能自控的突发式情绪波动,常常使他们处于焦虑的情绪中。

(2)家庭因素。有的家长不顾聋孩子的实际能力,对他们寄予过高的期望。期望值过高,无形中增加了孩子的压力,使他们产生焦虑。有时也会因担心自己的能力达不到父母的要求,产生负疚而心生焦虑。还有的聋生缺乏父爱或母爱,使他们的心灵受到较大的伤害,失去安全感,容易造成焦虑心理。

(3)学校因素。有调查表明,特殊学校教师的心理问题检出率为17.30%。[3] 有些教师会把自己的工作压力及家庭中的不良情绪带到学生面前,把学生作为情绪发泄的对象,这样极易伤害他们的自尊心。教师在教育教学中对聋生的评价,对聋生的态度,包括一个眼神、一个脸色、一个手势等,都可能成为聋生产生紧张焦虑等消极情绪的诱因。

2. 克服焦虑心理的方法

(1)学会自我调节。当焦虑、烦躁情绪紧张时,可以把精力转移到学习或投入到应该干的事情上,使沉重的心情变得轻松;向信任的朋友、师长倾诉自己的紧张和痛苦;面对生活中的困难、坎坷、痛苦,勇敢地去尝试,增加心理承受能力,不过多地考虑别人对自己的评价。

(2)创造良好的家庭环境。父母应多与孩子进行双向的信息和情感的交流,

---

[1] 冯年琴:《聋生心理健康状况调查与研究》,载《中国特殊教育》,2004年第10期。
[2] 刘盈江:《听觉障碍青少年心理咨询》,华夏出版社2007年,第178页。
[3] 冯年琴:《聋生心理健康状况调查与研究》,载《中国特殊教育》,2004年第10期。

创造尊重孩子的良好家庭氛围,要容纳孩子特有的个性。同时,还要学会真诚地欣赏自己的孩子。

(3)学校应加强培养聋生的交往能力。教师应积极培养和训练聋生的自我意识,尤其是交往能力。引导他们不仅多和同伴交往,还要学会与同一校园的健听大学生的交往,在交往中感受自身的价值。自我意识越好,心理健康中的焦虑程度越低。

(4)营造尊重聋人的良好社会氛围。政府和有关部门要大力宣传残疾人自强不息的精神,使更多的人了解聋人;社会还应支持与帮助聋人大学生就业,并加强对聋人的保障措施,增强他们的归属感。

(五)逆反心理

逆反心理,是指为了维护自尊或满足自身某方面的需要,而对对方的要求采取相反的态度和言行的一种心理状态。

逆反心理在聋人大学生成长过程的不同阶段都可能发生,且有多种症状表现。如对正面宣传不认同、作不信任的方向思考;对先进人物榜样无端怀疑,甚至根本否定;对不良倾向持认同情感,大喝其彩;对教育者的批评难以承受的"顶牛""对着干";对物品加以损坏发泄心中不满;对改革及规章制度消极抵制、蔑视和对抗等。

1. 逆反心理产生的原因

(1)主观原因。随着聋人大学生思想认识的成熟,独立意识的日益增强,他们不愿意盲目追随别人,对同龄人往往也是唯我独尊,我行我素,不受别人约束。

(2)教师不恰当的批评。有些教师习惯于把思想教育片面地理解为对聋人大学生单纯的"管"和"压";少数教师有时抓住聋生的一点小错,无效的唠叨和重复的批评,导致学生产生挫败情绪和厌烦情绪;甚至少数教师把工作压力和家庭中的不良情绪带到聋生面前,把聋生作为发泄对象,不分青红皂白的专断或采取了过激的言语伤害了聋生的自尊心等,都极易使聋生对教育者本身反感而产生抵触情绪。

(3)家长教育方法的偏颇。有的家长对聋孩子的期望值过高,对孩子管教过严,使孩子喘不过气来;有的家长惯用简单、粗暴或命令、专断的教育方式等,都无形中在孩子的心理上造成一种压力,这种压力不断积蓄、沉淀。长此以往,孩子便在情感上对一系列的教育、说教用逆反行为来反抗家长,最后导致抵触行为的发生。

(4)心理健康课的缺失。大多聋校及特殊高等院校没有开设心理健康课,使聋生缺乏应有的心理健康常识,遇到心理问题不知怎么回事。当心理出现问题时,不知如何宣泄与排遣。因此,使聋生很容易因认知因素之间的失调而产生逆反心理。

(5)同辈群体的不良影响。在众多群体中,聋人受同辈群体的影响最为突出。他们之间容易认同,最能达到或造成相互转化与感染。如聋人大学生中存在的英雄观、出风头、唱反调等现象,容易使其在心理上被潜移默化,行为上去模仿,易形成逆反心理。

(6)社会偏见的不良影响。由于聋人有口不能说、有耳不能听而导致的语言交流障碍,使得聋人群体处于弱势地位。人们对聋人缺乏理解、帮助和接纳,歧视、冷漠、不公正待遇现象普遍存在,这样很容易造成聋人大学生心理失衡,产生不满、怨恨和抵触情绪。

2. 矫正逆反心理的方法

(1)学会正确归因。有相当一部分聋人大学生对自己的成功作内在的归因,对自己的过失常作外在的归因。如考试取得优异成绩时,则会认为是自己的刻苦努力和聪明的结果;当学习成绩不理想时,便会抱怨试题过难、复习时间太短等客观因素。这种归因偏差会产生心理上的不平衡,因此要引导其学会自我心态的调整,学会正确的归因方法。客观全面地评价人和事物,减少对他人的责怪和埋怨,使自我的心理痛苦得到调控与解脱。

(2)和谐的家庭氛围。家长应尊重聋孩子,切忌动辄粗暴打骂,或过分溺爱,或放任自流。家长应经常与孩子沟通与交流,及时发现及矫正孩子潜在的心理和行为问题,并进行有效的疏导。

(3)学校应重视心理健康教育。加强聋人大学生的德育教育及心理素质的培养,帮助他们树立正确的人生观和价值观。教师尤其是辅导员还应经常深入到聋生中去,及时了解他们的所思所想,为他们排忧解难,化解心理问题。这就要求辅导员能熟练地运用手语与聋生沟通。

(4)加强同辈群体的指导。任何群体都会对个体产生一种心理压力,这是一种生存、生长环境对人的自然作用。教师应对同辈中的"领袖人物"作有效地控制与指导,防范逆反心理和不良习气的滋生和蔓延。

(六)孤独心理

孤独心理,又称闭锁心理。孤独是一种认为自己被世人所拒绝,所抛弃,心理上与世人隔绝开来的、孤单烦闷的主观心理感受。[①]

孤独心理首先表现为不愿意与他人接触,对周围的人厌烦、鄙视或戒备。具有这种个性倾向的人疑心较重,容易神经过敏,做事喜欢独来独往,但也免不了为孤

---

① 刘盈江:《听觉障碍青少年心理咨询》,华夏出版社2007年版,第156页。

独、寂寞和空虚所困扰。其次,孤独的人缺乏同学、朋友之间的欢乐与友谊,交往需要得不到满足,内心很苦闷、压抑、沮丧,感受不到人世间的温暖,看不到生活的美好,容易消沉、颓废、不合群,缺乏群体的支持,整天提心吊胆地过日子,忧心忡忡,易出现恐怖心理。

1. 孤独心理的形成原因

(1)主观原因。随着聋人大学生思想逐渐走向成熟,渴望与健听人交往,但由于生理的缺陷,有一定的自卑感,害怕健听人瞧不起自己或耻笑自己,加之自尊心的维护,从而把与他人交往的期盼转向自我内心的交流,封闭自我。有些聋人大学生从小就性格内向,不愿与别人交流,逐渐形成孤独心理。

(2)幼年的创伤体验。研究表明,父母离婚是威胁当代聋人大学生精神健康的重要因素之一。聋生过早地接受了烦恼、忧虑、不安等不良体验,会使他们产生消极的心境甚至诱发心理疾病。由于缺乏父爱母爱或过于严厉、粗暴的教育方式,子女感受不到家庭的温暖、会变得畏畏缩缩、自卑冷漠、不相信任何人,最终形成孤独的性格。

(3)交往中的挫折。在人际交往中受过挫折的聋人大学生,由于不能克服挫折的心理影响,往往不愿意和别人交往。

2. 克服孤独心理的方法

(1)正确评价、认识自己和他人。首先,要正确认识孤独的危害,敞开闭锁的心扉,追求人生的乐趣,摆脱孤独的缠绕。其次,正确认识别人和自己,努力寻找自己的长处。孤独者一般都不能正确认识自己:有的自恃比别人强,认为不值得和别人交往;有的倾向于自卑,总认为自己不如别人,交往中怕别人讥笑、嘲讽,从而把自己紧紧地包裹起来,保护着脆弱的自尊心。

(2)营造和谐的家庭氛围。作为家长,应积极配合学校,主动承担舒缓孩子情绪压力的责任。家长应尊重孩子的独立意识,选择民主式的家教方式;家长应关注孩子的内心世界,并给予适当的指导,如选择书信往来的形式进行心灵的沟通,使孩子获得情感上的支持。

(3)发挥学校教育的作用。第一,建立良好的师生关系,关注聋人大学生的情感需要,达到相互信任与理解,才能使聋人大学生敞开心扉。第二,营造和谐、健康的班级氛围,增进同学之间的友情,使每一位聋人大学生都能感受到集体的温暖。

(4)优化社会环境。孤独心理的形成,虽然与个人生理缺陷及生活经历相关,但其人际环境也发挥着制约性的作用。社会应创设接纳、宽松的成长环境,尊重聋人的个体特点和发展需求,给他们更多的理解、关注与帮助,使他们走出孤独的小圈子,投入到火热的生活中去。

（七）妒忌心理

妒忌属于消极情绪的一种。妒忌心理指的是想表明自己比别人好时就贬低、指责别人，还有的因妒忌武断地限制他人的自由或破坏别人的快乐，产生怨恨、敌对等不良情绪。

1. 妒忌心理的典型症状

（1）否定别人的进步。别人的成绩确实好，有进步，或某方面表现突出，却视而不见，不服气并且不承认。

（2）贬低别人的进步。这与第一种表现常同时发生。常见的贬低方式是把别人的成绩、进步的取得说成是偶然的、投机的。比如某位同学成绩好，便到处说是"趁老师没发现，都是抄的"，或者说他"运气好，题目给他猜中了"等。

（3）对进步比自己大的人表现出整体的怨恨。妒忌心持久发展，便会超出就事论事的范围，对妒忌对象的所有行为都表示怨恨。这时，患者的理智已经被妒忌所主宰，造谣中伤、幸灾乐祸、挑拨离间、公开侮辱等极其错误的行为都可能发生。

聋人大学生在各方面不甘落后，积极进取，这是可贵的一面，但妒忌心理却也普遍存在。优越的家庭条件、优秀的学习成绩、出色的工作能力、组织能力、活动能力与社交能力、漂亮的容貌、服饰、打扮等，都能经常引起同龄、同性、同类年轻人群的嫉妒。

2. 矫正妒忌心理的方法

妒忌心理的形成，对聋人大学生的健康成长具有较大的危害性，不仅会影响和谐的人际关系，还会造成人体内分泌紊乱，肠胃功能失调。因此，妒忌其实是一种以自我为中心的病态心理，应该及时进行矫正，矫正方式主要包括：

（1）培养豁达的人生态度。要心胸开阔，懂得"天外有天、人外有人"，"强中自有强中手"的客观规律。

（2）正确看待人生价值。只有这样，自己才能摆脱一切私心杂念，不计较眼前得失，更不会花时间和精力去妒忌他人的成功了。一个埋头于追求自己事业的人就无暇顾及别人的事了。

（3）发挥自我优势。金无足赤，人无完人，每个人都有优势和长处。某些方面不如人，但却可能在其他方面做得更好。所以，要学会全面地认识自己，既要看到自己的长处，又要正视自己的差距，扬长避短，挖掘自身的潜能，不断提高自己各方面的能力。

（4）密切人际交往。多半妒忌心理是由误解产生的，妒忌者误认为对方的优势会影响自己的发展，从而耿耿于怀。所以要敞开心扉，主动与周围的人加强心理沟通，避免发生误解，即使发生了也要积极妥善地消除。

总之,对别人产生了妒忌并不可怕,关键要能正视妒忌。可以把妒忌转化为成功的动力,化消极为积极,努力赶超别人。

(八)虚荣心理

虚荣心理是一种追求虚表的性格缺陷,也是一种错位的、被扭曲的自尊心。通过追求假的虚荣而使自己获得别人尊重或被别人羡慕,从而产生心理上的自我满足。

希望被人尊重是人的正常需要,而虚荣心强烈的人却常利用谎言、投机等不正常的手段获得别人的尊重。这种人在学习上不刻苦努力,追求华而不实,是一种病态的心理。

1. 虚荣心理的表现形式

(1)物质生活中的虚荣心行为。主要表现为病态的攀比行为,常表现为"你没有我有,你有我要比你的更好"。没有时要打肿脸充胖子,以求得周围人的赞赏与羡慕。

(2)精神生活中的虚荣心行为。主要表现为一种病态的妒忌行为,虚荣与自尊及脸面有关,自尊与脸面都是在社会活动中才能得以实现的。有虚荣心的人否定自己的缺点,因而表现为排斥、挖苦、打击、疏远、为难比自己强的人,在评优、评先中弄虚作假。

(3)社会生活中的虚荣心行为。主要表现为一种病态的自夸炫耀行为,通过吹牛、隐匿等欺骗手段来过分表现自己。例如有的人吹嘘自己是某高官的亲戚、朋友,有的人将自己的某些短处隐匿起来,偷梁换柱,欺世盗名。在事实面前常使人真假难辨,从而得到极大的心理满足。

2. 虚荣心理产生的原因

(1)不能正确看待自己与别人的优缺点。如果一个人能够正确地对待自己与别人优劣条件的对比,就会通过正常的竞争,改变自己的劣势而强化自己的优势,使自尊在正常的竞争中得以实现。而不能正确对待自己与别人优劣的人,则只看到别人的优势,想不付出努力就得到自己所没有的优势和自尊,就有可能通过不正当的手段制造假象而企图获得别人的尊重。

(2)过分看重荣誉。这种聋人大学生,对于荣誉和成绩过分重视,为了顾全自己的荣誉与面子,常常不惜弄虚作假。他们对荣誉看得过高,希望这种荣誉能够经常保持在自己身上。如果原有的某种优势向负极转化,而不能获得这种荣誉时,就有可能通过弄虚作假的手段来继续实现自己的目标。同时,社会上频繁的评比也为这种过分看重荣誉起到了推波助澜的作用。

(3)过分重视舆论效应。舆论有时能影响一个人的心理,这是因为舆论既能褒奖人也能贬低人。有虚荣心的人非常重视周围的舆论作用,希望能够得到舆论的肯定,结果为了获得这种短期效应就不惜弄虚作假或投机取巧去满足自己的虚荣心理。

3. 矫正虚荣心理的方法

(1)树立正确的荣辱观。首先要求对荣誉、地位、得失、面子持有一种正确的认识和态度。其次,应正确对待挫折与失败,必须从失败中总结经验,从挫折中悟出真谛,才能自信、自爱、自立、自强,从而消除虚荣心。

(2)把握攀比的尺度和方向。善于比较是人们常有的心理,但要把握好攀比的分寸。如比一比自己在学校和班上的地位、作用与贡献,比一比自己与他人的实绩、干劲、投入等。能力一般的就不要刻意与能力强的相比。

(3)从榜样中汲取力量。在现实生活中,有很多脚踏实地、不图虚名、努力进取的革命领袖、英雄人物、社会名流、学术专家,以他们为学习榜样,努力完善自己的人格,做一个实事求是,不贪图虚荣的人。

(4)进行自我心理纠偏。针对自夸、说谎、妒忌等病态行为,可以采用心理训练的方法进行自我纠偏。当病态行为即将出现或已出现时,个体给自己施以一定的惩罚,如用套在手腕上的皮筋反弹自己,以求警示与干预作用。久而久之,虚荣行为就会逐渐消退,但这种方法需要本人有超强的毅力与坚定的信念才能收效。

(九)害羞心理

害羞心理是指人在社会交往过程中,过多约束自己的言行,以至难以充分表达自己的思想感情,阻碍了人际关系正常发展的一种心理。

一个人有点害羞心理是正常的,只要不影响正常的交往就不过分。有些聋人的害羞是短时间的,比如幼小的孩子来到一个陌生的环境,就会"老实"与"安静"一会儿,混熟以后,便会与其他人像老朋友一样相处了。有的青年女子,在异性面前显出几分害羞的样子,低头不语,偶尔说几句话也是面带羞涩之态。还有些聋生在课堂上发言总是脸发红,扭扭捏捏,不敢抬头看老师,这就是害羞心理的表现。

1. 害羞心理形成的原因

(1)先天原因。有些聋人大学生生来性格内向,气质属于黏液质、抑郁质类型。他们打手语"说话"时扭扭捏捏,见到陌生人就脸红,甚至常怀有一种胆怯的心理,举手投足、寻路问津也思前想后。

(2)教育不当。有些聋儿的家长对孩子的胆小不加以正确引导,孩子见到陌生人或到了陌生的地方,便习惯性地害羞、躲避,没有自信心。孩子进入青春期后,自我意识逐渐加强,敏感于别人对自己的评价,希望自己有一个"光辉形象"留在别人心目中,为此,他们对自己的一言一行非常重视,唯恐有差错。这种心理状态使他们在交往中生怕被人耻笑,久而久之,便羞于与人接触,羞于在公共场合讲话。

(3)缺乏自信。有些聋人大学生常常低估自己,认为自己没有迷人的外表,没有过人的本领,能力平平,他们在交往中缺乏信心,谨小慎微、患得患失。长期下去,造成他们更加不相信自己的能力,这是认知偏差造成的。

(4)挫折经历。有一部分害羞的聋人大学生在儿时并不害羞,但长大后却变得害羞了,这可能与遭遇挫折有关。这种聋人大学生以前活泼开朗,交往积极主动,但由于复杂的主客观原因,屡屡受挫折而变得胆怯萎缩、消极被动。

2.矫正害羞心理的方法

(1)丢下包袱。就是要消除一切顾虑,不过多地计较别人的评价。许多害羞者在行动前过于追求完美,担心失败,害怕别人的否定性评价,这样的自我否定和自我暗示肯定会影响能力的发挥。结果越担心、害怕,失败的可能性就越大。

(2)增强自信。不要只看到自己的短处,还要看到自己的长处,要鼓起勇气,敢于迈出第一步。万事开头难,当害羞者迈出可喜的第一步后,伴随着从未有过的成功体验和对自己的重新评价,便会开始相信自己的能力。如果有第二次、第三次的成功,害羞者就会对自己形成一个比较稳定的自我肯定模式,害羞心理就会悄无声息地消失。

(3)学会交往。交往可以帮助一个人慢慢摆脱害羞。害羞者可以一边与人交往,一边观察别人是怎样交往的,在实践中学会交往的技巧。

(4)意念控制。当自己到一个陌生的场合,感到紧张、羞怯的时候,就暗示自己一定要镇定,什么都不要去想,把面前的陌生人看作自己的熟人。研究表明,一个非常害羞的人,当他在陌生场合勇敢地讲出第一句话以后,随之而来的将不再是新的羞怯,而很可能会滔滔不绝起来。用自我暗示意念控制方法来突破这开头的阻力,是一种很有效的措施。

(5)增强体质。性格内向、气质为黏液质或抑郁质的人,神经系统比较脆弱,容易兴奋,一点小事就会闹得脸上红一阵、白一阵。通过户外锻炼,增强了体质,过度的神经反应会得到缓和,害羞程度就会自然而然地减轻。

(十)怯懦心理

怯懦心理是一种遇事顾虑重重,患得患失,处处表现为胆小怕事的主观心理感受。

1.怯懦心理的主要表现形式

(1)胆小怕事,进取精神差,意志薄弱,关键时刻容易退缩,不敢面对困难和压力,害怕挫折和失败,害怕别人讥笑和伤害。

(2)比较保守,不求有功,但求无过,喜欢安稳,害怕创新、冒险。

(3)遇事瞻前顾后,患得患失,思想负担重,时间一长或遇强刺激,可由焦虑、恐惧导致神经衰弱等身心疾病。

2.怯懦心理的形成原因

(1)由家庭教育不当所致,过分保护型或粗暴型的家庭教育方式易造成其子女怯懦的性格。

(2)缺乏实践锻炼。多数聋人大学生由于听力的缺失,他们在成长过程中的许多事情都由父母包办,缺乏实践锻炼的机会,也会造成怯懦的性格。尤其性格内向、感情脆弱的聋人大学生若得不到适当的引导,更容易形成怯懦的倾向。

3.克服怯懦心理的方法

怯懦心理影响聋人大学生的人际沟通和人际关系,使他们长期处于封闭之中,很容易导致心理疾病的产生。怯懦不利于聋人大学生人格的健康向上发展,今后难以适应主流社会的需要。因此,克服怯懦心理是很有必要的,其方法大致如下:

(1)培养克服困难的勇气。遇到困难的事情,就要勇于承担,硬着头皮,咬紧牙关,强迫自己坚持做下去。随着时间的推移,会由开始的生疏到后来的熟练,由开始的紧张到后来的轻松,在锻炼过程中体会到自己的力量。

(2)增强自信心。多接触比自己能力强的人,从他们身上可以学到许多新的东西,同时还可以发现强者的弱点和缺点,从而增强自己的信心。

(3)接受心理辅导。多数聋人大学生社会生活经验不足,心理比较脆弱,遇到困难和挫折,容易打退堂鼓。如果能及时得到心理辅导老师的支持和鼓励,迎难而上,从中不断体验成功的快乐,就会不断增强信心。

二、学习障碍

(一)学校适应不良

学校适应不良是一种常见的适应性障碍。由此会影响学习,跟不上班级,甚至造成中途休学或辍学。

1.学校适应不良的主要表现

(1)情绪障碍。抑郁、焦虑、强迫、恐怖、厌烦、退缩等都是常见的情绪障碍。具体表现为害怕学习,上课注意力难以集中,思维迟钝,做不好作业,但又想把学习成绩提高,因而产生焦虑。有些聋人大学生在学习上还有恐惧反应,并呈萎靡状态;有些聋人大学生有矛盾观念和愤怒反应,情绪易激动,具有依赖性。

(2)行为障碍。学校适应不良的聋人大学生一般伴随有行为问题,首先是能力抑制。以前学习成绩良好,适应不良后学习能力受到抑制,造成学习困难,上课无法做笔记,记忆力下降,稍复杂的题目难以理解。其次,是社会交往退缩。学习、活动、交往减少,上课不愿发言,不想上体育课,成为集体活动的旁观者,游离于同辈群体之外。再次,品性紊乱。在学校适应不良的聋人大学生中有可能出现逃学、斗殴、说谎、偷窃等违反社会准则的不良道德行为。最后,行为倒退。学习无目标,活动无计划,喜欢做一些幼稚的游戏,表现出和同学聊不到一起、玩不到一块的现象。

(3)生理功能障碍。出现情绪障碍时常会有上课头晕、脑涨、难以入睡,并且腰酸背痛、心慌、乏力等,身体检查又没有特殊的疾病。

2. 学校适应不良的形成原因

(1)社会心理因素。聋校教学环境长期封闭,进入大学后生活环境和社会地位发生了较大的变化,这是产生学校适应不良症状的直接诱因。

(2)家庭环境影响。父母因种种原因经常吵架,造成家庭关系不和睦,这样将给他们的孩子造成心理上的压力和恐惧,最终影响学习。

(3)人际关系紧张。有些聋人大学生是由于在学校集体生活中人际关系紧张,逐步造成精神压力,这也是形成学校适应不良的原因之一。

(4)个体因素。聋人大学生听力的损伤,造成他们长期处于封闭的学习和生活环境,以及接受的特殊教育方式,可能形成以自我为中心、自卑、心胸狭窄、孤僻、攻击性强、期望值过高的个性特点。这种不完善的个性直接影响聋人大学生与周围人的正常交往。

3. 矫正学校适应不良的方法

学校适应不良若不及时得到矫正,一直拖延下去可能在聋人大学生身上固定下来,对其今后走向社会具有不良影响。那么,纠正的方法有以下几点:

(1)认识自我。一旦产生学校适应不良,首先要分析自身原因。分析要客观,不能把责任都推卸到别人身上或客观环境中去。在自我认识较正确的基础上,根据客观情况进行适当的调适,从而更好地进入学习状态,以获取良好成绩。

(2)调整人际关系。当和父母关系紧张时,要从父母的角度着想,理解父母的良苦用心。意见不一致时,应心平气和地和他们谈谈自己的想法,达到相互理解,增进感情,切记勿与父母顶撞。当与同学关系紧张时,应多从他人利益着想,自己有错主动承认,应宽容他人的缺点。平时多参加集体活动,增进同学之间的友谊。

(3)学会调整不良情绪。如果因某事心情不愉快或感到焦虑时,可以找朋友、亲人或老师倾诉。如果因上次考试成绩不好,而为这一次的考试感到焦虑和恐惧时,应首先分析上次考试的情况,为自己打气鼓劲,在刻苦学习的基础上,以必胜的信念去迎接新的挑战。如果长时间感到心情烦闷抑郁,可以参加一些大运动量的体育活动,如打篮球、踢足球、长跑等,以宣泄抑郁。

(4)改变不良个性。不良个性会给学习成绩带来很大的影响,要想获得优异成绩,必须改变不良的个性。

(二)学习动机缺乏

聋人大学生学习积极性的高低,一般是由学习动机决定的。学习动机是将学习需要和愿望转变为学习行为的内部力量,是有效学习的基础。学习动机缺乏即是在学习目的、学习态度和学习兴趣几方面表现比较消极。

学习动机缺乏的聋人大学生常常表现为学习懒散,无精打采,听课时注意力涣散、不能积极思考、时常走神;课后不愿复习、不想写作业、对所学专业不感兴趣。他们学习动机不明确、学习态度不端正、在学习活动中缺乏自信心、无成就感、无抱负和期望。易受各种内外因素的干扰,长期把主要精力放在与学习无关的活动上。

1. 学习动机缺乏的产生原因

聋人大学生学习动机缺乏的原因是多方面的,主要包括社会原因、学校原因、家庭原因和个人原因。

(1)社会原因。学习动机缺乏的聋人大学生,其学习情绪受往届毕业生求职困难的负面心理影响。在学习活动中,他们无法找到学习的意义和成就感。"新读书无用论"、"一切向钱看"的错误倾向侵蚀着聋人大学生的视线和思想,使其产生文化知识对自己就业起不了什么作用的偏见,因此影响了他们学习的主动性和积极性。

(2)学校原因。学校的管理水平、教师素质、教学方法和手段以及校风学风等,都会影响聋人大学生的学习动机。比如学校为聋人设置的专业太少,无法满足聋人大学生的专业需求和个人兴趣等。

(3)家庭原因。父母过高的期望,聋孩子无法达到而失去自我的肯定和激励,学习动机随之弱化等。

(4)个人原因。听力损失使很多聋人大学生认为自我价值实现比健听人更为困难,感到未来的生活很茫然,潜意识里缺乏自我发展和独立生活的愿望,势必影响自我潜能的开发。对所学专业缺少兴趣,无法感受学习的快乐,久而久之,遏制了认知的需要,从而减弱了学习动机。如有些聋人大学生对选择的学校或专业不满意,学习不安心;还有些聋人大学生受社会不正之风的影响,觉得毕业后的出路主要靠"关系",在校学习成绩的好坏并不能决定毕业后回报的大小,因而未把全部精力集中在学习上。

2. 培养和激发学习动机的方法

学习动机是影响聋人大学生学习活动的重要因素,它不仅影响学习的发生,而且还影响到学习的进程和学习的结果。因此,应重视培养和激发聋人大学生的学习动机。

(1)制定切实可行的学习目标。目标是人们行动的指南,要求聋人大学生明确学习方向,把学习目标变成自己内在的需求和生活的信念,用自身的需求和信念激发学习动机。

(2)激发求知兴趣。聋人大学生的学习更易受兴趣的支配,因为他们的兴趣优势产生和保持在视觉的感受区。聋人大学生对教师生动、形象的手语讲解感兴趣,课堂教学形式和方法灵活,注意力就会集中,即使教学时间长一些,讲授内容多一点,依然能够保证教学效果。

(3)创造良好的学习环境。良好的学习环境既指学校环境、家庭环境,也指社会环境。良好的学习氛围和学习环境是激发聋人大学生学习动机、调动学习积极性、成才的外部条件。让聋人大学生置身于良好的环境中,能够促使其形成良好的思想品德、心理素质和科学文化素养。

(三)厌学症

1.厌学症的主要表现

从心理学角度来讲,厌学症是指学生消极对待学习活动的行为反应模式。患有厌学症的聋人大学生,主要有两方面表现症状:

(1)对学习产生认知偏差。这类聋人大学生认为读书无用,不仅浪费时间,还浪费青春,读的书再多,就业与工作待遇也不能和健听人比,因此缺乏学习动力。他们一般很少把精力放在学习活动中,不喜欢写作业,上课不认真听讲,不遵守课堂纪律,经常迟到、早退、旷课,有的干脆弃学或出走,对老师提出的学习要求,常故意抵触对立。有的一味地追求享乐和潇洒,得过且过,做一天和尚撞一天钟。这种错误的认识也折射出社会对聋人的歧视。

(2)对学习产生消极的态度。有些聋人大学生谈到学习就头痛,看到作业就心烦,听到考试就害怕,完全缺乏或者说失去了学习的兴趣和求知欲,并时常伴有不愉快的体验,如紧张、焦虑、恐惧、羞愧、内疚、厌恶等。但在教师和家长的压力下,只是机械、被动、应付式地学习。

另外,学习感到困难,成绩差,而且有越来越糟的趋势,也是厌学症患者的特点。

2.厌学症产生的原因

厌学症是由于聋人大学生学习行为获得的内外反映不同而造成的,主要有以下几方面的原因:

(1)消极的自我认知及外部环境的不良影响。有的聋人大学生学习基础较差,经过多次努力却只获得一次次的低分和失败,又长时间受到家长的漠视、教师的批评、同学的歧视。他们在学习中无法满足成功的愿望,品尝的只是失败的苦果,逐渐形成学习无价值,自己是"差生"等观念,这种观念又反馈到学习行为上,很快就会患上厌学症。

(2) 心理适应能力差。一些聋人大学生在中学成绩一直较好,上了大学后学习环境改变,面临新的挑战,由于心理上的不适应,在挫折和失败面前无法正视自己,丧失了自信心,消极地对待学习,从此一蹶不振,也容易患上厌学症。

(3) 学校专业设置不合理。学校开设的可供聋人大学生选择的专业偏少,他们不能根据自己的志趣选择,另外课程安排陈旧以及教师讲课缺乏新颖和艺术性,也会使聋人大学生失去学习信心,导致厌学。

3. 治疗厌学症的方法

(1) 端正学习态度。帮助厌学的聋人大学生正确认识学习的目的和意义,使他们懂得只要付诸努力,聋人一样可以成为有用之才。同时,教育培养聋人大学生对所学专业的热爱,这是端正学习态度的关键,只有这样,聋人大学生学习才会投入精力,上课注意力才能集中,学习效率才能提高。

(2) 培养良好的学习兴趣。兴趣是最好的老师,大学生的学习自由度较大,聋人大学生可以通过选修课程满足自己的兴趣爱好,扩大知识面,但又不能放松专业课的学习。目前社会对人才综合素质的要求,以及未来职业的非确定性,都需要一个人对学习有广泛的兴趣。因此,只有对学习产生了兴趣,才能根治厌学心理。

(3) 讲究学习方法。首先,要学会科学利用时间。大脑兴奋、精力充沛时,进行创造性的思维活动,使学习紧张而富有弹性。在精力不足,大脑有些疲劳时,就进行一般性日常学习,如整理材料、摘录等,使大脑得到充分的休息,恢复精力。其次,学习上不能急于求成,要循序渐进,并及时进行心理上的反馈调节。制定科学的学习计划,并保证计划的有序性、节奏性和弹性。最后,对暂时不能理解而又不影响深入学习的知识,不妨将其跳过去,放在一边,有时把后面的知识学会了,前面不好理解的也就会自然明白了。

(四) 学习挫折症

学习挫折症是指实现学习目标受到阻碍,一时无法克服障碍和干扰而产生的消极情绪反应或紧张状态。这种情况在聋人大学生学习生活中经常发生。

学习挫折症对性格比较外向的聋人大学生来说容易情绪化,直接表现出不安、苦闷、焦躁,有的甚至表现出愤怒或失去理智的行为,或者将不快乐的情绪发泄到课本、书桌,或迁怒于不相干的同学身上。性格比较内向的聋人大学生,表面上看好像若无其事,其实这是情绪的压抑,等到没人时偷偷伤心。久而久之,他们或许会因为一点小小的挫折而变得越来越脆弱,渐渐对学习丧失信心,甚至导致自卑。

1. 学习挫折症产生的原因

(1)自身因素。首先是心理承受能力差。聋人大学生由于听力的损失,在心理上已烙下深深的伤痕,他们的内心较为敏感和脆弱。对健听学生来讲只是一个小小的挫折,但对聋人大学生而言可能会是一个沉重的打击。其次是归因的偏差。挫折后的归因是直接导致挫折反应的关键,而不同的归因会产生不同的情绪反应。有学习挫折的聋人大学生往往把失败和挫折归于外部因素,如运气不好、自己能力低、题目太难等,这就容易使他们产生无能为力的心理,这种归因不利于今后的学习,容易挫伤自信心。

(2)家庭因素。家长的溺爱心理阻碍了聋孩子的能力发展,孩子在家长大包大揽下成长,无形中剥夺了孩子在成长中属于他们自己应该承担的责任,日后他们对任何事物都看得过于简单,对挫折缺乏足够的心理准备和承受能力。一旦学习中遇到困难和挫折,便会消极退缩。

(3)学校因素。一是由于师生语言沟通的障碍,导致聋生在学习中对知识的理解存在诸多困难;二是使用的高校教材对于接受能力和基础知识薄弱的聋人大学生来讲,学习起来非常吃力,就难以达到教学要求。在学习中缺乏成就感,难以体会学习的快乐。

2. 学习挫折症的矫治方法

每个人在学习中都会遇到挫折,学习挫折本身并不是坏事,而是一种历练和成长,关键是经受挫折以后,如何面对挫折,如何战胜自己被打败的心态。那么,对待学习挫折症的矫治可尝试以下做法:

(1)学会调整心态。首先,如果在学习的某方面暂时遇到了挫折,要设法从消极的情绪中转移开来。如参加自己感兴趣的活动,或主动找知心的同学、老师、家长或朋友倾诉,减轻或消除挫折感。其次,要正确面对挫折。挫折并不可怕,如果自己能战胜挫折和困难,就意味着将要取得成功了。

(2)正确寻找挫折归因。教育聋人大学生要正视现实,客观分析自己的优势与不足,查找遇到挫折的主、客观原因。吸取教训,采取积极的态度和行动面对挫折、战胜挫折。如考虑自己原来制定的学习目标是否过高,如果过高,把学习目标再降低一些,再重新制定一个小而具体的目标,力争在自己力所能及的范围内完成,这样就可以避免遇到挫折,体验到成功的快乐。

(3)提高心理承受能力。挫折具有双重性,既有消极的一面,又有积极的一面,两者在一定的条件下能够相互转化。学校应加强对聋人大学生的挫折心理辅导,帮助和教育他们如何面对挫折。以现实生活中自强不息的聋人事迹感召他们,在挫折面前不悲观丧气,坚定克服挫折的信心和勇气。

(4)创设宣泄不良情绪的情境。充分发挥高校心理健康教育的作用,心理辅导教师可以采取个别谈话法、情绪宣泄法、发泄箱等方式,给受挫的聋人大学生提供梳理受挫情绪的场所和机会,让他们把受挫的烦恼与不快彻底宣泄和倾诉,以此释放心情的重压。当然,心理辅导是持久的,要反复多次,才能有效果。

三、社交障碍

(一)社交恐惧症

社交是指个人与同学、老师、亲属和其他社会成员之间的接触与往来。社交恐惧症通常是指一到具体交往时,如找健听人交谈,或者健听人与自己打交道,就出现了恐惧反应。

社交恐惧症患者主要害怕在社交场合和人际接触,他们在公共场合把注意力过于放在周围的环境上,对外界刺激特别敏感,总感觉别人非常关注自己的言行举止,担心自己打手语被人嘲笑,处于一种莫名的心理压力之下。表现出不敢见生人,遇到生人面红耳赤,神经处于一种非常紧张的状态。

1. 社交恐惧症形成的原因

(1)直接经验所致。聋人大学生由于听力的缺损、语言的障碍、知识与信息的匮乏,使他们在社会交往中常常会遇到比健听人更多的拒绝与挫折,对社会交往的独特阅历与体会从而引发自身的恐惧。

(2)内心矛盾冲突所致。聋人大学生由于性生理的成熟以及性意识的觉醒,开始对异性充满好感,想接近异性。若家庭对这方面管教过严,使孩子认为想接近异性都是可耻的,认为"性是肮脏的",那么这种强大的性的内驱力与性的压抑倾向之间会形成不可调和的心理冲突。这种冲突可转为对异性的恐惧,甚至泛化到对所有人的恐惧。不敢看着别人的眼神,害怕与人讲话,上课不敢看黑板,不敢与人交往。

(3)个性不良所致。产生社交恐怖与患者的性格弱点也有密切的关系,被动、害羞、依赖、胆小,容易产生焦虑紧张,多思多疑的个性为社交恐怖提供了迅速滋生的土壤。

2. 社交恐惧症的矫治方法

(1)消除自卑,树立自信。对自己应有正确的认识,过分自尊和盲目自卑都没有必要,事事处处得体,求全责备也是没有必要的。具体方法有:第一,可以暗示自己,我和大家一样,都是集体中的一员,没有人专门注意我一个人,不要过多考虑别人对自己的评价。第二,提醒自己并非比别人差,别人也不过如此,以此来增强自信。

（2）改善自己的性格。害怕社交的聋人大学生多半比较内向,应注意锻炼自己,多参加文艺体育等集体活动,尝试主动与同伴和陌生人交往。在交往过程中,逐渐去掉羞怯、恐惧感,使自己开朗、乐观、豁达。

（3）转移刺激,即暂时转移引起社交恐惧症的外界刺激。由于外界刺激在一段时间内消失,其条件反射在头脑中的痕迹就会逐渐淡漠,有时还可消除。

（4）满灌疗法。这种方法是让患者反复接触引起恐怖的刺激,使其逐步适应,进而消除恐怖感。

（5）掌握知识。即掌握有关社交的知识、技巧和艺术,真正明白其中的道理,这对消除心病是大有益处的。

（6）系统脱敏法。一般做法是:先从轻微的、较弱的刺激开始,然后逐渐加大刺激强度,使行为失常的患者没有焦虑不安存在,逐步适应,最后达到矫正失常行为的目的。引导患者先与家人接触,再进一步地引导脱敏,并通过奖励、表扬使其巩固。

（二）人际关系不良

人际关系主要包括亲子关系、师生关系及同辈群体的关系。人际关系不良指的是朋友很少或根本没有朋友。造成这种差异的原因,除少量先天的影响因素外,和后天的生活习惯及性格关系最为密切。

与父母的关系紧张,和同学及朋友的关系不融洽,对他们的言语敏感和重视,或与老师产生对抗心理等,这些都是人际关系不良的表现。

1. 造成人际关系不良的原因

（1）与父母缺少沟通。随着聋孩子的发育成熟和父母的日渐年长,以及聋人手语的使用,家长与孩子的沟通与交流就显得极为困难。尤其是孩子与处于更年期的父母发生冲突时,部分聋人大学生则产生强烈的叛逆心理。

（2）对同辈缺少理解与信任。首先是自我封闭,不爱说话,害怕自己当众出丑,相信万一出丑,别人会笑话自己。其次是自信心不足。认为别人并不喜欢真实的自己,总是害怕一旦别人发现了真实的自己,就会认为自己懦弱无能,一无是处。再次,是不喜欢与人打交道,采取足不出户的方法。

（3）教师对聋生的认识不足。有的教师缺乏对聋人大学生的理解、耐心与爱心,不能以积极的心态给予指导与帮助。如教师不经意的一个手势或一个眼神都会使聋人大学生的心理遭受伤害。

2. 克服人际关系不良的方法

一个人的一生不可能不与人打交道,交往是人生的需要,尤其是聋人大学生。

为了将来能更好地适应社会,就应该学会克服人际关系不良造成的后果。主要有以下几种方法:

(1)父母应给聋孩子更多的关爱,不仅关心孩子的生活,还要关心孩子的精神需求。

(2)教师应树立良好的师德形象,注意自身言行举止,对残疾学生应投入更多的关爱。

(3)与同伴相处应学会自我调适的方法。第一,自我暴露法。即将自己的不安及焦虑,以及在人际交往中的不如意向别人和盘托出,这种办法是克服人际关系不良的一种有力的解毒剂。只要鼓足勇气暴露自我,坦然承认或公开表达出自己的不足,就容易取得别人的信任,建立良好的人际关系。第二,幻想害怕法。幻想害怕法的主要任务是进行角色扮演,请一个朋友来扮演自己,而自己扮演嘲笑别人的人。这种方法能够使自己逐步认识到"自我暴露"有时并不会遭受别人嘲笑。第三,羞辱攻击法。这种方法是让受人际困扰的人以一种大胆的方式直接面对忧虑,如在公众场合直接向大家暴露自己的弱点。这样做的好处是能够使自己很清楚地看到,自己的那些焦虑在旁人看来是多么的微不足道,而自己却把它看得那么严重。

(三)异性交往恐惧症

异性交往恐惧症是指在与异性的正常交往中产生的惊恐、回避等行为状态。处于青春期的聋人大学生具有很强的异性接近欲,但由于种种原因,往往会让青年男女产生交往障碍。

处于青春期的聋人大学生,性发育日趋成熟,性欲意识也越来越强烈。他们已表现出对异性的倾慕与向往,希望自己能更多地与异性交往,有什么苦衷和心里话也愿意向异性朋友倾诉。但是,有些聋人大学生不敢与异性交往,羞于谈论异性,与异性说话时则脸红、出汗、心跳、呼吸加快、手语不连贯,出现异性交往障碍。

异性交往恐惧症的表现主要有:在异性面前表现为视线恐怖和面部表情恐怖,患者在异性面前总是神情紧张、心跳过速、目光呆滞、面颊发烧、口干舌燥、语无伦次等现象。

1.异性交往恐惧症的产生原因

(1)传统观念的影响。异性交往障碍常发生在青春时期的男女,这一时期他们会对同龄异性产生强烈的交往愿望。但由于中国几千年来封建思想的影响,为他们实现这一自然愿望设置了无形的障碍。

(2)个体因素。具有异性交往障碍的聋人大学生往往性格内向、孤僻、行为规范刻板。异性交往障碍患者大多数具有特殊经历,如在幼年时期偶然目睹过父母的性生活,偶尔看到过异性生殖器,对某一异性同学产生向往与好感,遭到周围人的嘲讽和非议等,加上内向的性格,很容易产生异性交往恐惧。

2. 疏导异性交往恐惧症的方法

异性交往障碍给聋人大学生的正常人际交往带来了很大的影响,因此发现后应及时进行适当的心理疏导,一般有以下方法:

(1)善于自我调节。自我维护和自我改善是人本身具有的功能。当聋人大学生发现自己有异性交往问题时,要暗示自己努力改变自己胆小、拘谨的弱点,增强自己战胜困难的勇气和信心,这样会逐渐消除心理紧张情绪。

(2)建立真诚的异性友谊。聋人大学生要走出封闭的生活环境,从自身做起,在交往时堂堂正正,不抱私心杂念,对别人的交往不冷眼,不阻拦,不捕风捉影,不说三道四,在发展同性友谊的同时,和异性也建立起真正的友谊。

(3)交往大方得体。青年人都喜欢在异性面前表现自己,以获得异性的好感和青睐,这是正常的。但一定要把握好分寸,要大方自然,不能粗俗轻浮。避免在与异性交往时矫揉造作,引起对方误会或招来流言蜚语。

(4)学习异性的优点。异性交往恐惧者要不断提高自己的认识水平,就应该懂得,男女在性格和气质方面各有长处:男生坚毅、刚强、勇敢、独立;女生细腻、温柔、严谨。不和异性交往,自己很难发现异性身上的闪光之处,而这些闪光点又正好是自己所缺少的。因此,异性之间进行正常交往,有利于促进双方相互学习和共同提高。

四、意志行为障碍

(一)意志脆弱

意志脆弱是指一个人在学习和生活中,面对困难和挫折时所表现出来的中止或退缩的行为。

1. 意志脆弱的心理表现

(1)遇事知难而退。意志脆弱者会比一般人产生更多身心反应,如忧虑、惆怅、灰心丧气、多思虑、焦躁不安、失眠心悸、胸闷气短,缺少战胜困难与挫折的信心和勇气,对学业忧心忡忡。

(2)缺乏远大理想。意志脆弱者对人生和前途产生消极态度,"做一天和尚撞一天钟",这种人的社会行为缺乏明确的目标和为实现目标的实际行动。

2. 意志脆弱产生的原因

(1)缺乏有效的家庭教育。听力和语言的障碍,使得很多家长在和耳聋的孩子沟通交流时感到束手无策。聋孩子因为听不到有声语言而无法获得口语交流的技能,聋人的主要交流工具——手语,家长茫然不知,交流的困难给聋童接受系统的家庭教育带来了很大的影响。家长无法像面对正常孩子一样教育聋孩子如何做人、如何做事、如何面对挫折。家庭缺少对聋孩子意志品质的培养,久而久之,聋孩子易造成意志脆弱。

(2)生活上过度关心或过于放任。生活自理能力是孩子发展中必须形成的一种能力,它是孩子成长过程中一切能力的基础。但大多数聋生家长认为,孩子听力失聪是自己的"罪过"和孩子最大的不幸。因此,一部分家长就尽其所能从各方面满足孩子的需求,并代替孩子做本应属于他们自己来完成的任务,这样势必剥夺了孩子发展的机会。还有一些家长过分低估了聋孩子的能力,以及没有掌握和聋孩子交流的方法,于是无形中就放弃了对聋孩子的教育义务,任其自由发展。由于孩子的聋,家长或溺爱或放纵,从客观上导致聋孩子受挫能力的降低,使聋孩子容易产生意志脆弱。

(3)人际交往的限制。听力语言的障碍制约着聋生与外界的沟通与交往,聋生交往圈子狭小,缺少获得社会经验的机会,造成他们的人际交往能力、社会适应能力得不到锻炼与发展。

3.克服意志脆弱的方法

聋人大学生只有认识到意志脆弱的危害,才能直面困难,最终有希望学有所成,因此,可采用以下方法治疗意志脆弱者:

(1)发展优质的聋人教育。实施早期教育,不断加强基础教育和提高高等教育的办学规模,培养聋生良好的学习习惯和广泛的学习兴趣。聋人和健听人一样,他们自身存在着极大的内在潜力,群体中不乏各类优秀人才,有待于通过教育来开发。系统完善的教育可以培养全面发展的人才,可以培养聋人优良的意志品质。

(2)学习成功聋人的事迹。榜样的力量是无穷的,通过学习,使聋人大学生坚信:聋人同样可以创造辉煌,同样可以拥有幸福美好的生活,但成功的基础是靠优秀的意志品质、靠刻苦努力的学习获得的。

(3)经受挫折磨炼。领悟挫折是人生成长的财富,人总是在不断克服挫折中成熟、成功的。听力障碍为聋人承受挫折提供了良好的先天条件,这是健听人所不及的,关键在于聋人应克服自身残疾带来的不便,勇于面对各种挫折与磨难,成为自强不息的典范。

(4)给自己加油。当在学习上想松劲、想打退堂鼓时,要及时督促和告诫自己"我这么没出息,这一点困难算什么""再坚持下去,我肯定能成功""我不比他差,他能做到的,我也能做到"等话语鼓励自己。

（二）偷窃行为

偷窃行为是一种企图无偿占有他人利益的心理冲动造成的扰乱他人的行为。

聋人偷窃行为是指以非法占有为目的，偷偷地或者趁人不备窃取少量公私财物的违法行为。具有偷窃行为习惯的聋生认为"顺手拿来的不算偷"，主人不在的拿也是"借"，"别人拿了我的东西，我理所应当拿他人的"等等。① 聋生偷窃行为与盗窃犯罪的主要区别是窃取财物的数量比较小、价值比较低。如果任其小偷小摸的行为发展下去，偷窃的恶习就会加重，占有欲就会增强，偷窃的财物数量会越来越大，偷窃的次数会逐渐增加，赃物的价值也会越来越高，从而有可能由偷窃行为转变为盗窃犯罪，盗窃行为很容易扩展并发展为其他类型的犯罪。

1. 偷窃行为的成因

（1）听力与语言障碍所致。听力的丧失，语言发展的迟滞，导致聋人的抽象思维能力较低。聋人的行为经常受自我心理倾向和喜好所左右，很少顾及后果。不懂得偷窃行为对个人成长的不利影响及对他人造成的危害，看到别人的东西，自己喜欢就拿走。

（2）法律与道德概念模糊。聋人缺乏听觉的认知来源，对道德事理的观察与了解难于周全透彻，道德认识相对片面。不懂得偷窃是犯法行为，认为这种行为只是生存方式的选择问题。

（3）与热衷于超前消费有关系。有些聋人经济条件窘困，为了满足个人生活的需求，采取侵犯他人利益。有些聋人在物质生活上追求安逸享乐和盲目的攀比心理，也是偷窃行为的起因。

2. 纠正偷窃行为的方法

偷窃是聋人大学生违反社会道德规范的一种不正常行为。如果任其发展会成为习惯，必将构成人格上的严重缺陷，甚至导致犯罪，危害社会治安，所以一定要给予纠正。

（1）采取教育治疗。良好的社会道德风尚的形成、巩固和发展，要靠教育，也要靠法制。对于聋人大学生的偷窃行为，要采取道德教育和法制教育双管齐下。道德教育就是让聋人大学生懂得偷窃行为的不道德性，不劳而获、无偿占有他人财物的行为是错误的，不光彩的。使有偷窃行为的聋人大学生深刻认识到偷窃的危害性。有偷窃行为的聋人大学生常常缺乏遵纪守法的观念，因此，必须对他们加强法制教育，主要是针对偷窃行为从法制的角度进行分析，提高聋人大学生的法律

---

① 张宁生：《听力残疾儿童心理与教育》，辽宁师范大学出版社2002年版，第144页。

意识。

（2）奖励与惩罚并用。对于有偷窃行为的聋人大学生,学校和家庭应积极配合。当他们在一定时期内不发生偷窃行为时,就应予以精神上和物质上的奖励,这就是正面强化法,鼓励他们继续保持不发生偷窃行为的状态。另外,可采取教育与惩罚相结合的方法,发现有偷盗行为的聋人大学生,应该予以精神上的谴责,物质、活动方面以及评优的限制,目的是抑制偷窃行为的发生。

（3）人格矫正。偷窃行为从深层次上讲反映了不良的人格特征,只要改变他们人格方面的某些缺陷,偷窃行为就会自然得到逐步控制。

（4）加大就业力度与社会保障措施。劳动和社会保障部门应采取一些相关的强制手段与措施,使具有一定社会适应能力的聋人大学生毕业后能顺利走上工作岗位,能自食其力,能享受与健听人一样的待遇。

（三）离校或离家出走

离校或离家出走是指学生未经老师、父母同意擅自离开学校或家庭,到社会上游荡或被人利用从事某些活动。

离校或离家出走的聋生常因一时遇到不如意的事想不开,多数是被社会不良聋成人的花言巧语所骗,出走少则几天、半月,多则达数年,有的甚至永远不知了去向。出走的聋生大多被人利用,进行违法犯罪活动。

离校或离家出走的聋生具有一些共同的特点：

首先,个性障碍。有的聋生出走是由于自身的个性障碍,平时性格较为内向,少言寡语,很少与人交往与沟通,如老师、家长无意间的某句话、某个手势或某个表情都有可能刺伤其自尊心,心中的郁闷、烦恼无法排遣,便会一走了之。

其次,逃避压力。聋生由于听力与语言的障碍,在学习上会遇到诸多的困难,常陷于学习的困扰之中。老师、家长的责备和苛求,使他们感到压抑与烦闷,继而产生了自卑感和抵触情绪,出走是寻求心灵上的解脱。

其三,社会不良聋人的诱惑。由于听力的缺损,聋人群体之间有一种天然的信任。一些道德品质不良的社会聋人常常到学校引诱一些辨别是非能力差,或者思想单纯幼稚的聋生,向他们描绘离开学校和家庭的种种好处,意志薄弱者就会轻信上当受骗。

聋生出走是一种不良行为,而且出走之后还可能发生意想不到的危险。因此,学校、家庭应予以重视,使他们及早迷途知返。

（1）学校应加强引导和教育。作为教育主要阵地的学校要积极创造条件,使班集体成为吸引学生的地方,同时要教育他们以不断努力来克服学习障碍。教师要培养聋生正视现实生活的态度,不要有太多的幻想。

(2)重视家庭教育。作为聋生的家长,不仅要在生活上关心孩子,而且还要学会与聋孩子交流的方式,从情感上亲近孩子,让他们体会到家庭的温暖。随着孩子的成熟,家长应理解孩子的所思所想,改变粗暴、简单的教育方式。

(3)从出走事件中吸取教训。对于出走后返校和回家的聋生,老师、父母要心平气和地对他们进行教导。首先要唤起孩子的自尊心,鼓励孩子对生活充满希望;另外,要帮助孩子解决学习等方面的具体困难。总之,要使聋孩子真正感受到学校、家庭的温暖和力量,使他们从出走事件中真正认识到自己的过错。

五、网络成瘾

网络成瘾是指由重复地对网络的使用所导致的一种慢性或周期性的着迷状态,并带来难以抗拒的再度使用的欲望。同时,还会产生想要增加使用时间的张力与耐受力、克制、退隐等现象,对于上网所带来的快感会一直有心理与生理上的依赖。[①]

1. 网络成瘾的判定及表现

目前,我国对网络成瘾的判断标准尚无统一规定。专家们一般认为,一个人在过去一年内,如果有以下七种症状中的三种以上,就可以判定患有网络成瘾:

(1)要不断增加上网的时间才能达到同样的满足程度。

(2)如果有一段时间没上网,就会变得明显的焦躁不安,不可抑制地想上网。

(3)上网频率和时间高于事先计划。

(4)上网后难以离开,无法自拔。

(5)花费大量时间在与互联网有关的事情上。

(6)上网严重影响日常生活。

(7)虽然明白上网带来的严重后果,但仍然执迷不悟。

聋人大学生网络成瘾主要表现为占用大部分的学习和休息时间上网,长时间地沉迷于刺激性剧烈的网络游戏;或者乐此不疲地与人聊天、交友;还有些聋人大学生会一时迷恋不健康的网站,浏览与观看色情图片、影像等。

2. 网络成瘾的形成原因

(1)主观因素。第一,是聋人大学生在学习、生活与社会交往等方面不尽如人意,会带来诸多的挫折与失落,通过网上聊天、交友和玩游戏可以寻求自我解脱,以弥补心灵的平衡。第二,好奇心的驱使。网络的丰富、新鲜、动态感和立体化传播,满足了聋生的好奇心和求知欲。第三,聋人大学生性心理的逐渐成熟,使他们产生

---

① 刘盈江:《听觉障碍青少年心理咨询》,华夏出版社2007年版,第240页。

了了解异性、追求异性的欲望,自然把精力转移到网络的色情内容上,但由于自我控制能力差,一旦沉溺又难以自拔。

(2)网络特点满足了聋人的精神需求。一是网络是一个虚拟的世界,网络世界人人平等,没有语言沟通的障碍,不存在主流群体的歧视与不接纳,填补了聋人的听力语言缺陷,迎合了聋人生理与心理的特点。二是网络画面丰富且形象化,超越了简单的文字和静态的画面,动态感逼真,弥补了聋人形象思维丰富而抽象思维相对滞后的不足,符合其靠视觉来认知世界的思维特点。

(3)社会因素。随着聋人大学生自我意识的提高,具有与人交往的强烈愿望,渴望得到他人的尊重与接纳,但社会仍存在对聋人的偏见、歧视,从而使聋生在人际交往中缺少安全感,人际交往的需要得不到满足,几乎陷入处处碰壁、被拒绝的困境。在虚拟的网络世界,他们可以隐藏自己的听力缺陷,以平等的身份参与健听人的各种活动,在网络上实现了被人接纳的需要与归属的愿望。

3.预防和克服网络成瘾的方法

如今,网络的发展势不可挡,它已成为被世界认同的一种新的生活方式。在这种情况下,加强正面引导,提供良好的外部环境,是预防和减少聋人大学生网络成瘾的关键。

(1)以积极的生活态度面对现实。对于聋人而言,现实生活中的诸多不如意和挫折(如沟通的障碍、信息的阻塞、遭人歧视等)是正常的,关键是如何正确对待。虚拟的理想世界可以暂时逃脱生活中的不如意,但不能解决根本问题。教师和家长应了解他们在现实中遇到的挫折和失败的经历,多给他们以温暖和关心,帮助他们摆脱对虚拟世界的依赖,以积极的生活态度面对现实,回到现实世界中来。

(2)学校和家庭应加强针对性的教育。首先,学校应结合聋人大学生实际,定期开办青春期心理健康教育讲座,使他们获取生理和心理卫生的必备知识。其次,培养聋人大学生的法律意识和道德观念。增强对网络事件的辨析,提高道德判断和选择能力,减少网络的不道德性,降低网络的痴迷程度。家长也应积极配合学校做好孩子的教育工作。

(3)社会要加强对网吧的监管工作力度。有关部门应加大对非法网吧的管理与制约,通过现代技术和法律手段,控制和过滤不良的信息,为聋人大学生提供一个积极、健康的网络环境。良好的网络环境能够促进其快乐地学习和娱乐,提升他们的精神境界。

(4)团体辅导。学校可以把网络成瘾的聋人大学生组成一个团体,通过团体内人际关系交互作用,协助个体自我认识、自我探索并学习新的态度和方式,促进自我转化。同时,团体成员可共同约束,签署章程,制订计划,规定上网目标,约定上网时间,利用团体的监督和支持作用,使每位成员遵守和维护自己的承诺,严格按计划行事,使克服网络成瘾的行为得到长期的坚持和巩固。

六、恋爱心理障碍

(一)单恋

单恋也称暗恋,是指人对异性的一种极度渴望,具有时间性与目标性。单恋过度可造成精神的极度痛苦,严重的可造成精神疾病。

1. 单恋的主要表现

(1)对方不知情的单恋。这种单相思是暗恋着对方,而对方并不知道。没看见暗恋的对方时,想尽办法看见他(她),而看见了又心情紧张,试图躲避,这样使得自己整天魂不守舍,神魂颠倒,对正常的学习和生活造成了影响。这种单恋一般发生在恋爱开始之前的爱慕阶段,较为正常,持续时间不长。

(2)对方不接受的单恋。这种单相思是主动向爱慕的异性接近,表达好感后却没有得到回应,有的时候是因为曾公开追求过但没有得到对方的好感与接纳,使得自己整天心神不定,思绪不宁。这种单相思发展成为恋爱关系较为困难,因为对彼此的条件与要求认识不足。

2. 单恋产生的原因

(1)自卑。这样的聋人大学生是在彼此的相处或者相遇之中,被对方的容貌、才华、品行所吸引,便产生了爱慕对方之情。这种由吸引而变得使自己过分地美化对方,相比之下总感觉自己配不上对方,因此不敢接近暗恋的人,而是以其丰富的想象力,在幻想中得到异性爱的一种心理活动。

(2)认知偏差。单恋者常常把爱看得仅仅是投入,不求回报与承诺,不顾一切的精神恋爱才是最崇高的爱。

(3)维护自尊。有的单恋者由于自己的认知偏差,不能接受被拒绝的现实,为了"自尊",就自我欺骗,自我强迫,坚持求爱到底。

3. 克服单恋心理的方法

单恋者自然能够体验到一种爱的快乐,但更多的是体验到爱的痛苦和煎熬,因为他们无法敞开心扉向对方表达自己的钟爱之情,更不能感受到对方爱意的温馨。因此,聋人大学生应该努力克服单恋心理。

(1)避免"恋爱错觉",学会用心明辨对方的表情和心理。

(2)体察对方的反复性。表达钟爱的信息经常出现并影响深刻,如果是一次或两次就不应该过于放在心上。

(3)综合多种因素。应学会用联系的方法去分析问题,把某种信息和其他因素结合起来考虑。如有个聋人大学生经常帮助一位姑娘,如果这个聋人大学生是副热心肠,乐于助人,对谁都一样,那么这位姑娘就不必自作多情了。

(4)勇于接受现实。如果单恋已经发生在自己的身上,就需要鼓足勇气,克服羞怯心理和自我安慰心理的折磨,勇敢地用心灵去撞击。如果对方有意,心灵就会碰撞出爱的火花,单恋则转化为"双恋",爱的快乐就取代了爱的痛苦;如果是"落花有意,流水无情",则应该勇敢地抛弃幻想,接受事实。

(二) 失恋

有恋爱就有失恋。失恋,就是指一个痴情人被其恋爱对象所拒绝。聋人大学生由于生理、心理的日渐成熟,都会萌动春心,涉入爱河。

失恋者有多种消极心态表现:情绪极度悲伤和绝望;充满着难堪和羞辱感,羞于见人,无地自容;充满了虚无感和失落感;对平时感兴趣的事物索然无味,对"薄情郎"或"薄情女"充满憎恶感;失去理智,产生报复心理,或从此嫉俗厌世、怀疑一切,或从此玩世不恭、得过且过、寻求刺激、发泄心中不满。①

1. 失恋的原因

(1)盲目性和动机不纯。有的聋人大学生就是为了消除寂寞,为了证明自己的价值,他们并非真心相爱,一旦达到目的便终止恋爱关系。

(2)对方移情别恋。由于对方缺乏应有的恋爱道德,不尊重对方的情感,或者对方并非真正把自己作为"心上人"。因此,当发现有更符合自己的恋爱对象时,便主动终止已有的恋爱,而把自己的爱转移到其他对象身上。

(3)双方性格不合。在交往中彼此存在思想、个性、情感分歧,性格相反、脾气不相投的人往往不能撞出爱情的火花,因而也就不能建立稳固的恋爱关系。

2. 调节失恋者心理的方法

失恋造成的不良心态会严重影响聋人大学生的学习、生活和身体健康,因此,应该注意调节失恋者的心理。

(1)释放郁闷。向知心的朋友、兄长等倾诉自己的郁闷之情,一吐为快,以释放心中的痛苦,求得解脱。

(2)转移注意。及时适当地把情感转移到失恋对象以外的其他人、事或物上。如积极参与社会活动或课外活动,达到情绪的转移。

(3)战胜自我。借助理智来提醒、暗示自己,以此战胜感情用事的自己,从中获得解脱。

---

① 玺璺:《青少年心理障碍个案与诊断》,广州出版社2004年版,第222页。

第三节 聋人心理障碍典型案例

一、逆反心理的案例分析

【案例介绍】

王某,男,16岁,聋校高一住校生。

王某学习成绩优良,多次被评为校三好学生、优秀干部,因此老师对其寄予厚望。可是最近有几次他在课堂上玩手机,被任课老师当众批评,并且这段时间王某恰好看了一部警示大众的电影,迷恋上其中的负面形象。此后王某行为开始反常,凡是总爱自作主张,有时还偏要同老师对着干。例如,老师在他的作文中写的评语,他却在评语上画一个大大的"×",以示对老师的抵触;运动会上,老师结合其强项,让他选报铅球项目,他偏填报了自己的弱项跳绳;老师在班上多次强调不能外出去网吧,他却故意当着全班同学的面说要去网吧玩游戏。

【案例分析】

王某的行为是典型的逆反心理表现。第一,老师的当众批评使其自尊心受到伤害,因而产生了挫败心理和厌烦情绪。第二,由于聋人认识上的偏颇,而将大众传媒中的负面形象当作偶像崇拜,从而萌生了出风头、唱反调的思想。心理上的变化,使其在表现出不正常的举止。

二、虚荣心理的案例分析

【案例介绍】

小辉,男,19岁,大学一年级聋生。

小辉家境贫寒,父母均为农民。其因误诊致聋,父母在他的身上倾注了更多的爱。为了供他读书,父母辛勤劳作,省吃俭用。小辉原在县城读书,学习也很努力。但考上大学后,他看到很多聋人大学生用的、穿的都很新潮、时尚,还有不少同学有手机,有的同学还有照相机、笔记本电脑,便心生羡慕。小辉感到周围很多同学都比自己的家庭富裕,心里很不是滋味,经常埋怨自己出身不好。逐渐地,他变了:在与同学的相处中,为了显示出自己也是出生在富裕家庭,他出手大方,经常邀请同学出去玩;不断向家里要钱,不与父母商量,就用生活费给自己买了一部新款手机。有时候,他也为自己的行为感到自责,心里总是不安,觉得对不起父母的一片苦心,应该把钱花在学习上,不能和别人攀比,但仍然管不住自己。正是这种心理,使他的学习成绩下降,情绪消极。

【案例分析】
上述个案中的小辉表现出的就是虚荣心理,虚荣心就是扭曲了的自尊心。虚荣心男女都有,但总的来说,女性的虚荣心比男性强。因此,虚荣心带给女性的痛苦比男性大得多。这一类型的人表面上表现为强烈的虚荣,其深层心理就是心虚。小辉的种种行为都是虚荣心理在作怪。

面对这种有虚荣心的学生,老师发现后,应与家长加强联系,及时沟通学生在学校、家中的表现,共同应对学生心理问题,加强心理干预。

三、学习动机缺乏的案例分析

【案例介绍】
小刚,男,21岁,大学二年级聋生。

小刚家庭经济较为富裕,兄妹二人,妹妹是一个健听人,其父是警官。小刚因从小致聋,所以备受父母的宠爱。上大学的一年多时间里,表现为学习懒散、无精打采;上课时注意力不集中,时而睡觉,时而看课外书籍;课后不愿写作业,对所学专业缺乏兴趣,易受各种内外因素的干扰。他把很多时间和主要精力长期放在与学习无关的活动中:发型经常换,给人的感觉新潮、时尚,似一个花花公子;有时通宵上网玩游戏;谈恋爱,时常见异思迁,移情别恋。

【案例分析】
小刚的这种行为就是典型的学习动机缺乏。首先是他学习动机不明确,学习态度不端正,在学习活动中缺乏学习的积极性和自信心,无成就感和目的性。其次是父母的宠爱。据了解,小刚的父亲是警官,平常对其甚为娇惯,小刚对执法人员缺乏畏惧感;母亲对孩子的过错时常袒护,造成小林对犯错误的后果缺乏足够的认识。再次,是聋人找对象困难。很多聋生家长都认为孩子在大学理所应当谈恋爱,免得毕业后不好找对象。因为聋人毕竟是社会中的弱势群体,能早日确立恋爱关系更好,无形中纵容了聋生的恋爱行为。

小刚现象具有普遍性。需要学校、家庭、学生三方共同努力,才能把学生的主要精力转移到学习上,才能帮助学生建立正确的恋爱观。

四、人际关系不良的案例分析

【案例介绍】

小林,男,22岁,大学三年级聋生。

小林有残余听力,其性格暴躁,经常因鸡毛蒜皮之事与同学发生口角,或与人打架、摔东西,之后扭头便走。小林与班里一名跟他同样有残余听力的同学小黄,因为相同的体验而成为好朋友。他俩自认为发音清楚而相对听障同学有优越感,但又感觉健听人不认同自己,徘徊于聋人与健听人之间。小黄性格懦弱、胆小,常被自认为能力强的小林管教。平日稍有不顺心,小林就用暴力手段来威胁小黄。一次,小黄做了一件让小林不满意的事,他便用洗脚水把小黄的被子浇湿,以至于这个唯一的好朋友也离他而去。

据辅导员讲,小林常感到自卑,不能正视自己的听力残疾。其父脾气暴躁,很少与孩子沟通,动辄对孩子就是一顿打,小林深受父亲的影响,曾经和父亲打过架。当看到别人一个不友好的眼神,他便会动怒,发脾气,因为一点小事,便会点燃心中的怒火。

【案例分析】

这位同学表现出的是人际关系不良症状,并伴有易怒、自卑等心理障碍。小林成长过程中很少与人沟通,缺乏必要的社交能力,因此难以适应人际环境。他没有学会宽容别人、理解别人,总是看到别人的缺点,稍不如意便横加指责,由于其性格的乖戾,时常做出一些反常的举动,导致与同学关系紧张。

对于像小林这些心理、个性问题比较突出的学生,教育工作者要有充分的准备,不能奢望通过一件事完成快速转化。要有针对性地开展心理辅导,先教育他们学会做个平常人,学会宽容别人,理解别人,与人交朋友。

五、网络成瘾的案例分析

【案例介绍】

李某,男,19岁,聋校高三住校生。

李某性格直爽,聪明,讲义气。学习成绩中等偏上,平时学习比较用心,上课认真听讲,积极回答问题,常得到老师的夸奖。高二下学期迷恋上网,从此陷入其中,无法自拔。无心学习,作业不按时交,学习成绩一落千丈。课堂上,经常看到他在低头专注地用手机上网:玩游戏、聊天。每次遭到老师的批评后,他总是装模作样地听一会儿课,接着就是趴在书桌上睡觉。因沉溺网络,他对周围的事物淡漠麻木,还时常表现出急躁,粗暴等不良情绪,曾因此和同学酗酒、打架。因痴迷网络,李某曾一度想放弃高考,在老师和家人的耐心说服之下,勉强参加了聋人高招考试,结果名落孙山。

【案例分析】

从个案介绍中我们可以看到,李某所表现出来的是网络成瘾症状。他的这种网络成瘾比较严重。第一,占用了大量的时间和精力,荒废了学业。第二,疏远了和同学的关系。整日面无表情,和同学很少交流沟通,独来独往。第三,打破了正常的学习和生活秩序。该生时而上课迟到,时而上课睡觉,精神状态不佳。第四,浪费了许多钱物。李某父母均是工人,工厂效益不好,收入微薄,但母亲为了孩子,仍然满足其不当需要。第五,脾气变得非常暴躁。李某曾因为一件小事,与同学大打出手,还酗酒闹事,影响极坏。

面对这种学生,第一,教育者和家长应多与他们沟通,了解他们的内心需求。第二,使其认识到沉溺于网络的危害性,摆脱对虚拟的网络世界的依赖。第三,促其建立积极的生活态度,引导他们积极参加社会交往,加深对社会、对自然的认识和理解,重新树立对生活的希望。

六、离校出走的案例分析

【案例介绍】

张某,女,18岁,大学一年级聋生。初三毕业后,直接考入大学。

张某生长在一个普通的农民家庭,家里生活拮据。其性格内向,长相一般。新生军训时,由于她的动作协调能力不强,被教官拉出单独操练。张某当时笑眯眯地走出队列,若无其事的样子。在场的辅导员老师担心她的自尊心受到伤害,利用休息时间安慰了她几句,张某面无表情。

张某的很多同学都有手机,而她没有。国庆节放假期间,张某回家告诉父亲想买手机,其父说家里条件不好,先把哥哥的手机给她用,她不要,但父亲并没有给她买新的,无奈之下她只好暂时用哥哥的手机。后来她给姑姑发短信时,还常提起不想要哥哥的手机,盼望有一天用上新手机。

张某平日常常沉默寡言,很少与同学来往。QQ聊天是聋人之间交流的一种极普遍的方式,但没有同学见她用过。闲暇之际,张某总是独自去网吧看免费电影。从她的日记当中还发现她暗恋着班里的一名男生。

入学三个月后的一天,她悄无声息地离校出走了,一直杳无音信。

【案例分析】

张某离校出走的原因有以下几方面:一是自卑。张某家境平常、长相一般、衣食住行等多不如身边的同学,常担心同学看不起自己。再加上军训中被教官当众校正动作,自尊心受到伤害。二是学校适应不良。张某初中三年级毕业后直接考上大学,说明她以前的学习成绩不错,应常受到老师的夸奖、同学的羡慕。但上大学后,班里有很多优秀同学,张某不再是佼佼者,导致心理失衡。三是人际交往不良。张某面对大学,全新的人际关系,渴望与人建立友谊,但由于性格内向、胆小怕事,她不能主动和同学交往。没有知心朋友,心中的苦闷无法倾诉,孤独感油然而生。四是单恋的痛苦。张某正值少女花季,青春萌动,而她单相思的男同学又不知情,自己只能暗自伤神。

当张某面对学习、生活、人际交往等种种不如意,无法摆脱时便一走了之。张某离校出走不是正确的选择,她应该寻求更好的解决办法,早日走出心理的困惑。

七、偷窃行为的案例分析

【案例介绍】

梁某,男,23岁,大学三年级聋生。

梁某家住农村,生活条件艰苦,曾经有偷窃成功的经历。一天清晨的六点多,宿舍有个同学先起床去了洗手间,梁某趁其他同学还未醒之际,悄悄地下床,走到与自己斜对面的下铺偷走了这个同学的手机,并存放在一个隐蔽处,以防被人搜身查到。十分钟之后,这个同学回到宿舍发现自己的手机不见了,怀疑是梁某所偷,早上上课时便报告了老师。老师在调查宿舍所有人之后,便找梁某问话。起初他拒不承认,后来在老师的耐心劝说下,同学的相互对质中,梁某方才坦白。

【案例分析】

梁某偷窃行为的发生具有以下几方面的特点:一是道德认识模糊。聋人由于听力缺失,难以全面认知事物,比较容易形成感性的道德认识,对理性的道德理解和运用产生偏差。道德认识的肤浅会造成对自己和他人的言行做出简单化的道德评价。① 二是家庭经济困难。梁某的家境比较穷困,生活、学习的需要使他不择手段去搞钱。三是复仇心理。据了解他的老师和同学反映,梁某偷窃的对象都是平时与他关系不好的同学,偷窃目的中包含着让别人着急、担心。四是从偷窃中尝到过甜头。梁某班的很多同学都知道他曾经有偷窃成功、未受惩处的经历,一次的成功会诱使他做出第二次、第三次偷窃行动。

偷窃行为无论在何时何地发生都是可耻的行为,教育工作者要努力使聋生建立正确的道德观,对偷窃行为不仅不认同,而且认为可耻。学校、家庭要共同应对学生心理问题,加强心理干预。

【思考题】

1. 你认为聋人心理健康标准应该包括哪些方面?
2. 请简要说明如何培养聋人的心理健康?
3. 聋人心理障碍主要有哪些特征?
4. 你认为聋人形成自卑心理的原因是什么?
5. 学习障碍主要有几种表现症状?请举例说明。
6. 请结合本章聋人心理障碍典型案例的分析方法,自己再搜集一例,并尝试分析这种心理障碍形成的原因及克服的方法。

---

① 张宁生:《听力残疾儿童心理与教育》,辽宁师范大学出版社2002年版,第131页。

第三章

聋人与礼仪

礼仪是人们在社会的各种具体交往中,为了相互尊重,在仪表、仪态、仪式、仪容、言谈举止方面约定俗成、共同认可的规范和程序。礼仪的形成受到历史传统、风俗习惯、宗教信仰、时代潮流等因素的影响和制约,由于它是既为人们所认同,又为人们所遵守的行为规范,所以礼仪成为人们文明程度和道德修养的一种外在表现形式。

礼仪并不是一套严格的规矩,而是建立在善意与体贴之上的行为准则。良好的举止是基于常识和体谅之上的,合乎礼仪的举止,是帮助我们按照这些准则生活的工具。

在人际交往中,礼仪往往起着"通行证"的作用,有能力铺平人际道路,建立起愉悦的人际关系是非常有必要的。作为交际规范和艺术的礼仪使我们知道如何去做,怎样对他人有所帮助,其重要作用一如现代人必须掌握的外语、电脑等专业技术。学习礼仪、讲究礼仪、应用礼仪可以提升人的精神品味,使学习、生活、事业更加自信,更加成功。

礼仪是人类和谐共处的钥匙,掌握了礼仪可以使聋人大学生更客观地认识自己,保持良好的心态、得体的风度、高雅的气质,从而克服心理障碍,充满自信地走向社会,大胆地参与社交活动,广交朋友,成就事业。同时,在人际交往中,恰如其分的礼貌、和蔼可亲的态度本身就是最好的介绍信。优雅的举止、美妙的谈吐、美好的仪表,在公众中具有巨大的感召力。这些都有利于聋人大学生张扬个性、舒展心灵,充分展示其个人魅力。良好的礼仪融洽了聋人大学生的人际关系,从而获得充实、愉快的精神生活,促进身心和谐发展。因此,礼仪成为追求自身完善的聋人大学生的必备修养。

第一节 礼仪的基本概念

一、礼仪的本质

礼仪是人们在社会交往中共同遵守的行为准则和规范,是对礼貌、礼节和仪式的统称。

所谓礼貌是指人们在相互交往过程中表示敬重和友好的行为规范。礼貌可以分为礼貌行为和礼貌语言两个部分。礼貌行为是一种无声的语言,如微笑、点头、握手、鼓掌等。礼貌语言是一种有声的行动,如使用"您"、"请"等敬语。讲究礼貌是人们正常地进行社会生产和社会生活的起码条件,是每个社会成员都须遵守的最简单、最起码的道德规范。

所谓礼节是人们在日常生活中,特别是在交际场合表示尊重、祝颂、问候、慰问、哀悼以及必要协助和照料的惯用形式。古人说"礼节者,仁之貌也",就是说礼节是礼貌在语言、行为、仪态等方面的具体表现形式。礼节的形式多样,如握手、鞠躬、拥抱、接吻、点头致意等都属于礼节,礼节渗透到社会生活的各个方面。

仪式是指一种正式的礼节形式,是指为表示礼貌和尊重在一定场合举行的、具有专门程序的、规范化的活动。由于目的不同,举行的仪式也多种多样,如发奖仪式、签字仪式、开幕式、婚礼仪式、开学典礼、散学典礼、国庆、祭奠等。仪式作为表达礼貌、礼节的形式在礼仪中具有重要的作用。

礼仪是由一系列表现礼貌的礼节构成的,礼貌是礼仪的基础,礼节是礼仪的重要组成部分。礼仪是人们在长期的共同生活和相互交往中逐渐形成的,它以风俗、习惯和传统等形式固定下来,并随着社会的进步而不断发展完善。

礼仪的很多规范除了有道德与是非的概念以外,在形式上强调给人以视觉感受。中国古人在谈到礼的时候,除了有"温、良、恭、俭、让"以外,还有"衣贵洁、冠必正、纽必结","步从容、立端正、揖深圆、拜恭敬"等等。礼仪的本质特点之一,就是要将每个人美好的、善良的、可爱的、温文尔雅的性格、行为、仪表、仪容特点展示在他人面前。

二、中国当代礼仪的特点

中国素有礼仪之邦的美誉,对"礼"的讲究历史悠久,很早就把"礼仪"作为一种社会典章制度和道德教化要求。礼、乐、射、御、书、数"六艺"中,"礼"居首位。以儒家为代表的中国传统主流文化,主张"治国必先治家,治家必先修礼",即立身处事、修身齐家治国平天下,无不贯穿着"礼"的精神。经过五千年的历史演变,中国古代礼制不断发展和完善,形成了一套完整的礼仪思想和礼仪规范,其精髓深入人心,内化为中华民族的自觉意识并贯穿于心理与行为活动之中,成为中国古代文化的核心内容之一。

我国现代礼仪是在中国传统礼仪的基础上,取其精华、去其糟粕,继承和弘扬了中华民族在礼仪方面优良传统的,具有时代特色的礼仪规范;又是学习和吸收了世界其他国家和民族的先进礼仪,符合国际通行原则的礼仪规范。我国礼仪具有以下特点:

1. 重视血缘和亲情

人际关系中最稳定的因素就是血缘关系,重视血缘和亲情关系是中华民族的历史文化传统,所谓"血浓于水"即是这种观念的体现。中国人的家庭观念特别强,传统的家庭观念崇尚四世同堂、人丁兴旺的大家庭。在传统的大家庭里,家长具有绝对的权威,并维系家庭各个成员之间的关系,尊老敬老、"父母在,不远游"、"故土难离"、"落叶归根"等传统思想,充分体现了中国传统的家庭宗族观念。

2. 强调共性

中国人民具有较强的民族感,在社会生活中非常注重共性,强调个人服从集体。人们比较注意外人或社会对自己的评价,而忽略自身的感受。在人际交往中,礼仪也往往反映出这样的倾向。

3. 谦虚谨慎、含蓄内向

中国人性格一般宽厚平和、含蓄内向、忍耐力强,同人相处往往谦虚谨慎,自我克制。

4. 讲究礼尚往来

在相互交往中,中国人往往强调礼尚往来。这里的"礼"主要指礼物,"礼尚往来,往而不来,非礼也;来而不往,亦非礼也"。也就是说,在交往中,如果接受了别人的礼物而不回赠,是很不礼貌的。通过相互赠送礼物,可以加强联系、表达感情,显得更富有人情味和感情色彩。

三、西方礼仪的特点

西方礼仪同我国礼仪相比有较大的差异,了解西方礼仪的特点对于加强理解和沟通、促进聋人大学生国际友好交流与合作大有益处。

1. 强调个性,崇尚个性自由

西方礼仪处处强调以人为本、个人至上,个人在法律允许的范围内拥有绝对的自由。在社会交往中,强调以个人为单位(对象),将个人的尊严看得神圣不可侵犯,十分注意维护个人的自尊。在社会生活中崇尚个人力量,追求个人利益,他们认为冒犯对方的私人所有权是非常失礼的行为。因此,西方人尊重别人的隐私权,也要求对方尊重他们的隐私权。表现在涉外交往中,"对女士不问岁数,对男士不问钱数"成为交往的惯例。

2. 尊重妇女,女士优先

在一切社交场合,为表示尊重妇女,特别强调女士第一,遵守女士优先的原则。在交际活动中,总是给妇女以种种特权,关心妇女、帮助妇女、保护妇女。在社交中,不尊重妇女是十分失礼的,甚至会被大家斥为缺乏教养而引起公愤。

3. 简易务实

西方礼仪强调交际务实,认为在交际活动中,既要讲究礼貌,表示对对方的尊敬,又要简洁便利,实事求是,不要繁文缛节和造作。交往中,不提倡过分的客套,不欢迎过度的自谦、自贬,尤其反对虚假、自轻、自贱。另外,西方礼仪也在一定程度上反映出西方人士情感外露、富于创新和在交往中注意效率的精神,具有很强的现实性。

4. 平等、自由、开放

西方礼仪强调"自由、平等、博爱","一切人生而自由平等",在交往中提倡人人平等,包括男女平等、尊重老人爱护儿童。在交往中,西方人士一般思想活跃,兴趣广泛,幽默风趣,开放自然,敢于发表自己的意见,富于竞争精神,具有外向型倾向。

四、国际礼仪通则

国际礼仪是各民族所公认的道德标准,它包含了世界大多数国家所认同的基本的国与国之间、人与人之间交往的准则。

国际礼仪通则就是指国际礼仪的基本原则,它既是对国际礼仪的高度概括,也是在国际交往活动中应遵循的基本准则。当代大学生掌握必要的国际礼仪知识,这是培养国际化、通用化人才的需要。

1. 遵守最基本的共同生活准则

共同生活准则是在公共生活和人们交往中公认的、最简单的公共生活准则。遵守最基本的共同生活准则是礼仪的起码要求,如在共同场所遵守公共秩序,不打扰别人,不干扰影响别人,不给别人造成麻烦和不方便,尊重别人,讲究社会公德,等等。

2. 信守时约

信守时约是国际礼仪的基本原则之一,交往中必须遵守时间,不能无故迟到,否则是极不礼貌的。

在现代生活中,讲信誉、取信于人是主要要求。在交际交往中,言而无信,失信、失约是违背礼仪的基本原则的,既不尊重对方,也会严重损害自己的形象,是十分要不得的。交往中要严格遵守自己的承诺,说话一定要算数,许诺别人的事情一定要兑现。

3. 相互谅解,求同存异

国际礼仪最基本的原则之一是人与人之间要相互谅解,和睦相处。尤其是当别人在交往出现失误时,不要使对方因此产生不愉快,不应使对方难堪。

由于各国的礼仪和习俗存在一定程度的差异性,在交往时"求同存异"就十分必要了。"求同"就是要遵守礼仪的国际惯例,"存异"就是不要否定他国的礼仪习俗,同时对他国的礼仪习俗加以了解并予以尊重。

4. 女士优先

"女士优先"成为国际社会公认的重要礼仪原则。"女士优先"就是指在一切社交场合,每一个成年男子,都有义务尊重、照顾、关心、保护妇女,想方设法地为妇女排忧解难。强调"女士优先"的原则,是认为妇女是人类的母亲,对妇女处处给予优待,表示对母亲的尊敬和感恩。

5. 以右为尊

国际社会的习惯做法是以右为大、为长、为尊,以左为小、为次、为偏。凡是需要确定和排列具体位置的主次尊卑时,都要坚持"以右为尊"的原则。

"以右为尊"的原则在国际社会上是普遍使用的,只要遵循这一原则,就能以不变应万变,轻而易举地处理好各种情况,不会发生失礼于人的问题。

第二节 个人礼仪

一、仪容礼仪

(一)仪容与仪容美

仪容,简单讲是指人体不需要着装的部位,主要是面部,广义上还包括头发、手部,以及穿着某些服装而暴露出的腿部。仪容美是指一个人的容貌和形体美感。

作为自然的人,人体美是通过人体的自然因素——身材、相貌表现出来的,带有很大的天赋成分,虽然通过后天的锻炼和科技、美容等手段能得到部分改观,但仍然属于自然美的范畴。一般来说,一个人只要四肢匀称,比例适度,五官端正,肌肉富于弹性,皮肤有光泽,即可称为形体美。作为社会的人,不同时代、不同民族和不同阶层有不同的审美标准。现代社会赋予形体美的标准是:健康、力度、美感。现代的审美观必然影响到人们如何去塑造自己的形象。当代聋人大学生,应努力将自己的外在形象塑造得朝气蓬勃、自然健康、富于生命力。

个人容貌是父母给予的,相对定型,但是通过保养、修饰、装扮可以焕然一新,有效地弥补自身的缺陷或不足。一个人生活在社会中就要扮演各种不同的角色,当一个人以某种特定角色出现时,在仪表仪容方面就应符合社会对这个角色所期望的要求。聋人大学生也不例外,应在礼容方面符合社会和时代对大学生的要求。具有清新、端正的仪容和恰当自然的修饰是对大学生仪容的基本要求。

(二)仪容及其基本要求

通行的礼仪实践中,不管男女,都要求进行仪容方面的整理和保护,否则就认为不具备起码的礼仪修养,也是对他人的不敬。干净整洁是仪容的第一要素,是我们获得尊重的根本。

1. 对面部的要求

对面容最基本的要求是:时刻保持面部干净清爽,无汗渍和油污等不洁之物。修饰面部,首先要做到清洁。清洁面部最简单的方式,就是勤于洗脸。午休、用餐、出汗、劳动或者外出之后,应立刻洗脸。具体到各个不同的部位:

(1)眼部:分泌物要及时清除;眉毛刻板或不雅观的话,可进行必要的修饰,但尽量不要文眉,更不要剃眉毛。

(2)耳朵:平时洗澡、洗头、洗脸时,应安全地清洗一下耳朵,及时清除耳朵孔中的分泌物;个别人耳毛长得较快,当耳毛长出耳孔之外时,就应进行修剪。

(3)鼻腔:要随时保持干净,不要让鼻涕或别的东西充塞鼻孔;经常修剪一下长到鼻孔外的鼻毛。

(4)嘴部:牙齿洁白,口腔无异味,是对口腔的基本要求,为此应坚持每天早、中、晚刷三次牙,尤其是饭后,一定要刷牙,以去除残渣、异味;在重要应酬之前忌食蒜、葱、韭菜、萝卜、腐乳等可让人口腔发出刺鼻气味的东西。

(5)脖颈:清洁脖后、耳后,绝不能成为"藏污纳垢"的地方;脖子上的皮肤细嫩,应给予相应的呵护,防止过早老化。

2. 对手臂的要求

手臂是肢体中使用最多、动作最多的部分,要完成各种各样的手语、手势。因此,难免得到众多目光的眷顾。如果手臂的"形象"不佳,整体形象将大打折扣。手臂的修饰,可以分为手掌、肩臂与汗毛三个部分。具体到各个不同的部位:

(1)手掌:是手臂的中心部位,也是手语的关键部位,餐前便后,外出回来及接触到各种东西后,都应及时洗手;手上的指甲应定期修剪,手指甲的长度以不超过手指指尖为宜;对于手部要悉心照料,不要让它处于不健康的状态;手部皮肤粗糙、红肿、皴裂,要及时护理、治疗,若长癣,生疮、发炎、破损、变形,不仅要治疗,还要避免接触他人。

(2)肩臂:在正式的商务场合中,手臂,尤其是肩部,不应当裸露在衣服之外。

(3)汗毛:由于个人生理条件不同,个别女性手臂上汗毛生长得过浓或过长。这种情况,最好是采用适当的方法进行脱毛。在他人面前,尤其是外人或异性面前,腋毛是不应为对方所见的。

3. 对腿部的要求

腿部在近距离之内为他人所注目,因此腿部的修饰必不可少。腿部的修饰,主要应注意脚部、腿部和汗毛三部分。

(1)脚部:在正式的社交场合不允许光着脚穿着鞋子,而且使脚部过于暴露的鞋子如拖鞋、凉鞋也不能穿;注意保持脚部的卫生,保证脚无味,在非正场合光脚穿鞋子时,要确保脚的干净、清洁;脚趾甲要勤于修剪,趾部通常不应露出鞋外。

(2)腿部:在正式场所,不允许男生暴露腿部,即不允许男士穿短裤;在正式场合,女生可以穿长裤、裙子,但不得穿短裤,或是暴露大部分大腿的超短裙;女生在正式场合穿裙子时,不允许光着腿不穿袜子,尤其不允许长筒袜以外的部分暴露出裙子之外。

(3)汗毛:男子成年后,一般腿部的汗毛都很重,所以在正式场合不允许穿短裤或卷起裤管;女士的腿部汗毛如果过于浓密,应脱去或剃掉,或选穿深色丝袜,加以遮掩,没有剃掉或脱掉过浓密的汗毛之前,切忌穿浅色的透明丝袜。

4. 美容化妆

适度得体的妆容可以展现个人风采,以达到振奋精神和尊重他人的目的,在礼仪文化中起着重要作用。化妆应以自身面部客观条件为基础,适当强化和美化;应以所在群体为标准,以显示出优秀年轻人的朝气蓬勃、积极奋进的精神风貌。化妆应随环境、时间、年龄、身份的不同而不同,还应与服饰相协调。化妆的色彩应与服饰色彩同色系或是对比色系;妆的浓淡和体现的格调与服饰的格调要一致。

二、仪表（服饰）礼仪

（一）仪表及其基本要求

仪表，即人的外表，仪表礼仪主要就是服饰礼仪。在社交场合，一个人的仪表不但可以体现他的个人教养，也可以反映他的审美品位。穿着得体，能够赢得他人的信赖，给人留下良好的印象，有助于提高与人交往的能力。

从礼仪的角度看，服装的穿着，即着装不能简单地等同于穿衣。它是着装人基于自身的阅历修养、审美情趣、身材特点，根据不同的时间、场合、目的，力所能及地对所穿的服装进行选择、搭配和组合的结果。着装体现仪表美，整齐、整洁、完好是着装的第一要素，此外还应同时兼顾以下基本原则。

1. 符合身份

着装首先要考虑的是，符合自己的身份。比如，作为主人时，穿着原则要牢记高雅大方、选择较为正式的服装，既尊重了客人又体现了自尊；而作为客人时，则应注意入乡随俗，但穿着打扮切勿触犯东道主的禁忌，还应防止喧宾夺主、不能刻意突出自己，要中规中矩，使自己的穿着打扮符合身份。

2. 区分场合

公务场合的着装原则是"庄重保守"，西服正装的颜色为深蓝或黑色，着正装应避免穿白袜子。参加谈判、庆典等活动应首选穿着正装，男士西装套装，女士西装套裙、长裙均可。社交场合的着装原则是"时尚个性"，时装、礼服或民族服装是社交场合着装的首选，但忌穿制服。休闲场合的着装原则是"舒适自然"，着装随意、舒适、自然，可选择牛仔服、运动服装、休闲装。每个人对自己应有充分的了解，自己对衣服的选择是否符合应到的场合。参加正式宴会身穿牛仔服，旅游时穿西装、穿长裙，穿着睡衣去逛街、购物等等，都是错误的着装选择。

3. 扬长避短

着装原则是整体协调、服装与环境（场合）协调、服装与体貌协调、扬长避短。重在避短，切不可展示自己的弱点。如圆型脸再戴圆形耳环，脖子短切不可戴短项链（项链的长短与脖子的长短刚好成反比）。

4. 遵守惯例

各国、各地区、各民族的风俗习惯不同，着装也有各种各样必须遵循的惯例，着装要符合这些道德传统和常规做法。比如说，我国汉族的婚礼，人们最喜好的颜色是红色，而在一些西方国家，红色却代表了邪恶。又如，参加葬礼的人们一定是首选身穿黑色的服装，这一惯例在世界各国都很近似。

(二) 着装注意事项

(1) 衣着要注意清洁、整齐，特别是衣领和手帕，要经常换洗。衣服要烫平，皮鞋要擦亮。发现仪容不整，或需要脱衣服，应到盥洗室或其他适当场所整理或脱换。

(2) 出席隆重活动一般穿深色服装，上下身颜色要一致；参加吊唁活动一般穿黑色服装。

(3) 参加活动进门后应把大衣、帽子、围巾、手套、雨衣、套鞋脱下，送存衣处存放。存放前注意检查口袋里不要留有文件、笔记本和钱包等物品。

(4) 室内一般不要戴黑眼镜。就是在室外，遇有隆重仪式和迎送等礼节性场合，一般也不要戴黑眼镜。

(三) 着装禁忌

1. 男士西服着装禁忌

商标外露、衣服不平整、衬衫与西装颜色不配(避免杂色，即西装、领带和衬衣不能超过三种颜色，即通常所说的正装的"三色原则")、大小不合适、系扣不正确、配鞋不合适、袜子颜色错误(着正装切忌穿白袜子)、兜内装物、领带结系错误等；穿中山装应扣好风纪扣，参加正式活动穿西装应打领带；长袖衬衣要塞在裤内，袖口不要卷起；西装领短袖衫不要塞在裤内，衣裤纽扣应扣齐；男士任何时候在室内不得戴帽子。

2. 女士着装禁忌

搭配不当、内衣裤及其兜带外露、外露的深色丝袜配浅色的外套、丝袜的袜口外露、短手套与短袖或无袖上衣相配、穿大衣或风衣参加活动；着正装时还应避免配饰过多、配饰质地杂乱(金、银、石等多种质地首饰同时佩带)。

(四) 聋人大学生着装要求

青春勃发、风华正茂的聋人大学生服饰要简洁、文明、大方、高雅，服饰打扮一定要体现出青春的魅力，符合社会的传统道德精华与常规，符合自己的年龄、身份、气质和社会角色定位。在学习环境中，着装要力求简洁；在生活环境中，着装要力求舒适、宽松；在运动环境中，着装要力求紧身利落；在重要集会时，着装要力求庄重严肃。聋人大学生的服饰与打扮，既不能太"邋遢"，又不能过于"时髦""前卫""个性"，所以要有朝气且保持稳重。忌穿着过露、过透、过短、过紧的服装，也不宜追求式样的怪异。

(五) 聋人大学生配饰的礼仪

配饰的礼仪，就是饰物佩戴和饰物使用需要注意的礼仪。聋人大学生一身整洁、朴素、大方的时装,再配上得体的其他饰物,能起到画龙点睛的作用,如帽、围巾、丝巾、手套、腰带、胸饰、眼镜、手提包等。

(1)以少为佳。就首饰而论,一般来讲,一般场合身上的饰物三种之内为宜,每一种不多于两件。首饰一定要和自己的身份气质及服装相协调才有品位,不要戴太多的首饰,也不要戴过于夸张的首饰。

(2)注意同质同色。色彩和款式要协调,质地、色彩要相同。

(3)注意搭配。要和服装和谐,要和其他的首饰和谐。

(4)符合习俗。不同的地区、不同的民族,佩戴首饰的习惯做法也有所不同,要了解并且尊重。

三、仪态礼仪

仪态是指人在行为中表现出来的姿势,主要包括站姿、坐姿、步态等。"站如松,坐如钟,走如风,卧如弓",是中国传统礼仪的要求,在当今社会中已被赋予了更丰富的涵义。

(一)站姿

站姿是指人的双腿在直立静止状态下所呈现出的姿势。站姿是步态和坐姿的基础,一个人想要表现出得体雅致的姿态,首先要从规范站姿开始。得体的站姿的基本要点是:双腿基本并拢,双脚呈45°到60°夹角,身体直立,挺胸,抬头,收腹,平视。所谓"站如松",是指人的站立姿势要像松树一样直立挺拔,双腿均匀用力。得体的站姿给人以健康向上的感觉,不好的站姿如低头含胸、双肩歪斜、依靠墙壁、腿脚抖动等会给人以萎靡不振的感觉。

工作场合可以根据自身条件,从以下站姿中选择。

(1)外交官式站姿:双腿微微分开,挺胸抬头,收腹立腰,双臂自然下垂,下颌微收,双目平视。

(2)服务员式站姿:挺胸直立,平视前方,双腿适度并拢,双手在腹前交叉,男性右手握住左手腕部,女性右手握住左手的手指部分,双腿均匀用力。

(3)双手背后式:挺胸收腹,两手在身后交叉,右手搭在左手腕部,两手心向上收。

(4)体前单屈臂式:挺胸收腹,左手臂自然下垂,右臂肘关节屈,右前臂至中腹部,右手心向里,手指自然弯曲。

站姿可以随着时间地点身份的不同而变化,但一定要自然大方,并且适合自己的外在和内在特点。

（二）坐姿

坐姿是指人在就座以后身体所保持的一种姿势。得体的坐姿的基本要点是：上身挺直，两肘或自然弯曲或靠在椅背上，双脚接触地面（跷脚时单脚接触地面），双腿适度并紧。所谓"坐如钟"，是指坐姿要像钟一样端庄沉稳、镇定安详。

一般情况下，要求女性的双腿并拢，而男性双腿之间可适度留有间隙。双腿自然弯曲，两脚平落地面，不宜前伸。在日常交往场合，男性可以跷腿，但不可跷得过高或抖动。女性大腿并拢，小腿交叉，但不宜向前伸直。如女性着裙装，应养成习惯在就座前从后面抚顺一下再坐下。根据不同的场合和不同的座位，坐的位置可前可后，但上身一定要保持直立。

工作场合可根据自身条件，从以下坐姿中选择。

（1）正襟危坐式：上身与大腿、大腿与小腿、小腿与地面，都应当成直角。双膝、双脚适度并拢。这是最传统意义上的坐姿，适用于大部分的场合尤其是正规场合。

（2）大腿叠放式：两条腿在大腿部分叠放在一起，位于下方的一条腿垂直于地面，脚掌着地，位于上方的另一条腿的小腿适当向内收，同时脚尖向下。女性着短裙不宜采用这种姿势。

（3）双脚交叉式：双脚在踝部交叉。交叉后的双脚可以内收，也可以斜放，但不宜向前方远远直伸出去。

（4）前伸后屈式：双腿适度并拢，左腿向前伸出，右腿向后收，两脚脚掌着地。

以上坐姿男女均可采用，以下两种为女士坐姿。

第一种是双腿斜放式：双腿完全并拢，然后双脚向左或向右斜放，斜放后的腿部与地面约呈45°夹角。

第二种是双腿叠放式：双腿一上一下交叠在一起，两腿之间没有间隙，双腿或斜放于左侧或斜放于右侧，腿部与地面约呈45°夹角，叠放在上的脚尖垂向地面。女士着裙装可采用这种方式。

（三）步态

步态是指一个人在行走过程中的姿势，也可叫做走姿。它以人的站姿为基础，始终处于运动中。站姿体现的是一种动态美。得体的步态的最基本要点是：抬头挺胸，上身直立，双肩端平，两臂与双腿成反相位自然交替甩动，手指自然弯曲，身体中心略微前倾。

所谓的"行如风"，是指行走动作连贯，从容稳健。步幅、步速要以出行的目的、环境和身份等因素而定。协调和韵律感是步态的最基本要求。

女士在较正式的场合中的行路轨迹应该是一条线,即行走时两脚内侧在一条直线上,两膝内侧相碰,收腰提臀、挺胸收腹,肩外展,头正颈直收下颌。男士在较正式的场合中的行路轨迹应该是两条线,即行走时两脚的内侧应是在两条直线上。

不雅的步态会给人留下很不好的印象,如左右摇晃、弯腰驼背、左顾右盼、鞋底蹭地、八字脚、碎步等等。

(四)聋人大学生举止行为的禁忌

(1)在众人之中,应力求避免从身体内发出各种异常的声音;咳嗽、打喷嚏、打哈欠应侧身掩面后再为之。

(2)公共场合不可用手抓挠身体任何部位,如抓耳挠腮、挖耳鼻、揉眼搓泥垢、随意剔牙、修剪指甲、梳理头发等,需要时可上洗手间。

(3)应尽量避免蹲姿,倚墙靠墙而立。

(4)公开露面前,须把衣裤整理好,尤其是出洗手间时应和进去时保持一致。

(5)参加正式活动前,不宜吃有刺激性气味的食物,如葱、蒜、韭菜、洋葱等。

(6)切忌行走时冲撞到别人而不道歉,或肆意舞动手臂。

(7)避免坐姿不端,张开双腿或抖动双腿。

(8)避免上课或开会时用手指频频敲击桌面。

(9)参加外事活动时,事先未征得对方同意不宜与外宾合影。

第三节　聋人实用社交礼仪

一、日常交往礼仪

在日常生活实践中,不可避免地用到一些最基本的交际礼仪,如介绍礼仪、会面礼仪、称谓礼仪以及使用公共设施的礼仪等。掌握一定的日常交往礼仪,会使聋人大学生的学习、生活避免很多不必要的麻烦,也会使自己显得有修养,从而带来人际关系的和谐与顺畅。

(一)聋人介绍礼仪

介绍是一切社交活动的开始,是人际交往中与他人沟通、建立联系,增进了解的一种最基本、最常见的形式。通过自己主动沟通或者通过第三者从中沟通,使交往双方相互认识,建立联系,加强了解和促进友谊。

许多聋人喜欢结交新朋友,在交际场合结识朋友,可由第三者介绍,也可自我介绍相识。为他人介绍,要事先了解双方是否有结识的愿望。无论自我介绍或为他人介绍,作法都要自然。介绍到具体人时应有礼貌地以手示意,但不要用手指指向对方,更不要用手拍打别人。在社交场合遇到过去熟悉的领导或长辈要表示尊重,一般不要匆忙前去打招呼,待对方主动表示,再作相应表示。聋人初次相识时,喜欢互相问是否上过聋校,哪个聋校毕业,是否认识聋人圈里的头儿或比较活跃的人物等。聋人爱询问对方是否有对象、是否结婚,热心牵线是中国的风俗,中国聋人也喜欢为聋人牵线,谈聋人之间怎么相处,聋人怎么和健听亲戚沟通等问题。聋人在交谈的人中若有熟悉的,可上前打招呼,熟人可顺便将他(她)介绍给其他朋友,聋人通过熟人引见结识新朋友的情况最常见。在这些场合,亦可作自我介绍,讲清姓名、身份、学校及专业班级,对方则会随后自行介绍,为他人介绍时,还可说明与自己的关系,便于新结识的人相互了解与信任。可留下名片、手机号码、邮箱或QQ号码等联系方式,以便今后来往。如果无意结识,则只言片语,点头示意即可。

(二)聋人会面礼仪

在交往中,相识者之间和不相识者之间往往在适当的时候,需要向交往对象行礼,以表示自己对对方的敬意、友好和尊重,这就是所谓的会面礼,是人们见面时约定俗成的互行礼节。人与人会面时,应有积极的态度,并主动上前,以动作和言语相互问候。由于各国、各民族、各地区历史、文化传统和风俗习惯的不同,人们所采用的会面礼往往也千差万别。其中,握手礼是我国乃至世界最通行、最普遍采用的礼节形式。

握手礼多用于见面时的问候与致意。对久别重逢和多日未见的老朋友,以握手表示对对方的关心和问候;人们彼此之间经过他人介绍相识,通过握手,向对方表示友好和愿意与对方结识的心情;告别时,以握手感谢对方,表示愿意保持联系、再次见面的愿望。

聋人遇见朋友一般要先打招呼,然后相互握手,寒暄致意。握手时双眼要注视对方,右臂自然向前伸出,与身体呈五六十度角。手掌向左,掌心微向上,拇指与手掌分开,其余四指自然并拢并微向内曲。

握手讲究伸手的先后次序,应由主要者、年长者、身份高者、妇女先伸手,客人、年轻者、身份低者见面先问候,待对方伸手时再予以响应,而贸然抢先伸手是失礼的表现。多人同时握手注意不要交叉,待别人握完再伸手。男子在握手前应先脱下手套。

男士同女士握手要等女士先伸手之后再握,往往只握一下妇女的手指部分,且不宜太紧、太久。关系亲密的则边握手边问候,甚至两手长时间握在一起。在一般情况下,握一下即可,不必用力。但年轻者对年长者,身份低的对身份高的则应稍稍欠身,双手握住对方的手,以示尊敬。

握手不仅是一个见面的礼节,还是一种祝贺、感谢或相互鼓励的表示。如对方取得某项成绩与进步时,对方赠送礼品时以及发放奖品、奖状、发表祝辞讲话后等,均可以握手表示祝贺、感谢、鼓励等。

(三)聋人称呼(谓)礼仪

称呼即称谓,指的是人们在日常交往应酬时,用以表示彼此关系的名称用语。无论是在口头语言,还是在书面语言中,称呼对交往都十分重要。称呼的运用与对待交往对象的态度直接相关,人际交往中,选择正确、适当的称呼,反映着自身的教养、对对方尊敬的程度,甚至还体现着双方关系发展所达到的程度和社会风尚,因此对它不能马虎大意,随便乱用。在交往中,我们要注意学习、掌握称呼的基本规律和通行的做法。

聋人选择称呼要合乎常规,要照顾被称呼者的个人习惯,入乡随俗。在工作岗位上,人们彼此之间的称呼是有其特殊性的,要庄重、正式、规范。

(1)职务性称呼:以交往对象的职务相称,以示身份有别、敬意有加,这是一种最常见的称呼。有三种情况:称职务、在职务前加上姓氏、在职务前加上姓名(适用于正式场合),如某院长、某书记等。

(2)职称性称呼:对于具有职称者,尤其是具有高级职称者,在工作中直接以其职称相称。称职称时可以只称职称、在职称前加上姓氏、在职称前加上姓名(适用于十分正式的场合),如某教授等。

(3)行业性称呼:在工作中,有时可按行业进行称呼。对于从事某些特定行业的人,可直接称呼对方的职业,如老师、医生、会计、律师等,也可以在职业前加上姓氏、姓名。

(4)性别性称呼:对于从事商界、服务性行业的人,一般约定俗成地按性别的不同分别称呼"小姐"、"女士"或"先生","小姐"是称未婚女性,"女士"是称已婚女性。

(5)姓名性称呼:在工作岗位上称呼姓名,一般限于同事、熟人之间。可以直呼其名;只呼其姓,要在姓前加上"老、大、小"等前缀;只称其名,不呼其姓,通常限于同性之间,尤其是上司称呼下级、长辈称呼晚辈,在亲友、同学、邻里之间,也可使用这种称呼。

(四)聋人使用公共设施礼仪

在社会生活中,聋人少不了使用公共设施,如乘地面公共交通工具、乘电梯、参观博物院、美术馆等,聋人都要遵守一些规范,讲究公共场所礼节。

(1)乘坐公共交通工具。应当互敬互让,应主动将座位让给老人、儿童、孕妇以及病人;应该把瓜果皮壳等扔在车内垃圾箱里;不要在公共汽车上吸烟;雨天乘车,请带好伞袋,把雨伞放到事先准备好的伞袋里;当在公共交通工具上提较大的包裹或袋子的时候,应尽可能地和别人保持一点距离,以免碰到别人等;乘坐出租车时,乘客应当坐在后排;一女二男时,女的坐边上,不坐中间;应照顾长辈和女士先上车,下车一般是男士或晚辈先下,然后照顾长辈或女士后下;注意带好随身物品,不要将垃圾、废弃物留在车上。

(2)使用公共洗手间。由于公共场所的洗手间是众人共用的,所以在使用时就必须遵守规则,以免影响下一位使用者的情绪。

不论男女,在洗手间都有人占用的情况下,后来者必须排队等待,应该是在整排的洗手间最靠外处排队,一般是右入口处,按先来后到依序排成一排,一旦有其中某一间空出来,排在第一顺位的自然拥有优先使用权。用洗手间时一定要关上小门,用完后不用关门。

洗手间最忌讳肮脏,所以在使用时应尽量小心。有些人有不良习惯,不愿意善后,那就会殃及下一位使用者。女性卫生用品千万不要顺手扔入马桶中,以免造成马桶堵塞。其他诸如踩在马桶上使用、大量浪费卫生纸的行为都是欠妥的。

在火车、飞机、轮船、游览车等交通工具上,洗手间是不分男女的,大家共用,男女一起排队是很正常的,此时无须讲究"女士优先"。

(3)搭乘电梯。高层住宅、宾馆饭店以及公共场所都设有电梯,上下电梯时不要争先恐后,应依次进出。在搭乘拥挤的电梯时,如果你站在最外面,一旦电梯门开启,即使不是你的目的地,也应主动先站出去,以便后面的人能够有较宽广的空间走出来。如果都到达同一层,门打开后,站在最外面的人应该马上步出电梯,为后面的人提供方便。

按照传统,男士通常是要让女士先出电梯,电梯中绝对禁止吸烟,在狭小的电梯空间里,最忌讳有凝视他人的行为。

(4)参观博物院、美术馆。进入场馆时,大型背包、雨伞等一律要寄存,这是怕人们携带的物品刮碰到艺术品,无法补救。场馆内禁烟、禁食、禁饮以保持参观场地的整洁。

为了保护珍贵的艺术品或出土文物,几乎所有的场馆都禁止使用闪光灯,严禁用手触摸艺术品或古物,以免有任何可能的意外发生。在参观过程中,聋人应避免过于激烈的肢体动作,切忌手语交谈幅度过大而影响其他参观者,行进中需缓步前行,避免冲撞别人。

(5)商场购物。进入商场时,要注意个人着装得体。在超市中挑选商品时要注意将物品摆放整齐,不要损坏物品。使用超市提供的手推车时,要注意停放的位置,不要妨碍他人,结完账后应将其推回原处。

二、社会交际礼仪

在日常生活中,优美、得体地运用社会交际礼仪会使一个人更具魅力。作为当代聋人大学生,有必要了解有关正式社交场合应用的礼仪规范,例如有关拜访、聚会、宴请、馈赠等方面的礼仪。学习这些礼仪常识,可以帮助聋人大学生更好地提升自信,文明交往。

(一)聋人拜访礼仪

拜访又叫拜会、拜见,就是指前往他人的工作单位或住所,去会晤、探望对方,双方进行接触。在拜访活动中,主客双方都要遵守礼仪的规范,拜访活动才能圆满成功。

1. 客随主便

在拜访、做客时,做一个深受欢迎的客人并不容易。讲究做客的礼仪,最重要的是尊重主人,做到客随主便。

(1)事先有约。去他人的工作单位或住所拜访人家,必须事先有约定,不应随时、随意不邀而至,成为打扰对方工作和生活计划的不速之客。有约在先,是做客拜访礼仪中最主要的一条。约定时间和地点,应以主人方便为前提,主人提出的方案应予优先考虑。

(2)做好准备。拜访都有一定的目的性——需要商量什么事情,拟请对方做哪些工作,自己需要做些什么准备,如何同对方交谈,穿着什么服装,是否带上适当的礼品等等,事先都应当做认真的设想和安排,避免"临时抱佛脚"。

(3)遵守时约。约定拜访时间和人员后,务必认真遵守,不可轻易变更。如果万一有特殊原因不能按时赴约或要取消拜访时,一定要尽快通知对方,千万不要让对方空等。拜访对方,最好准时到达,既不要早到,也不要晚到。

(4)上门有礼。拜访他人时,不论是办公室还是住所,进门之前都要先敲门或按门铃。敲门的声音不要太大,轻敲两三下即可,聋人因为自己听不到声音,敲门声总会很大,所以要注意讲究敲门的艺术;按门铃的时间不要太长,次数不可过多,待门开时再向前迈半步,与主人相对,待主人允许后进入。如果主人是年长者或上级,主人不坐,自己不能先坐;主人让座之后,要口称"谢谢",然后采用规矩的礼仪坐姿坐下;主人递上烟茶要双手接过并表示谢意;主人献上果品,要等年长者或其他客人动手后,自己再取用。

(5)做客有方。拜访时,态度要诚恳大方,言谈要得体,不要颠三倒四不得要领。不要让客气话占去太多时间,要尽快接触实质性问题,紧紧围绕拜会的主题,争取达到满意的目的和效果。同时,还要注意主人的态度、情绪和反应,注意自己的行为举止符合礼仪的要求,限定自己的活动范围,未经主人允许,不要到其他房间走动,不触动室内物品或陈设,不要对主人家的个人生活和家庭情况过度地关心,否则就是失礼的表现。

(6)适时告辞。在同主人交谈的过程中,如果发现主人心不在焉,或有其他事情,或已到约定时间,应主动提出告辞,即使主人有意挽留,也应坚辞而去,不要犹豫不决。通常一般性的拜访不要超过一个小时,初次拜访不要超过半个小时为好。出门后,不要任凭主人远送,应主动请主人"留步"并握手告别,以示感谢。

2. 主随客便

作为主人,要发扬礼貌待客这一中华民族的传统美德,对待客人要主动、热情、周到、善解人意。待客之道最重要的就是要待客以礼,做到主随客便。

(1)认真准备。如果已经约定好客人来访,就要提前做好各方面的准备。如搞好室内卫生;注意个人的仪容和着装;准备好待客的物品等。切忌主人蓬头垢面,衣冠不整,室内乱七八糟,让客人难以入座。

(2)热情迎接。与客人相见,应热情地同客人握手、问候并表示欢迎。如有同事、家人或其他客人在场,主人也应予以相互介绍,不能爱答不理,怠慢客人。进入房间后,主人要引导客人进入客厅,安排其就座。主人应把"上座"留给客人,就座时,为了表示对客人的尊重,应请客人先行入座。

(3)以礼待客。有客人在,客人就是最重要的,要分清主次,一心一意地对待客人,不要冷落客人;同客人交谈要精力集中,表现浓厚兴趣,不要表现心不在焉或使交谈冷场;要热情地招待客人,敬茶、递烟、送水果;对客人都要一视同仁、平等待人。切忌在客人面前摆架子、爱答不理、无精打采,或看书、看报、看电视、打电话,或忙家务、训斥孩子、与家人聊天等,把客人冷落到一旁,让人理解为逐客。

(4)礼貌送客。当客人提出告辞时,主人应真诚挽留,如客人执意要走,主人应尊重客人意见。不要在客人未起身前,主人先起身相送,也不要主动先伸手与客人握手告别,让人感觉有厌客之嫌。同客人告别时,要与之握手,对来访表示感谢并道"再见"。客人离去时,要挥手致意,目送客人远去。

(二)聋人聚会礼仪

在社会交往中,聚会也是一种经常的、极为流行的交际形式。由于聚会形式多种多样,内容丰富灵活,可以广泛地交流信息,结识朋友,增进友谊,所以深受聋人的喜爱和欢迎。聚会采取的活动方式多种多样,可以有讨论会、座谈会、聚餐会、酒会、生日派对、联欢会、节日晚会、舞会等等。聋人聚集在一起吃饭,更喜欢选择火锅、自助餐等,因为平时聋人电话交流不方便,所以聚餐的时间会长些。聚餐时聋人更喜欢围坐,而不习惯并排连成一条直线坐着。若两个聋人吃饭,则习惯面对面坐着,便于手语交流。

任何一种形式的聚会,都要提前做好各项准备工作,才能保证活动取得圆满成功。一般情况下,应事先议定聚会的时间、地点、形式、主人和参加者。聚会的议定可以是一个人提议,也可以是参与者群策群力,共同商定。

作为聚会的主人,当确定聚会的时间、地点、形式和参加者之后,要着手做好准备工作。要布置好聚会举办的场所,准备好活动需要的各种物品和活动的议程安排,完成迎接其他参与者到来的一切准备。

作为参加者要根据不同的聚会形式,按礼仪规范的要求去做。

(1)做好聚会的准备。作为参加者,在参加活动之前,要根据不同活动形式的要求,对自己的仪容仪表和服饰进行必要的修饰与斟酌。男士应理发、剃须、换好西服套装或休闲装;女士应做发型、化妆、换上时装套裙或休闲装。

(2)恪守时间。参加聚会要遵守时间,按时赴约,不得无故迟到、早退或爽约。聚会是一种社交活动,参加者无故迟到、早退或者失约,不仅浪费了他人的时间,也是失敬于人,失信于人的,这些都是社交的大忌。万一有特殊情况难以准时到达或不能参加,要及时通知主人,并向大家表示歉意。

(3)讲究聚会礼仪。聚会是一种重要的社交活动,每个参加者都要衣着得体,精神开朗乐观,奋发向上,行为举止温文尔雅,谈吐落落大方,为人宽厚大度,谦虚诚恳,给参加者留下良好的印象并赢得大家的信任。在聚会中,要主动与他人交谈,除了老朋友以外,应主动扩大自己的交际范围,更多地结识新朋友。同人交谈,要诚恳虚心,既要主动发表自己的见解和主张,也要善于向他人学习和请教。以开阔视野,增长见识。

要多体谅主人,主动帮助主人做一些事情。参加聚会时,要先问候主人,聚会结束后,向主人告别后方可离去。聚会中即使有些事情不尽如人意,也不要说三道四,当着他人的面对主人指责非议,让主人难堪。只有遵守聚会的礼仪规范,才能得到更多的朋友,取得社交聚会的成功。

(三)聋人参加联谊活动礼仪

联谊会是一种深受聋人大学生欢迎的交流活动。大一新生刚步入大学校门,很多同学还未适应新的学习环境以及学习方法,作为已大二的"老生"通过交流互动,给新生传授行之有效的学习经验以及大学生活经验,让他们更好地适应新环境,更快地融入多姿多彩的大学生活中来。

参加联谊会可以帮助新生尽快熟悉校园,以一个良好的状态进入新角色,为以后的大学生活打下基础。通过联谊会能结识朋友、扩大交际,联谊活动不仅仅为了丰富学习生活,更是为了活跃校园文化,培养聋生能力,促进思想交流.展示青春风采。因此,联谊礼仪就显得尤为重要。聋生参加联谊会,按如下基本礼仪规范的要求去做。

(1)容貌整洁,服饰得体。参加联谊会前一定要洗澡、漱口、理发,不要吃葱、蒜等食品,以防止身体产生怪异之味;服饰要同环境、气氛相协调,最好统一着装,身穿校服.佩戴校徽;注意整洁,精神振作,面带笑容,举止大方。

(2)文明礼貌,情趣高雅。在联谊活动中,要讲文明讲礼貌,自己一方应谦虚,对对方要礼让;活动的内容要健康向上,既给人以美的享受,又使人从中受到教益,切不可为了使气氛活跃而有无趣之言或无聊之举。

(3)互相配合,积极参与。联谊活动不应该有旁观者,要积极参与,切忌冷眼旁观,同学们要谦虚自重,又不忸忸怩怩;要热情主动,又不各行其是;要落落大方,又不哗众取宠。每个聋生对别人的表演或主持的活动都应表现出应有的尊重,时时以掌声鼓励,而不可嗤笑、讥讽,甚至侮辱他人。在自由交流过程中,要尽量使气氛轻松、融洽,围绕对方的兴趣点求同存异,并围绕主题交换意见。

(4)善始善终,圆满结束。活动主持人宣布活动结束,应主动留下各自的联系方式,起身互相道别祝好。送走来宾后,应立即主动清扫场地。总而言之,要使整个活动善始善终,给人留下无穷回味。

(四)聋人出席晚会、观看演出礼仪

出席晚会、观看文艺演出和体育表演是社会活动中经常参加的社交活动。聋人作为观众,出席文艺晚会,要遵守下列礼仪要求。

(1)注意仪容和服饰。观看演出,参加者首先注意自己的仪容。适当的修饰、化妆、整理发型、保证面容的整洁是必要的。

(2)提前入场、对号入座。观看演出,一条重要的规定是演出一旦开始,观众便不应再陆续入场,而应等候演出中场休息或幕间才能再进场,且演出结束前不得提前退场,否则会影响演出效果并妨碍其他观众对节目的欣赏。因此,观众应提前15分钟入场,以存放衣帽、购节目单、寻找座位、熟悉环境、稍做休息,做好观看节目的准备。

(3)遵守秩序。为保证演出顺利、成功,每个观众都要遵守公共秩序。如演出开始后,不要随便走动,不要打手势;不要大声咳嗽、打哈欠或打喷嚏;不要使用通信工具。

(4)尊重演员。每个节目或一幕终了时,应热烈鼓掌、对节目表示肯定,向演员表示支持和感谢。在节目进行中不要鼓掌,这样做不仅失礼,也是缺乏教养的表现。对于演出中出现的问题或个别演员的失误,观众应予以谅解,不要采取不礼貌的行为,让演员下不来台。演出全部结束后,应起立鼓掌,表示祝贺和感谢。演员谢幕后,方可有秩序地退场。

(五)聋人宴请礼仪

宴请是待客的一种重要礼仪,大至国宴,小至私人宴请,生活中每个人都有当主人和做客的经历。恰到好处的宴请,会为双方的友谊增添许多色彩。出席正式宴会,必须遵守宴会的礼仪规范,注意自己的文明举止。

(1)修饰仪容仪表,掌握好赴宴时间。出席正式的宴会,要注意修饰个人的仪容仪表,做到整洁大方。出席宴会活动,应在正点或提两三分钟到达,比规定时间提前五分钟以上到,对主人是不礼貌的。席间确有事需提前退席,应向主人说明后悄悄离去,或事前打好招呼,届时离去。

(2)文明进餐,举止得体。在宴请排位就座时,客人要遵从主人的安排,并注意与其他人谦让。入座后,脚放在本人座椅下,不要伸出或架起"二郎腿"乱颤。不可玩弄桌上的酒杯、盘碗、筷子等餐具。进餐时,取菜不要盛得太多,如不够,可以再取。如果主人为你夹菜,要说"谢谢"。进餐动作要文雅,要闭嘴咀嚼,不要发出声音。嘴内有食物时,切勿讲话。热汤不要用嘴吹,喝汤不要咂嘴。注意自己的吃相,既不要狼吞虎咽,也不要过细过慢,更不要吃得摇头晃脑,汗流满面。当主人起身祝酒时,应暂停进餐,注意倾听。碰杯时,主人和主宾先碰。人多时可同时举杯示意,不一定碰杯。饮酒不要过量,可敬酒,但不要硬劝强灌。散席之后,客人告辞要表示感谢。

(六)聋人馈赠礼仪

馈赠即赠送礼品,它是聋人人际交往中一种最常见友情、敬重和感激的方式。馈赠的目的在于沟通感情和保持联系,所以它不仅是一种方式,更为重要的是馈赠者的人品和诚意。要恰如其分地做到这一点,馈赠的一方必须注意馈赠礼仪。

(1)选择合适的礼品。俗话说"千里送鹅毛,礼轻情意重",这就告诉人们,赠送礼品不在多少,而在双方之间的情义。馈赠之前,要对礼品进行认真的选择。馈赠者要考虑受礼者的性别、喜好及其家庭的情况,挑选具有鲜明特色的、能够使其经常看见或经常使用的礼品。

(2)选择适当的时机。一般来说,礼品可以随时送给对方,可是有些礼品如果选择好赠送时机就会有更好的效果。比如,聋人喜欢给朋友送生日或新年礼物,礼品一定要提前买,在生日或节日前或当天送给对方。

（3）选择精美的包装。送礼，许多话都表现在"礼"上，所以对礼品的包装一定要讲究。聋人大学生送给亲朋好友的礼品在于诚挚的心意，没必要选择过于贵重的礼品。

三、学校礼仪

学校，作为教书育人的专门场所，礼仪教育是德育、美育的重要内容。学校礼仪是学校师生员工之间在校相处时待人接物的礼貌行为及应有仪表仪态的行为规范要求。这些礼仪要求不仅是一个聋人大学生应遵守的日常行为规范，而且是对做人的基本要求，聋人大学生应当了解、掌握这些礼仪。

（一）课堂礼仪

遵守课堂纪律是最基本的礼貌要求。聋生应在课前十分钟预备铃响时进入教室，作好上课的准备，端坐恭候老师到来。迟到的聋生要把由于自己迟到而对课堂秩序造成的影响减小到最低的限度。聋生在上课时应当认真听讲，这不仅是学习的需要，同时也是尊重老师辛勤劳动的需要。上课不要东张西望，打手语说话，甚至当堂睡觉。

老师在上课时间向聋生提问时，每个聋生都应懂得教师提问的积极意义，并要正确、礼貌地对待老师的提问。聋生如要回答问题，首先应该举手，要在教师点到自己的名字时，方可站起来回答。切不可坐在座位上，就随便打手语发言，在老师未点到自己名字时，也不要抢先答话。在起立回答问题时，站姿、表情要大方，不要搔首弄姿或者故意做出滑稽的举止引人发笑。打的手语要准确、清晰、简洁，使老师同学看清楚。在同学回答教师的提问时，不应随便插话。如果同学回答错了，或者回答不出时，切不可在旁边讥讽嘲笑。

（二）图书馆礼仪

聋人大学生进入图书馆，首先要保持安静；按次序凭借书证借书，阅毕及时归还；爱护图书和其他公物，不损毁图书，切勿在书上乱涂乱画；开架的图书杂志，阅毕要放回原处；不要在阅览室里大吃大嚼，或吸烟；不要一个人占几个人的位子；要尊重图书管理员，在电子阅览室服从管理人员的管理；不能利用图书馆电脑进行网上非法或不道德的活动。

（三）食堂礼仪

文明就餐，有序取食，不争先恐后、插队，不多占、抢占座位；不高声喧哗，注意谦让，使用礼貌用语；坐相端正，咀嚼和喝汤声音不要过大；动作幅度要轻，如发生无意碰撞应互相主动道歉；厉行节约，按量取食，反对浪费；实在吃不完的饭菜应倒在指定地点,不能倒在地上、桌上;饭后自觉将餐具放回指定地点。切忌用手指掏牙,应用牙签,并以手或手帕遮掩;避免在餐桌上咳嗽、打喷嚏。

(四)宿舍礼仪

尊重宿舍管理人员,积极配合宿舍管理员的工作。宿舍成员之间相互尊重人格、思想观念和行为习惯,互相团结帮助。养成良好的个人卫生习惯,衣服、被褥、蚊帐、床单等定期清洗,室内墙壁不乱贴乱画,长期保持宿舍清洁。每天起床后自觉解下蚊帐并折叠好,被子、毛毯叠整齐,衣服、鞋子、茶杯、水壶、饭盒、书籍等物品应放整齐。未经他人同意不擅自翻动或取用他人物品,尊重他人隐私。到宿舍拜访应事先预约,到访时先敲门,聋人切忌敲门声过大,更不能用手捶门,经室内人员同意后方可进入宿舍。拜访时间不宜过长,打手语交流有时会出声,注意发出的声音要小,不要影响他人。

(五)参加学术报告会礼仪

参加学术报告会时,聋人大学生应衣着整洁、仪表大方。遵守集会纪律,做到准时、有序,依会议安排落座。开会时应认真听讲,不要私下打手语说话。尊重报告人,适时向报告人表示敬意。中途退场应轻手轻脚,不影响他人。聋生自由发言或提问要注意礼貌,要求发言先举手,提问要尽量使用规范手语,手语要幅度大些,注意简洁、清楚。

(六)与老师交往的礼仪

(1)聋生见到老师要礼貌地打招呼。无论何时何地,见到老师都要问声好,说声"老师早"或"老师好"。

(2)如果在楼口或狭窄的通道上碰见老师,应侧身让老师先行;和老师一起外出,乘坐交通工具时,聋生应照顾老师,请老师先上;有空位,应请老师先入座。

(3)在和老师说话时,聋生应主动请老师坐。若老师不坐,聋生应该和老师一起站着说话。若老师请聋生坐,则聋生可以和老师坐着说话。在和老师说话时,聋生无论是站着还是坐着,都应该姿势端正,不可东张西望,不可抓头摸耳,不可抖腿搁脚。聋生还应该双目凝视着老师,认真地听老师说话。

(4)聋生进老师的办公室时,应先敲门,经老师允许后方可进入。在老师的工作、生活场所,不能随便翻动老师的物品。聋生对老师的相貌和衣着不应指指点点,评头论足,要尊重老师的习惯和人格,聋人习惯用手语以老师的外貌特征来称呼老师,注意不要使用不雅的绰号手势称呼老师。

(七)与同学交往的礼仪

聋人大学同学来自全国各地,有机会同窗学习得之不易,大家都是住校生,不仅一起学习上课,而且吃、住在一起,相互之间的关系是十分亲密的。讲究同学之间的礼仪礼貌,是聋生获得良好同学关系的基本要求。

(1)真诚友爱,平时遇见同学一定要打招呼。打招呼的方式很多,可以问好、点头、微笑、招手等,要做到热情、诚恳;与同学说话态度诚恳、谦虚,听同学说话要专心,直视同学,不轻易打断别人的话;和同学相处一定要言行一致,表里如一。

(2)正确对待。要正确地对待同学,就必须正确地估价自己,时时处处把自己放在恰当的位置上。聋人切忌妄自尊大,妄自菲薄、忘乎所以都是不切合实际的,是不足取的。

(3)相互尊重。在日常生活中对每一个同学都给予尊重,互相理解、宽容待人、和睦相处,这样有助于培养自己的协作精神。同学之间要平等待人、相互尊重,一言一行、一举一动都要从团结的愿望出发。

(4)借物还物。聋人同学经常在一起,免不了相互之间借用东西,但是必须做到有借有还,聋生借用学习和生活用品时,应先征得同意后再拿,用后应及时归还,并要致谢。

(5)帮助他人。对于同学遭遇的不幸、偶尔的失败、学习上暂时的落后等,不应嘲笑、冷笑、歧视,而应该给予热情的帮助。

(八)恋爱礼仪

聋人大学生要学会认真负责地对待恋爱问题,学习和实践恋爱的知识,遵循基本的恋爱伦理,把握恋爱言行的基本礼仪规范。

(1)以爱情为基础。男女双方的恋爱关系应建立在志同道合的基础上,那种以恋爱为手段,骗取他人感情,以达到某种个人目的行为,是社会道德所不容许的。

(2)相互尊重各自选择的自由与权利。男女之间确定恋爱关系,必须是出自双方的共同意愿。在恋爱过程中,其中一方如果感到不合适,提出中断彼此的恋爱关系重新选择恋爱对象,并非不道德。

(3)真诚相待,忠贞专一,即不同时与数名异性谈恋爱。

(4)高尚的情趣和健康的交往。男女双方对学习、事业与生活理想的追求和进取,会给爱情不断注入新的活力,是感情不可缺少的精神力量。

(5)尊重对方人格,信守责任。恋爱双方既要相互尊重彼此的独立人格,又要承担与恋爱、爱情相互联系的道德责任和义务。恋爱过程中,应该是既要尊重对方的人格,也能保持自己的人格。互尊互爱,自尊自爱,是爱情严肃性、高尚性的表现。

四、电子通信礼仪

聋人最常用的交流方式是手机发短信和网络交流（包括发电子邮件、QQ 聊天等）。短信之所以如此受到聋人的欢迎，其主要原因是它克服了有声语言需要运用听觉进行交流的障碍，克服了地域空间的限制。在短信交流中，聋人使用的是主流社会的语言——书面语，长期使用有利于聋人的书面语能力的提高。

(1) 需要遵守的手机短信礼仪规范：编发短信用字用语规范准确、表意清晰；短信内容后最好留姓名，以使接收方知晓发送人；不编发有违法规或不健康的短信，不随意转发不确定的消息。

(2) 需要遵守的电子邮件礼仪规范：要慎重选择发信对象，传送电子讯息之前，须确认收信对象是否正确，以免造成不必要的困扰；要注意撰写信件内容，电子信件"标题"要明确且具描述性，信件内容应简明扼要。

(3) 需要遵守网络交流礼仪规范：应诚实友好交流，不侮辱欺诈他人；不浏览淫秽、暴力、迷信以及其他违法违规信息；不在网站上发布、转载违法、庸俗、格调低下的言论、图片、信息等；抵制黄色、低俗、诽谤、恶意攻击等不健康的网上聊天、交友、游戏等活动；增强自我保护意识，不随意约会网友；不利用网络知识进行攻击网站网页、盗取钱财和信息等活动，维护网络安全和网络秩序。

五、求职礼仪

求职就业的经历对于聋人大学生来说是一笔宝贵的精神财富。了解未来的工作岗位对于礼仪的规范，把握求职就业对仪容、仪表、衣着、举止、谈吐等方面的礼仪要求，能事半功倍地使聋人大学生最大限度地把握成功的机会。

(1) 面试仪表礼仪：仪容整洁、发型适宜、着装得体。

(2) 面试举止礼仪：准时赴约、尊重接待人员、重视面试礼仪、注意表情礼仪、适时告退、致信道谢。

(3) 面试谈话礼仪：面试时可请手语翻译参与，谈话内容注意礼貌用语，在回答问题时切忌答非所问，注意把握谈话的重点，思路清晰。谈话形式应注意的问题有：如对方懂手语，聋人应聘时应该用标准手语作答，"说话"时态度诚恳、谦逊，切忌随意打断考官的谈话，"说话"时忌狂妄自大、注意"聆听"别人的谈话。

(4) 面试应答技巧：自信是成功应答的首要条件，在应答中要确立对方意识，熟悉常见考题，事先演练。

六、聋人与健听人交往应遵循的特殊礼仪

(1) 聋人应随身携带笔和纸，便于和他人沟通。如与健听人初次见面交流，可

第三章
聋人与礼仪

随身携带一小卡片,上面书写:"我是一位听力障碍者,我不会说话,但能笔谈,希望能得到您的帮助,我十分感谢!"这真诚的话语自然能拉近聋人与健听人的心理距离。

(2)尊重他人,不影响、妨碍他人是礼仪的根本原则。聋人是手语族,当聋人聚集在一起用手语交谈时,应特别注意不要大幅度打手语妨碍他人。比如,在路上遇到朋友手语交谈时不要影响别人、车辆行走;在展览馆聚集交谈时注意不要影响别人观看展品;在影剧院与朋友交谈时注意不要影响别人观看演出等等。聋人打手语时常需配合面部表情,以协助表达或强调手语中的含义,与会手语的健听人交谈时还应注意谈话内容不要涉及疾病等不愉快话题——除非在特定场合,如医院;不谈对方不愿触及的问题,特别要注意避讳隐私;不可用过多、过于夸张的手势,更不能拉拉扯扯,拽着健听人不放,避免引起他人的误解。

(3)健听人社交礼仪中,说话时不可用手直接指着对方,在说"你"时,最多也只是扬扬下巴表示。而聋人手语中:"你。"表情平淡,配之以点头动作;"你?"表情为嘴微张,眼睛睁大,眉毛挑起;"你!"嘴咧开,眉头皱起,眼睛略微睁大,眉毛略微上挑。以上三个手势皆是面对面直接指着对方说的,这是手语视觉语言直观的要素所决定的,所以聋人社交礼仪中允许适当地指指点点。

(4)聋人有时会发出一些声音(但聋人自己听不到也意识不到),因此,在公共场所应力求避免从身体内发出的各种异常的声音,咳嗽、打喷嚏、打哈欠,均应侧身掩面再为之。如聋人和健听人说话时,有些聋人只打手语不发声,而有些聋人则不由自主发声,发声者中有些声音较柔和,而有些声音很刺耳但自己却毫无察觉。因此,聋人需把握好发音的合适场合,注意尽量避免发出刺耳声音,特别是在重要集会或召开会议的场所应避免制造"噪音",影响环境。聋人在公共场所走路注意要轻;敲门、观看电视声音注意不要过大;关门时要用手带一下门;放东西、搬移桌椅等物品时要轻移轻放,避免影响他人。

(5)聋人喜欢用拍打对方的肩膀、胳膊或跺脚震动地板等方式引起对方的注意,必要做此类动作时要轻柔,切忌力度、强度过大。

(6)聋人给健听人收发手机短信也应注重用语的文明。要注意在信息末尾标明自己的名字,给领导、老师或长辈发信息时一定要使用礼貌用语"您"。

(7)聋人要注意表情礼仪。人的喜、怒、哀、乐、恐惧、愤怒、厌恶、蔑视等都是通过表情来传达的。表情礼仪中使用频率最高的是人的眼神和笑容,很多聋人都是通过眼神来与健听人交谈的,表示自己是重视对方的谈话,聋人在与健听人交谈时,注意谈话要自然、和蔼、面带微笑,不要随便打断别人的讲话或者不顾时机地插话。交谈时应目视对方,不要显得漫不经心,或总看手表。切忌直勾勾地盯住对方、上下打量、左顾右盼。此外,微笑的聋人总是不容易让健听人拒绝的,在与健听人交往中也要多露点笑容。

(8)聋人参加会议时,对会议上的发言要专注而认真地"倾听"——即专心看字幕或手语翻译,不要左顾右盼,更不能旁若无人地在下面与他人用手语交谈。总之,专心致志地听讲,对发言人是一种尊重。

七、健听人与聋人交往的礼仪

(1)在社交场合,如有聋人在场,请及时将大家交谈的内容转达给聋人朋友,免得引起猜疑或误解。请以信任、友好的心态和表情面对他们,消除他们自卑、戒备的心理,对于聋人特殊的困难要给予及时的帮助。

(2)在当今信息时代,聋人也在广泛地使用手机短信进行社交联络,我们给聋人发短信要注意语言的言简意赅和文明礼貌用语。

(3)与聋人交谈时,应微笑地提前打招呼,多注视他的眼神和手势,如看不懂他们的手语,可进行笔谈。

(4)与聋人交谈时,直接把自己要说的事情说出来,不要拐弯抹角,应直截了当,直入主题,这样双方就能根据实际需要自然、顺畅地交流。要避免用晦涩、幽默或说反话等方式与他们交流,免得引起误解,诚恳仍然是与聋人沟通的根本。

(5)和聋人谈话时,要注意眼神的交流。眼睛要注视聋人,如与多个聋人讲话要经常扫视,便于聋人都看到表情和口型,也是注意到聋人是否参与其中所必需的。如果总不看聋人,聋人会误解为你不理睬他,冷落他。

(6)要在聋人目光注意到你时打手语。和聋人交流时,首先要想法引起他的注意,让他看到你。可以向他挥挥手,或请别人向他挥手让他把目光转向你。也可以轻轻拍拍他们的肩膀,或者拍拍桌子,引起他的注意。有时他在与别人交流,等他谈完了再挥手、再拍他,要有一定的耐心。

(7)用手语与聋人交流,请注意打手语的准确性和表情的配合,注意利用表情,而且要正确利用表情。面部表情也是手语表达的一部分,表达高兴的事,就用愉快的表情,表示不懂的事,就用疑问的表情,表示不高兴的事,就用不高兴的表情。不能没有表情,更不能用错表情。比如说"等一等"和"活该"的手语,打得不准确就容易造成误解,这两个词的手语所配合的表情也大不一样,要表达"等一等"时一般面带微笑,而表达"活该"的手语,肯定是生气、愤怒的表情。

(8)在与聋人交流时,要注意光线。不要在暗的地方交流,也不要在让你的背景光太强的地方,如不要在明亮的窗前交流,这样他可能看不清你的手语和表情。

综上所述,中华民族的礼仪文化历史悠久、灿烂丰富,是我们的骄傲和自豪。

现代社会的激烈竞争,更需要人们掌握规范的礼仪,特别是将要融入主流社会的聋人大学生更是如此,在任何时候、任何场合聋人大学生都应做到知礼、守礼和用礼,不断充实自己,完善形象,以改进自己的人际关系,实现自身在社会中的存在价值。

第四节 聋人礼仪典型案例

一、东西方礼仪差异的案例分析

【案例介绍】

刘某,男,22岁,聋人,某高校三年级大学生。

刘某性格开朗,口语能力强且能熟练运用英语和外宾进行日常会话简单交流。

一天,一辆黑色轿车向学校驶来,司机将车停靠在学院楼前,小刘作为迎宾接待人员看到后排坐着两位男士、前排副驾驶座上坐着一位身材较高的外国女宾。小刘一步上前,以优雅动作,先为后排男宾打开车门。关好车门后,小刘迅速走向前门,准备以同样的礼仪迎接那位女宾下车,但那位女宾满脸不悦。小刘茫然不知所措。这位女宾为什么不悦?小刘错在哪里?

【案例分析】

由于各国国情、文化和习惯的不同,西方礼仪同我国礼仪有较大的差异。在西方国家例行"女士优先",在社交场合或公共场所,男子应经常为女士着想,照顾、帮助女士。诸如:人们在上车时,总要让妇女先行;下车时,则要为妇女先打开车门;进出房间时,主动帮助她们开门、关门等。西方人有一种形象的说法:"除女士的小手提包外,男士可帮助女士做任何事情。"小刘未能按照国际上通行的做法先打开女宾的车门,致使那位外国女宾不悦。因此,聋人大学生正确地认识西方礼仪及其特点,了解同我国礼仪的区别是很有必要的。

二、聋人宴请礼仪的案例分析

【案例介绍】

李某,男,21岁,聋人,某高校一年级大学生。

李某生日当天,他盛情邀请小丽等几个要好的同学到自己家吃饭。大家买好了蛋糕等礼物登门庆贺。小李亲自下厨,有同学主动打下手,大家一边聊天一边干活,气氛很热闹。很快,一桌丰盛的生日宴做好了,小李摆上了饭菜和早已备好的葡萄酒及饮料,请大家入座,大家碰杯祝贺、有说有笑,这时小丽瞟了一眼大家做好的这桌菜说:"别看这么多菜,没一样好吃的!"这句话把大家都听愣了,刚才她一直看电视没帮手干活,轮得到她提意见吗?大家没理她。一会儿,她吃了一口糖醋里脊说:"没熟!"接着,又吃了一口清蒸鱼说:"太咸!"最后她直接埋怨起小李来:"这么难吃!比起饭店大厨的手艺差远了!过生日你也不请大家去饭店吃一顿!真小气!"小李被噎得一句话也说不出,大家听了心里都很不舒服。小丽觉察到大家对她的不满,很快独自起身离席,一场和谐快乐的生日宴因她不欢而散。

【案例分析】

家宴就是在家里举行的宴会。相对于正式宴会而言,家宴重在参与,家宴最重要的是要制造亲切、友好、自然的气氛,使赴宴的宾主双方轻松、自然、随意,彼此增进交流,加深了解,促进信任。李某作为家宴的主人,亲自下厨,热情待客,希望能给朋友提供一次愉快交流的聚会。小丽是宴会的客人,李某能把她请到家里来说明不见外,但她却没有摆正自己位置,不注意赴宴礼仪,本应尊重主人的劳动,显示出"菜很好""我爱吃"的神态,而她却刻薄挑剔、牢骚满腹、言语伤人,影响了聚会的和谐气氛。宴会没结束,作为受主人之邀的客人小丽即使已用好餐,也不能随意离席,应等主人和主宾餐毕先起身离席,才能依次离席。

三、聋人电子通信礼仪的案例分析

【案例介绍】

刘某,男,20岁,聋人,某高校二年级大学生。

期末考试后,同学们都很关心自己的考试成绩。一天夜很深了,老师突然收到小刘的短信,原来他对考试成绩不满意。他在短信中说:"我对自己的考试成绩很不满意!你要回答我。"老师询问:"你是谁?"小刘回复:"我是某级某专业的学生刘某。"老师回答:"这次期末考试,你的试卷中错误太多。虽然平时成绩不错,但综合分数也无法达到优秀。"小刘回复:"我知道了!再见!"

【案例分析】

手机信息是聋人与他人沟通的最常用手段,收发信息时一定要遵守使用手机信息的礼仪规范。首先,对长辈或老师应尊称为"您",此案例中的刘某不应直呼老师为"你"。其次,发信息要署名,让对方了解何人来信,在这里由于小刘的信息没有署名而造成了一定的麻烦。其三,要注意分清时间、场合,尽量避开对方忙碌和休息时间。小刘深夜发信息给老师,显然是没有选好时间。第四,信息用语要礼貌、简洁、明了。小刘得到老师答复、信息沟通结束前应礼貌回复:"打扰您了"、"麻烦您"或"谢谢您"。

四、聋人同学交往礼仪的案例分析

【案例介绍】

曹某,女,20岁,聋人,某高校一年级学生。

曹某家境殷实,父母每月给她的生活费很多,生活条件明显比其他同学优越很多。刚进大学时,她和同寝室的同学们关系融洽,自己的东西也常与朋友们共享。但后来,由于同学不小心弄坏了她的充电灯,使得她很恼火,加上平时一些观点上的小摩擦,使得她逐渐瞧不起这些没见识的"乡下同学"。这种情绪在言行上表现出来后,导致寝室里的贫困同学结成统一战线来孤立她,受不了孤独的曹某最终不得已搬出了寝室。

【案例分析】

宿舍是聋人大学生人际交往最直接、最频繁的地方,宿舍人际关系对聋人大学生来说,是一种最直接最重要的人际关系。所以,融洽和谐的宿舍人际关系具有满足聋人大学生建立人际间密切关系的感情需要的作用。曹某忽视了与同宿舍同学相处的礼仪,影响了同学间的关系,给她生活、学习带来了不便,影响了她的发展。贫富差距导致的矛盾在聋人大学生中也很普遍。作为家境好的曹某,不该轻视家境差的学生,要保护他们的自尊心,尊重他们的人格。曹某应重视加强礼仪修养,首要问题就是要加强自身修养,做到能尊重人、理解人;其次,要和室友加强沟通,通过沟通促进了解,增进友谊;第三,在集体生活中,要顾全大局,要按照大多数人的意志做事,千万不可我行我素。

五、聋人食堂礼仪的案例分析

【案例介绍】

李某,女,21岁,聋人,某高校二年级学生。

一天早晨,李某去食堂买鸡蛋灌饼,这家鸡蛋灌饼做得味道不错,所以买的人很多,排的队很长,等了好长时间,好不容易快轮到她了,这时她感觉有人拍拍她胳膊,回头一看,原来是一个同班老乡,这个老乡刚过来,笑着请她帮忙带五个,她欣然应允,但排在她后面的同学对她的做法显然很不满意,露出责备之意。后面的同学为什么对李某不满意?她错在哪里?

【案例分析】

学校食堂,是学生们生活中最重要的地方,一定要注意一些就餐礼仪细节。生活中,排队不是硬性规定,而是一种约定俗成的规矩。食堂用餐、购物付款、乘车等,都需要自觉排队等候。排队最忌讳插队。如果有特殊紧急情况,应征得排在前面的人同意,才能越队先行。面对插队行为,排队者应该及时而坚决地加以劝阻。但劝阻时,要用语恰当,好言相劝,避免不必要的争吵。李某的老乡同学变相插队,虽方便了自己,却让别人反感。而李某对于老乡插队,没有坚决加以阻止,因此招来其他同学的反感和不满。

六、聋人求职礼仪的案例分析

【案例介绍】

张某,男,22岁,某高校毕业生。

张某性格内向、温和儒雅、对人有礼貌。他学习努力、爱好广泛、文化基础好、书面语能力强,专业成绩优异,曾在全国残疾人技能大赛上获奖。他担任班长职务,工作细致周到,热心为同学服务,沟通交往能力强,深受老师同学喜爱。

毕业前夕,他到一动漫公司应聘。面试当天,他上身穿纯白色衬衫,下身穿黑色西裤,脚穿黑色皮鞋,显得年轻、干练、沉稳而富有朝气。按照应聘要求,他随身带上简历和几份能代表他专业水准的绘画作品,提前十几分钟来到面试办公室。面试情景如下:(某动漫公司办公室)

张:(敲门)。

公司负责人A:请进!(打开门欢迎他进来。)

张:(进门没马上坐下,保持目光接触,主动微笑。张某的老师在办公室,为他担任手语翻译。)张某先和老师点头问候,老师介绍公司负责人A。(老师手语翻译同步。)

张:我叫张×,得知贵公司招聘一名漫画师,我对这个职位感兴趣,想了解更多信息。

A:欢迎光临。我是 A,是本公司负责人。(大家坐下。)

张:(谈天气,赞扬公司办公室环境好,办公设施先进等。)我听说贵公司要招聘聋人画师,我爱好绘画,通过三年的绘画专业学习,相信我的经验和实践能胜任这个职位。这是我的绘画作品。(打开作品,双手递上。)

A(认真看作品):作品不错!我们公司要聘任为儿童刊物画插图的画师,招聘人员要具备很强的手绘功底,对于儿童画有浓厚的兴趣,色彩感要强,能够很好地把握颜色。

张:没问题,您说的这些我都具备。我除了喜欢手绘,还制作过 flash 动画。

A(面露赞赏之情):那太好了,公司规定会制作 flash 动画者优先。现在你要根据我提供的故事脚本创作完成一组插图,要求上淡彩,作为你这次面试的试题。

张:(充满信心)好的。(张接过故事脚本专心地研究了片刻。)

张:什么时候交作品?

A:尽量早交吧,画好后你随时联系我。

张:那我现在用 U 盘把故事存下来回去抓紧画,好吗?

A:好的!我这儿有些没上色前的故事插图草稿,还有几本已出版的画册。你先看下吧!

张:谢谢!(张认真地看,写下自己的手机等联系方式并把个人简历一同递给 A。)A 也留下她的手机号码等联系方式。

张:虽然我不会说话,我能看懂您的口语,除了信息交流外,还能和您书面语交流,老师工作很忙,以后不想麻烦她做翻译了,有事情我们直接联系好吗?

A:好的!相信你没问题!(面露赞赏)我接触过一些聋人,像你这专业水平过硬、待人接物有礼貌、发展全面的聋人真是太难得了。见到你,使我对聋人群体又有了更新的认识和赞赏,感谢你!

张(站起,微笑):很高兴认识您,与您交谈很愉快。贵公司是我工作的首选,很希望能成为贵公司的一员。

A(微笑,握手):祝你顺利!希望合作愉快!

【案例分析】

求职者张某注意面试仪表礼仪,仪容整洁,着装得体,态度积极主动,创造了较好的初次面试气氛。自信是成功面试的首要条件,张某有备而来,充满自信心。张某注意举止礼仪,准时赴约,尊重接待人员,注意表情礼仪,一进门就掌握了主动权。张注意谈话礼仪,态度诚恳谦逊,能够把握谈话的重点,思路清晰,阐述了自己的特长和能力,让应聘单位负责人了解他,表明自己是可信任的人。初次见面,张某良好的礼仪和沟通能力,给面试负责人留下了良好的第一印象,为其求职道路走向成功迈出了可喜的第一步,是一例聋人成功求职的案例。因此,在社会交往和现实生活中,聋人大学生通晓求职礼仪,提高社交礼仪的能力和加强社交礼仪修养是大有裨益的。

【思考题】

1. 请简述聋人大学生在学校与同学、老师交往应遵循哪些礼仪。
2. 聋人使用短信时应该注意哪些问题?
3. 在拜访、做客时,如何做一个深受欢迎的客人?
4. 聋人求职应该遵循哪些礼仪?假设你是一位将要到某公司应聘的聋人大学生,请自己设计一份简短的自我介绍提纲。
5. 聋人与健听人交往应该遵循哪些礼仪?

第四章

聋人与交流

孔子以"独学而无友,则孤陋而寡闻",来说明人际交往对促进人与人的相互交往认识的重要意义。为在社会中谋得一席之地,我们要与各种各样的人交往,人际关系从未像今天这样引起人们的重视。良好的人际关系是人们心理健康的表现,也是事业成败的关键,而建立良好人际关系的基础就是"沟通"。如何恰到好处地与人沟通交往,建立起良好的人际关系网,是生活在这个飞速发展、社会观念不断更新的社会中的人所应掌握的一项基本技能。

聋人和健听人一样,有着强烈的交往需求,他们也渴望通过人际交往来达到情感上的交流和行为上的支持。但是,由于听力与语言的障碍,社会活动范围受到很大限制,造成社会阅历有限、交往经验不足,从而对人的认识存在片面性,往往造成交往上的障碍。

作为聋人大学生,人际交往范围扩大,大多数的聋生都非常希望能和同龄聋人及健听人结交朋友,但由于上述等方面的因素,多数聋生与健听人仍存在一定的交往沟通障碍,不能够实现与人沟通的目的。由于无法与健听人进行正常的交往,给他们的生活和学习带来了极大的不便和烦恼。如果不能妥善处理或有意识改进,不仅很难学有所成,而且将直接影响个人的成长。据聋人大学毕业生反馈信息显示,相当一部分毕业生走上工作岗位后都出现过因人际交往障碍、手语障碍、缺乏交往经验而苦恼的状况。

聋人大学生人际交往能力的培养是聋人大学生素质教育的重要方面,聋人大学生能否具有良好的人际沟通与人际交往能力,将直接影响其身心健康及未来的择业,学会交流和沟通,是聋人适应社会的重要前提。

第一节　认识人际交往

一、人际关系与人际交往的含义

马克思说过:"人是各种社会关系的总和,每个人都不是孤立存在的,他必定存在于各种社会关系之中,如何理顺好这些关系,如何提高生活质量就涉及了社交能力的问题。"人既然是社会的人,就会为适应社会各方面的需要而结成这样、那样的关系,如人与人的政治关系、经济关系、同乡关系、同学关系、伦理关系等等。所谓人际关系,就是指个人与个人、个人与群体之间的关系。人的一生要结成很多不同的人际关系,如父子(女)、母子(女)、兄(弟)姐(妹)、叔侄、同学、同事、师生、上下级、夫妻等。人际关系的实质是一种社会关系,社会生活与社会交往是人际关系建立与发展的前提。

人们有这样、那样的关系就必然存在着各种各样的交往。人际交往也称社会交往,是指人与人之间通过一定方式进行接触,从而在心理上和行为上发生相互影响的过程。通过人际交往,人们可以交换信息与思想,表达情感与需要,交流经验与技能,从而实现相互认识、理解、合作与促进。人一生的成长、发展、成功,都离不开同他人的交往。人一生的幸福、快乐、烦恼、悲伤、爱与恨等,都是同他人的交往与关系相联系的,没有同他人的交往关系,就没有人生的悲欢离合,就没有科学与文化,就没有一切。对于在校大学生而言,人际交往是获取信息、交流知识的重要途径;人际交往是培养集体、团队精神的需要;人际交往是提高认识、完善自我的重要手段。

能力是指影响行为效率和保证行为顺利进行的一种个性心理特征,能力的高低会影响个体活动的效率,所以在活动中,能力强的人总是比能力弱的人能够获得更大的成效。人际交往能力是指人在顺利完成人际交往活动时,影响人际交往活动的效率和保证人际交往顺利进行的个性心理特征。人际交往能力包括人际认知能力、人际情绪控制能力和人际沟通能力三个互相影响、紧密联系的有机组成部分。

1. 聋人大学生的人际认知能力

聋生在社会生活和交往活动中,通过对自己、对他人以及自己与他人、他人与他人之间关系的感知,了解彼此的态度、看法,并作出评价的能力,它是人际交往的前提和基础,决定聋生交往的对象、方式和策略。聋生人际认知能力主要包括自我认知能力、认知他人能力和认知交往活动的能力。

2. 聋人大学生的人际情绪控制能力

聋生根据情境的变化,能够随机应变,有效地调整和控制自己和他人情绪的能力。通过对人际情绪的控制,可以在人际交往中,让对方感知自己所要表达的情绪,产生相同的情绪体验。积极的情绪表达向对方传递的是愉悦、肯定的信息,能使对方感到心情愉快,从而促进人际交往的和谐发展;相反,消极的情绪表达向人传递的是排斥与不快,很容易使人际关系蒙上阴影。在人际交往中,情绪控制能力对聋生的行为起着重要的调节作用。

3. 聋人大学生的人际沟通能力

它是指聋生带有一定的目的和意义与他人进行互动,以促进理解和交流,及时疏通人际隔阂与冲突,保证人际交往顺利进行的能力。

二、人际关系中的个体因素

1. 人际关系中的个体行为基础

个人性格特性与行为特征是决定人际关系好坏的基础。在人际交往中影响个体行为表现的因素有:价值观(个人的基本信念,是构成人际交往的行为基础,表现为想交往就交往,不想交往就不交往)、态度(个人的心理状态,即个人对一切事物的主观看法,表现为喜欢就交往,不喜欢就不交往)、动机(个人行为的内在心理动力,表现为需要就交往,不需要就不交往)、认知(个体对他人的一种看法,认为好就交往,认为不好就不交往)、性格(个体对客观现实稳定的态度和与之相适应的习惯化了的行为方式,表现为外向型易交往,内向型不易交往)和经验(个体过去的经验历程,愉快就交往,不愉快就不交往)。

具有积极价值观、良好态度、强烈动机、良好知觉、外向性格与愉快交往经验的人比较愿意与人交往,并容易建立良好的人际关系。

2. 人际关系中的自我认知

人际关系中的自我认知,就是对自我存在的各个方面作出准确的估价,以确定自己在交往中的位置。一个人的自我存在突出表现在三个方面:一是物质自我,即自己的身体状况、体态仪表、家庭结构、实物占有等方面的实在性;二是精神自我,即自己的智慧、才识、能力、道德等状况;三是社会自我,即自己在社会上的名誉、地位、亲友关系、财产拥有等情况。所谓自我认知,就是正确地认识自己,对自己的需要、兴趣、能力、个性、行为以及心理状态的全面认识。自我认识是交往认知的基础,一个人不了解自己,就会产生种种不正确的认识和行动。

只有正确估量自己,恰如其分地看待自己的地位和才能,才能从容自如地与别人交际,在各种活动中竭尽心智,取得成功。反之,不能正确地评价和认识自己,在认知方面或表现为盲目骄傲自大,自视过高,往往一意孤行而不考虑他人的感受。其结果既挫伤别人自尊心,又给自己带来不良后果;或表现为看不到自己的才能和力量,自视过低,自暴自弃,缺乏与人交往的勇气和信心。

3. 人际关系中的个性差异

"人心不同,各如其面",每个人的个性不同,交往行为与需求也各不相同。人类存在三种基本的人际需求:情爱(反映出一个人表达和接受爱的欲望)、包容(一个人希望被接纳而产生归属感)和控制(一个人希望成功地影响周遭的人、事、物之欲望)。影响个别差异的因素包括个性、习惯、态度、兴趣、动机、情绪、认知、价值观和身心状况。个体在身心发展的不同年龄阶段中,往往会表现出不同的行为特征,这些不同的特征也造就了不同的人际关系。

人与人之间的关系纷繁复杂,每个人因为气质、性格上的差异,交往动机、交往价值观的差异,使个体交往表现差异性很大。只有了解他人的需求,顺应他人的期望,并采取合适的行动,才能成功交往。

三、人际关系中的互动因素

人际关系的建立与维持,除了取决于个人是否有意愿与他人交往外,也决定于人际互动的过程。所谓人际互动,是指人与人在一定的环境中相互交往的过程。互动是人际间心灵交互作用或人际间的行为交互作用。

人际互动之所以形成,主要取决于交往双方地位、角色、影响力三者的交互作用。地位是指一个人在社会体系中的层级(社会的阶级或位置);角色是指个人在社会体系中拥有某种地位而加以扮演;影响力系指一个人具有某种社会地位并扮演其角色时,就拥有对他人的影响力(强迫的力量与自然产生的力量)。人际关系的好坏,常取决于多重因素的交互作用。人际互动的过程可以分为四个阶段:

(1)人际认知:指个人对他人的看法与他人对自己的看法,通常人际认知以第一印象为基础。

(2)人际吸引:指个体间的同质性(个体间具有相同一致的特质促使相互吸引)与异质性(个体间具有不同的特质,因基于互补作用而相互吸引)的交互作用。决定人际吸引的因素包括交往的机会、身份地位、背景相似、态度相同、人格特性和成就等。

(3)人际沟通:指个体把意思传递给接受者促使了解其意思。有效的人际沟通含有四大步骤,即注意(指接受者能真正接收到沟通的信息)、理解(指接收者能掌握信息中的要领)、接受(指接收者愿意遵循信息的要求)、行动(指沟通事项的执行)。

(4)人际亲疏:指在人际交往过程中,彼此之间能产生亲切感、舒适感、幸福感以及对对方的重要性。

能否很自然地与他人互动,可以从一个侧面反映出个体人际关系的好坏。

四、人际关系的建立、维持与疏远

(一)人际关系的理论基础

(1)角色理论:这一理论认为人际关系是个人间角色运作的结果。在人的一生中依照扮演社会角色的不同而产生不同的人际关系,比如:基于血缘而产生父子、兄妹、叔侄关系;在学校会有师生、同学关系;在单位则有上下级、同事、同行关系等等。在人际交往过程中,每个人都充当着一定的社会角色,这种社会角色规定了他在人际交往中的职能及其行为规范,同时也体现了他们所具有的个性心理特征。因此,捕捉准确的角色,严格地把握角色的规定性,并能适时因地制宜地进行角色转换,是人们彼此相互理解、相互谅解的前提。

(2)需求理论:这一理论认为人际关系是建立在个人需求的基础上。比如,需要得到帮助、需要建立亲和关系、需要表现自我成就、需要获得权力、需要得到安全感、需要显示自我尊严等等。不同的个人需求会结成不同的人际关系。

(3)交换理论:这一理论认为人际关系是人际间行为(成本与报酬)相互交换的结果。判断结果的标准是将人际交往中个人投入(为建立并维持人际关系在情感上或物质上的付出)的成本和获得的报酬(其在付出的同时所期待的情感或物质的回报)相比较,以判定其成果是否令人满意,满意就交往、不满意就不交往。

(4)平衡理论:这一理论认为人际关系是一种交往双方(人际间)心理的平衡关系,也就是说,自己对对方的好恶和对方对自己的好恶相一致时,即称为平衡状态,如不一致则称为不平衡状态。在人际交往中,人人心中都有一杆秤,随时称量着各种人际关系是否值得。平衡时,人际关系能够得到保持或愈加深刻;不平衡了,人际关系就会疏远、中断或破裂。

(二)人际关系的建立过程

人际关系的发展是一个循序渐进的过程,人际交往必须经过一系列有规律的阶段式顺序。

(1)初识阶段:初次接触,交谈生疏,只作礼貌性客套谈话,以致互动不丰富。这是人际关系的产生与营造阶段。

(2)试探阶段:又称实验阶段,开始探索彼此个性,行为较自然而平顺,对表面化话题会比较开放。这一阶段是关系更进一步的跳板。

(3)亲密阶段:双方已日渐熟识,且能相互影响,交谈内容丰富而有趣,彼此相互吸引,行动一致,心灵相通。关系行为是同步的阶段。

(4)稳定阶段:双方沟通已极致,看法一致,而对对方的了解很稳定,接触频繁,话题多元,自我开放已达到一定程度。这一阶段是关系达到最亲密的阶段。

(三)人际关系的维持与疏远

人际关系的维持需要交往双方做到:

(1)表达明确信念——情感的支持、相互的信任、需要时的帮助等。

(2)本着开放态度——交换彼此的感受、探讨对方的感受、讨论共同的目标等。

(3)采取积极回应——主动表达情感、分享内心的感觉等。

(4)拓宽社交渠道——参加社团、公益团体等。

(5)分享生活情趣——共同讨论日常生活事物、工作上的情节等。

人际关系的疏远是指当运用各种方式仍无法掌控彼此的关系,关系的亲密程度降低,以至于中断交往或绝交。

五、良好人际关系的准则

(1)善于发现他人优点。生活中每个人的天资禀赋、脾气性格、兴趣爱好都有所不同。人际交往中要善于发现并学习他人的优点和长处,宽容别人的缺点和不足,才会取得他人的好感和信任。

(2)培养敏锐直觉。拥有敏锐的直觉与观察力,了解他人真正的意图与动向,与人为善,容易取得信任。

(3)健全自我人格。具有健全人格,能清醒地认识到自己的能与不能、长处与不足,淡化自我,较易与人相处。

(4)养成成熟性格。成熟的性格与持续稳定的情绪,处事圆融,容易为人接纳。

(5)认清个别差异。体察他人因不同背景所形成的个性特性,尊重个性差异,包容他人,则容易交往成功。

(6)尊重他人人格。诚心实意的付出,尊重他人的人格尊严,无贵贱尊卑之分,容易得到别人的尊重和支持。

(7)树立团队精神。学会与人合作,具有团队精神,容易获得人际关系网。

(8)寻求共同理解。营造彼此共同理解的环境是促进彼此交往的润滑剂。

(9)重视人际沟通。寻求相互理解的途径,构建良好的沟通渠道,是人际交往不可或缺的内容。

第二节 聋人如何进行人际交往

现代社会衡量人才的标准之一是人的交往素质的高低。交往素质的高低决定了一个人的社会适应的程度。每个聋人大学生在交往中都或多或少地出现这样或那样的问题。改善人际关系,加强人际交往,对聋人大学生的学习、生活和心理健康都有重大意义。聋人大学生要适应社会并实现真正意义上的"平等、参与、融合",就必须努力培养自己的社会交往能力,积极进行人际交往活动。

一、不同文化层次的聋人对交际的需求

1. 未接受过教育的山区或农村的先天聋人

他们从一出生就没有听到过声音,也没有上学读书,由于不具备交流的方法和手段,他们就一直过着单调重复的生活,吃、睡、劳动、观察周围环境、感受生活环境的变化。由于对外界了解极少,他们没有太多烦恼。

2. 在聋校上过中小学的聋人

通过上学,他们建立了一定的人际关系,认识了聋校的老师和同学,具备了一定的文化基础知识,对精神生活的需求有所提高,一般交友和择偶的对象为聋人,并喜欢在聋人集中的单位工作。

3. 接受过特殊高等教育的聋人

走进高等特殊教育学校,通过在大学学习,他们的知识容量迅速增加、专业水平迅速提高;大校园、大群体的生活使他们原有的人际关系受到了较大的冲击;校园文化生活的熏陶和丰富的社团生活锻炼使他们的能力不断增加。因此,他们对精神生活的需求不断提高。他们逐步理解了寂寞、孤独、朋友、知己、爱人的含义。就业选择过程中面对很多矛盾,如果到健听人开设的公司工作,会因为交流的困难造成很多麻烦,并会因交流渠道不畅而时常感到孤独和寂寞。

4. 接受普通高等教育的聋人

他们具有和健听人相近的知识水平及思维方式;具有和健听人交际的方法和经验;大多数具有健听人、聋人两个群体的广泛交际;良好的人际关系是他们事业成功的重要条件,在交友和择偶时多选择健听人。

二、聋人大学生人际交往与人际关系的特点

随着社会的进步和发展,聋人接受高等教育的机会越来越多。在大学校园里,

聋人大学生人际关系和人际特点与健听人大学生有很多相同之处,但也有其特殊性。

(1)聋人大学生人际交往迫切,对人际关系建立抱有良好的愿望。他们思维活跃、兴趣广泛、精力充沛、活泼好动,对社会交往需求比中小学聋生更为迫切。聋人大学生从封闭走向开放,从比较单一的聋人群体走进聋人与健听人融合的群体,他们渴望和健听人交往,与健听人做朋友,获得更多的友情和信息。

(2)聋人大学生在交往过程中功利性少,注重感情的沟通和才能的锻炼,为了更好地适应大学生活和对新群体交往能力的提高,他们广泛结交朋友。为了强化大学校园中的归属感,他们花费时间和精力举办爱心手语培训班,成立聋人文化社团等,一方面是为了结识更多的健听人朋友,同时也是为了交流的方便和对聋人群体的宣传。

(3)交往范围相对宽泛。这些聋生不仅以大学校园里的同龄人为主要交往对象,同时也热衷于与来校参与活动的成功聋人交朋友。他们很欣赏并善于与社会上成功聋人交流、学习,以期提高个人交往能力。

(4)异性交往愿望强烈。聋人大学生正处在青春期,由于性成熟使心理上产生了与异性交往的渴望与兴趣。走进大学,面对来自全国各地的聋人大学生,手语交流、专业相投的共同特点使他们感到格外亲切,为他们交往异性朋友提供了有利条件,教师要对其进行正确的引导,力求在不过多影响学习的情况下,使他们感情得以健康发展。有些聋人大学生希望与会手语的健听人大学生或志愿者谈朋友,以解决自己因听障造成的学习、生活中沟通的不便,但实际生活中聋人和健听人恋爱的成功率不高,而许多聋人与聋人的真挚爱情生活很令人感动。

(5)聋人大学生交往个性差异明显,表现出不同的水平。由于聋生的家庭情况、家长文化水平、环境影响、教育影响等因素的差异,交往经验、交往技能、交往方式都出现明显差异。

三、掌握成功交往的主要方法

聋人大学生带有一定的目的和意义与他人进行互动,以促进理解和交流。在大学校园里,人际交往能力强的大学生总是左右逢源,生活充实而快乐,他们各方面的才能也可以得到充分的展示。虽然,聋人大学生的人际交往能力存在这样那样的差异,但是作为一种能力是可以通过进一步的学习和训练加以提高的。成功交往的方法如下:

1. 积极主动,敢于交往

在现实生活中,有许多聋人尽管与人交往的欲望很强烈,但仍然不得不常常忍受孤独的折磨,因为他们在人际交往上总是采取消极被动的方式,总是等待别人来首先接纳他们。其实,聋人若想同他人建立人际关系,就要敢于交往,做交往的始动者。如首先与人打招呼,见面微笑,主动与人说话等。这些看似简单的小事却有聋人常常因为不习惯、不好意思去做,或因没注意、没意识到应该去做,丧失了许多可能的交往机会。聋人主动交往会使人感到和蔼可亲、容易接近、容易相处而愿意与其交往;敢于交往会勇于面对人际交往中的障碍、挫折,妥善处理和化解人际冲突。聋人人际交往的成功经验越多,自信心越强,人际关系处境也会越来越好。

2. 留下良好的第一印象

人际交往通常从彼此认知开始,第一印象在人际交往中有着强烈的定向作用,人们往往凭借第一印象来判断和了解一个人。如果给人的第一印象是聪明能干、精明强干,下次见面即使发生争执,对方也会根据第一印象认为这人是个对任何事都极其投入的人。相反,如果给人的第一印象是马虎随便、自由散漫,再见面时,即使满怀诚意,对方也会把这人看成是固执己见、不负责任的人。因此,聋人大学生在与人交往中要特别重视第一印象。

怎样表现才能给人留下良好的第一印象呢?心理学家卡耐基在其著作《怎样赢得朋友,怎样影响别人》一书中总结出给人留下良好的第一印象的六种途径:真诚地对别人感兴趣;微笑;多提别人的名字;做一个耐心的听者,鼓励别人谈他们自己;谈符合别人兴趣的话题;以真诚的方式让别人感到他很重要。

3. 注重自我形象的塑造,加强修养、扩展爱好

自我形象包括一个人的气质、仪表、工作作风和为人处世的态度。调查表明,人际交往中最佳的道德形象为作风正派、办事公道、恪守信用;最佳的个性形象是热情、爽直、有幽默感;而举止文明、仪表端庄则是公认的最佳外表形象,它折射出一个人的文化层次和人文修养。这对交往的顺利进行和最佳效果的取得具有决定性作用。

社会交往是交往双方相互作用的过程,在自己选择交往对象的同时,本身也在别人的选择之中。因此,交往中要注意展现自身的魅力,提高交往中的吸引力。这就必须加强自身的修养,扩展自身的爱好。实践证明,一个品德高尚、个性稳定、兴趣广泛、待人热情的聋人在社会交往中往往具有较强的魅力;相反,一个兴趣爱好贫乏、孤陋寡闻、性格孤僻、生活单调的聋人,在交往中往往不受欢迎,难以与人友好相处。

4. 培养良好的个性特征,微笑待人、乐于助人

良好的个性特征对建立良好的人际关系有稳定的作用,不良个性特征对建立良好的人际关系有阻碍作用。生活中,大家都愿意与性格良好的人交往,没有人愿

意与自私、虚伪、狡猾、性情粗暴、心胸狭隘的人打交道。因此,要不断培育良好的个性特征,注意克服性格上的弱点。

"微笑"是日常生活中最普遍、最常用的礼仪表达方式。在生活中,给人一个微笑,是善意的释放,是最基本的礼仪形式。微笑是友好的信号,是人际交往的基本功;微笑是接纳的信号,是人际沟通的桥梁。微笑显示的是你为人热情,富有修养。自然的微笑可以打破僵局;轻松的微笑可以淡化矛盾;坦然的微笑可以消除误解。微笑是无声的语言,聋人如要被人接纳与喜爱,请奉献你的微笑。

发展人际关系的最好开端是学会"用举手之劳救人于危难之中"。俗话说"危难之处见真情","赠人玫瑰,手有余香"。因此,当别人遇到困难,陷入困境时,能伸出援助之手,帮助困难者,安慰失意者,可以很快赢得别人,建立起良好的人际关系。如果对别人漠不关心,麻木不仁,小心吝啬,怕招引麻烦,交往很可能因此而中止。

5. 经常互致问候,讲究交往的行为规范

人际关系是以情感联系为基础的,经常性的交往是维持和增进感情的纽带。人们常说"远亲不如近邻",就是说由于远亲之间虽然有血缘等亲情关系,但因为相距较远,彼此间的交往不多而造成双方之间的亲密程度还不如交往频率较高的邻居。同学、朋友之间经常用写信、发信息、发电子邮件等形式互致问候或经常相互走动,有助于增进感情。

当然,在不同性质的交往范围内与不同的交往对象把握不同的交往分寸,运用不同的社交频率与范围,讲究礼节与姿态,保持适当的人际距离,可增进交往的吸引力。

6. 正确运用语言艺术

"良言一句三冬暖,恶语伤人六月寒"。这两句话告诉我们交往时要注意运用语言的艺术,语言艺术运用得好,就能优化人际交往。相反,如果不注意语言艺术,往往在无意间就出口伤人,产生或激化矛盾。

首先,称呼要得体。称呼反映出人们之间心理关系的程度。恰当得体的称呼,使人能获得一种心理满足,使对方感到亲切,交往便有了良好的心理气氛;称呼不得体,往往会引起对方的不快甚至反感,使交往受阻或中断。所以,在交往过程中,要根据对方的年龄、身份、职业等具体情况及交往的场合、双方关系的亲疏远近来决定对方的称呼。对长辈的称呼要尊敬,对同辈的称呼要亲切、友好,对关系密切的人可直呼其名,对不熟悉者要用敬语。

其次,说话要注意礼貌。正确运用语言,表达清楚、生动、准确、有感染力、逻辑性强;讲笑话要注意对象、场合、分寸,以免笑话讲得不得体,伤害他人的自尊心;适度地称赞对方,每个人都希望别人赞美自己的优点。如果自己能够发掘对方的优点,进行赞美,对方会很乐意与自己多交往。但是赞美要适度,要有具体的内容,绝不能曲意逢迎,真诚的赞美往往能获得出乎意料的效果。要避免争论,聋生喜欢争论,但争论往往是在互不服输、面红耳赤、不愉快甚至演化成直接的人身攻击或严重的敌意中结束,这对人际关系的有害影响是显而易见的。因此聋生要尽量避免争论,而要通过讨论、协商的途径解决分歧。最终要以"求同存异"的方式,既表明了必要的原则性,又不伤害彼此友谊,不强加于人,相互有保留的余地。

总之,语言艺术运用得好,就能吸引和抓住对方,调动彼此倾谈的激情、兴趣,从内容到形式适应对方的心理需要、知识经验、双方关系及交往场合,使交往关系密切起来。

7. 非语言艺术的运用

非语言一般包括眼神、手势、面部表情、姿态、位置、距离等。掌握和运用好这种交往意识,对聋人大学生搞好人际交往是不可少的。"眼睛是心灵的窗户","眼睛像嘴一样会说话"。聋人的面部表情是内心情绪的外在表现,它们均能表达聋人的态度和情感,如眉飞色舞表示内心高兴,怒目圆睁表示愤怒等。交往中还可以用人体动作来表达思想,聋生在人际交往中根据谈话的内容和场合,正确运用非语言艺术,巧妙地表达自己的思想感情,有时能起到"此时无声胜有声"的作用。

综上所述,聋人大学生一定要经常反思自己的所作所为,善于发现和总结自己在人际交往中存在的问题,同时,要善于向那些人际关系好的同学及成功聋人学习,与健听的同龄人的交往,取人之长,补己之短,使自己的人际交往能力逐步提高。当然聋生人际交往能力的提高不是一朝一夕的事情,是一个较长的过程,不能急于求成。因此,聋人大学生只有克服心理障碍,在实践中反复地总结,不断地修正自己,才能日趋成熟,提高人际交往能力。

第三节 聋人如何进行人际沟通

一、对人际沟通的基本认知

(一)人际沟通的含义

在人类的生存活动和社会活动中,"沟通"是一项不可或缺的内容。我们要与任何人建立任何关系,都必须通过沟通。越会沟通,越擅长沟通,我们与人建立的关系就越好。沟通是发送者凭借一定渠道(亦称媒介或通道)将信息发送给既定对象(接受者),并寻求反馈以达到相互理解的过程。人际沟通就是指人与人之间彼此传递信息和寻求相互理解的过程。它包含以下几层意思:

(1)沟通首先是信息的传递。沟通包含着意义的传递,如果信息没有传递到既定对象,那么也就没有发生沟通。在沟通过程中,我们不仅传递信息,而且还表达着赞赏或不快之情,提出自己的意见和观点。这样,沟通的信息就可以分为语言信息和非语言信息。

语言信息是建立在语言文字基础上的,它包括口头语言信息和书面语言信息,两者所表达的都是一种事实或个人态度。口头信息沟通是最直接的沟通形式,优点是快速传递和及时反馈(手语所起的作用与一般语言是一样的)。书面语言信息,具有有形展示、长期保存、可作法律依据等优势,在表达上书面语言比口头语言更周密,逻辑性更强,还有利于信息的复制和大面积传播。

非语言信息是指除言语信息之外的一切由人体和环境所产生的信息。它比起言语信息来说更为丰富,而且对于常用的人体语言来说,它大都发自内心深处,极难抑制和掩盖。因此,比有声语言更真实、可靠。特别是在情感表达、态度的显示、气质的表现等方面,人体语言更能显示出它独有的特性和作用。掌握和使用非言语信息,对于我们了解对方,准确传递信息都很有帮助,如交往中表示欢迎时,采用开放式身体位置,保持目光一致,反之,采用封闭动作,移开目光。一个人的衣着打扮,谈话时的举止无不向别人传递某种信息,非语言信息在沟通中可以起到支持、修饰或否定语言信息的作用,有时可以直接代替语言信息,甚至表达出语言难以表达的情感内容。

(2)沟通中信息不仅要被传递到,还要被理解。沟通过程中,发送者首先要把传送的信息"编码"成符号,接受者则进行相反的"解码过程"。如果信息接受者对信息类型的理解与发送者不一致,则会导致沟通障碍和信息失真。一个不懂中文的人阅读《红楼梦》,就无法真正沟通。如果存在完美沟通的话,那么信息经过传递后,接受者所感受到的应与发送者发出的完全一致。

(3)有效的沟通是准确地理解信息的含义。在沟通中只要可以明确地理解对方所说的意思,就是有效的沟通,而不是非得与自己达成一致的看法才算是有效的沟通。

(4)沟通是一个双向、互动的反馈和理解过程。人们每天都在进行沟通,但这并不表明每个人都是一个成功的沟通者。沟通不是一个单纯单向的个体行为,而是一个双向、互动的活动。例如,某人已经告诉对方要表达的信息,但这并不意味着对方已经与其沟通了。因为沟通的目的不是行为本身,而在于结果。如果对方并未对其发出的信息作出反馈,那么就没有达成沟通。

（二）沟通的基本要素与过程

沟通是一个过程,是由信息的传达、接收与解读所构成的反复循环的互动过程,这个过程包含发送者、接收者、信息、渠道和文化背景五个要素的作用。沟通过程可以分解为以下几个步骤。

(1) 意图:先有意图产生,才会想要通过沟通传达出去。

(2) 编码:将要传达的信息"符号化"。

(3) 发送:选择渠道(途径)将信息传达出去。

(4) 接收:接收"符号化"的信息。

(5) 解码:将所收到的信息还原为"非符号化"。

(6) 理解:判断、解读所收到的信息并思索如何响应。

(7) 响应:正式采取行动。

响应之后就又再回到意图,也就是说,你(或是对方)可能产生下一个沟通的需求,于是又进入下一阶段的沟通。不一定每一次沟通的过程都能如此明确细分为这七个步骤,沟通的进行其实是千变万化的,沟通者要注意灵活变通,所以不要完全拘泥于这些步骤,否则有时反而会妨碍沟通的进行。

了解这七个步骤最主要是让我们知道如果盼望对方有响应,要如何去沟通。如果沟通失败、无效(对方没有响应)或者甚至引发相反效果(比不沟通还糟糕),想要检讨沟通的过程以发现问题出在哪个环节时,原则上就必须将沟通过程细分为这七步骤,才有可能发现问题之所在。

（三）人际沟通渠道（途径、通道）的种类

1. 正式的沟通渠道

指官方式的、被认可(被许可、被承认)的沟通渠道,通常都是按法律(或契约、组织规程等)规定进行。正式的沟通渠道,通常都是在正式的组织(或团体)内进行,不论纵向或横向通常都是遵循行政程序进行。

2. 非正式的沟通渠道

指非官方的、不在规划与体制中的沟通渠道,是与行政组织体系或工作流程无关的沟通管道。特点是不受僵化的层级或职位束缚,可以弥补正式管道的不足或解决其所不能解决的问题。大部分非正式的沟通渠道是因为有需要而产生,所传播的信息往往比正式的沟通渠道多而且快。比如,目前因特网已经成为全球最大的非正式的沟通渠道,通过关系与老同学喝咖啡等也属于这一类型。

（四）人际沟通的功能与意义

(1) 增进人际关系。人与人之间可以通过经常性的正式沟通与非正式沟通而

获得相互的了解,从而建立良好的关系;人际相处有了误解或冲突时也可通过彼此善意的沟通而化解。

(2)适应社会期望。个人的社会角色影响着个人与他人的沟通,而人际沟通又必须适应社会对个人角色的期望。

(3)形成人际认同。人际互动与沟通会形成共同心理,进而产生人际认同。

(4)达成人际目标。人际沟通有时不仅能得到相互的认同,还会产生共同的行动,从而完成共同的目标。

(5)满足人际需求。人是天生的社会性动物,需要与人相处,以满足各种需求,包括生理需求、安全需求、社会需求、自我需求和自我实现需求等。

(6)化解人际冲突。人际冲突若有了人际沟通,不见得能完全化解,但缺乏人际沟通,则永无化解的可能。

(7)实现自我认知。人们可以通过沟通而探索自我、认识自我、肯定自我。

(8)促进信息交流。个人通过沟通的过程,可以获取某些重要信息,以帮助自己作出决策,而正确信息的取得,则有赖于人际沟通来完成。

(9)促动关系运作。通过人际沟通的运作,可以了解个人人际关系的深浅与亲疏,如能善于运用人际沟通,则有助于人际关系的建立。

(10)建构人际合作。人们在做任何决定时,常常需要别人的同意或合作,这些都有赖于沟通来完成。

二、人际沟通的方式与障碍

(一)常用的沟通方式

1. 非语言的沟通

又称为身体语言沟通,是通过动态无声的目光、表情、身体的移位、摆动、手势等身体运动或静态无声的身体姿势、衣着打扮等形式来传达或表达沟通信息。在沟通中,人们都处于特定的情绪状态中,所以所有的身体动作都有其意义,人们可以通过面部表情、身体动作等传达攻击、愤怒、恐惧、愉快、傲慢等情绪或意图。身体语言给人的印象更深远,它们有助于传达真诚、信任等语言沟通所达不到的效果,能够传达更微妙的言下之意,非语言信息有助于我们洞察他人的真实情感。在沟通时应随时观察,以了解对方的看法、想法。

2. 语言的沟通

有口语沟通和手语沟通之分,沟通的类型包括听话、说话、交谈和演讲等。语言作为用以指示、标明和界定思想、情感、经验、物件和人物等概念,以便能和他人分享,并寻求共同的认知与理解的工具,一句话的含义往往不仅取决于其字面的意义,还可能取决于它的弦外之音。口语中的语调语速像不同的神态一样,可以表达不同的情感,使接受方有不同的感受。比如:生气就大声说话、情话绵绵就轻声细语、害怕或紧张讲话就会结巴或较快速等。

语言是人们最常用的主要沟通工具。非语言是人们用来协助、补充或修正语言沟通方式。非语言动作时常伴随着语言的表达而出现,所以,语言沟通与非语言沟通是相辅相成的关系,这在手语上表现得更加充分。

3. 文字沟通

又称书面沟通,如信件、字条、备忘录、公文等。运用具有共通意义的符号(文字)把东西写下来,可以促使人们对自己要表达的东西更认真地进行思考,欲表达的信息能被充分、完整地表达出来,减少了情绪、他人观点等因素对信息传达的影响,双方沟通的信息还可以长期保存下来,是有系统地沟通思想和感情的常用方法。书面沟通的特点适用于内容多,理解困难,人员分散,避免误解,听力障碍,需要查阅的情况。缺点是耗时久,不能及时进行信息反馈。

相对健听人而言,听障者的群体数量要小得多,但其面对的交流群体更为广泛(健听人、听障者),因而听障者的沟通方式更为多样化。听障者在与人沟通时可选择口语、手语、手口并用、口语中出现用手语表示的词和身体语言、书面语等基本沟通类型,且可以多种类型混合使用。聋人选择何种沟通方式,应根据聋人已掌握的沟通类型、沟通对象、沟通效果和词语本身的特点而定,以让沟通对象准确明白其所表达的意思,达到预期的沟通效果为标准。选择的沟通类型应能够保证交际活动的顺畅进行;有助于强调突出某些话题;反映一定的社会身份和社会关系。比如与健听人交流以口语为主,或手口并用、口语中夹杂有手语词和肢体语言,在外部条件许可的情况下,选用书面语与健听陌生人交流。与听障同伴交流时,则用手语交流最方便也最为亲切。

(二)人际沟通的障碍

要想维持良好的人际关系,就必须随时随地注意沟通的细节,察觉对沟通可能造成的不良影响,进而防范对人际关系的破坏。沟通障碍可能产生在发送者、接收者或信息三个环节上,分别对应于以下三个方面:

(1)就沟通过程中的发送者而言,如果有认知不清(不了解对方,不明白主题,不相信沟通)、发送不当(时间、地点、人物、场合、方法、语气不当)或态度不好(不想沟通,对对方有偏见,简单潦草,言行不一)的情况,就会产生沟通的障碍。

(2)就沟通过程中的接收者而言,如果有不清楚(心不在焉,身体疲乏,不明字意)、不想听(不喜欢,不想听,自以为是,情绪障碍,不愿沟通)和不明白(太过复杂,引起混淆,只顾自己,假装明白)的情况,就会产生沟通的障碍。

(3)就沟通过程中的信息而言,如果有认知障碍(沟通双方知识、经验、问题、目标、现状、观念差异太大)、心理障碍(情绪、感情、性格、习惯、气氛、态度、敌友、动机、目的不同)和语言障碍(语言种类、结构、语气、语速、语调、音量变化)的产生,同样影响沟通。

三、聋、健沟通的关键问题

聋人生活在一个健听人的社会里,与健听人的交往关系到聋人的生活质量、价值实现等诸多方面。在交往中聋人面临的主要问题是沟通问题。在聋、健沟通上主要要解决语言能力、文化交融和沟通技巧三个方面的问题。

(一)提高聋人语言能力是解决沟通的关键

1. 聋人要尽可能熟练使用手语

手语是聋人的母语,是聋人表达思想感情,进行交际的重要语言工具。手语是聋人在聋人社会中相互交流的基础,它是在最自然的状态下获得的,符合视觉接受的习惯,手语能表现任何文字写出来的词汇、内容和用语音表达出来的意思。聋人通常采用的诸多交流方式中,由于手语不受听力限制,不受双方文化水平的限制,所以手语仍然是最主要、最便捷、最容易为聋人所接受的,也是其他方式不可替代的主要方式。聋人必须学会并熟练掌握手语,并运用手语进行交流。

2. 聋人要尽可能掌握比较流利的口语

口语是健听人赖以交际的最基本的工具。由于多数健听人看不懂手语,而且不是在所有情况下都有纸笔可做书面交流,所以口语或者手语、口语并用能在很大程度上避免交流的困难,帮助听障者融入主流社会。因此,口语可以说是聋人融入主流社会的催化剂。聋人虽然失聪,但他们的发音器官是好的。经过专门的训练,聋人仍可以学会说话,并让健听人能够听懂,聋人通过读话清楚理解相互交流的信息,从而大大减少交流上的困难。口语是学习书面语的基础,口语能力强的聋人往往交际能力也强。

3. 聋人要尽可能运用双语进行沟通

手语和汉语一样重要,听障者不论听障程度轻重,能够用汉语(包括口语形式和书面语形式),也能够用手语,是最好不过的了,这样形成的双语沟通管道,跟健听人、跟其他听障人都可以无障碍沟通,扩大人际交流范围。

4. 聋人要尽可能提高书面语言表达能力

聋人要和整个社会接触,还必须用大量的时间学习健听人的语言。在聋人群体中,手语基本上可以满足他们的思维及交际需要,但对于浩瀚的社会大世界来说,那仅仅只是一个狭小的天地。为了发展,聋人要走向社会,和健听人一起生活,学习文化科学知识,一起为社会做贡献。因此只懂得手语是不够的,不能适应现代社会的需求。聋人要学好汉语(或英语),和健听人交流时应采用符合现代汉语的语序,只有实现这个飞跃,聋人才能与健听人,与整个社会全面沟通,其聪明才智才能得到充分发挥。

在沟通时,如果采用口语和手语仍不能与健全人沟通,那么就需要书面语言。当两种语言都学会的时候,聋人将在两个世界游刃有余。为此,聋生要加强文化课程的学习,提高书面语表达能力。

总之,聋人与健听人交往大都通过书面语来完成,书面交际是实现聋人与健听人交往的重要通道,注重书面交际能力的培养,可优化语言训练效果,使聋生具备较强的交往基本技能。所以,我们必须重视聋生语言材料的积累,营造聋生书面交际环境。

(二)深入了解,促进聋、健融合

融合就是健、聋互相交流,增进感情,加深理解,既了解聋人的方方面面,同时也了解健听人的方方面面。聋健交流是双方面的,双方都要有耐心,尊重对方,学习对方的语言。就聋人而言:

1. 聋人要尽可能深入了解健听人的文化

聋人和健听人之间都存在一定程度上的不了解。直接影响聋、健顺利进行交往的因素,除了口语能力和看话水平这两个重要方面,两个世界的文化差异也是很重要的因素。健听人习惯用耳朵交流,很少一边交流一边注视对方的脸,而这一点恰恰是聋人交流所必需的前提条件。只有面对面的交流,聋人才可能看到对方的口型和神态、表情,以便接上对方的话题。聋、健交流时,经常出现这样的情景:健听人眼瞧着别处,嘴巴却在和聋人说话。而聋人发现健听人不看着自己,就没有作出反应。结果健听人就误以为聋人不想和他说话,交流就此中断。这个现象反映了健听文化和聋文化的差异。

正因为这两种文化的差异,导致了许多聋人和健听人失去许多宝贵的交流机会。所以,聋人必须在生活的体验中,不断加深对健听文化的了解,应成为两种语言两种文化的自由转换者,且没有主次之分,而减少不必要的误会,更好地和健听人相处、沟通。

2. 尽可能让更多健听人了解聋人

聋人和健听人的交往是很重要的,要取得社会的理解和尊重靠聋人自己还不够,需要健听人来和聋人平等合作。不仅聋人要了解健听人,健听人也要更多地了解聋人,以便达到双向沟通的目的。因为两个世界的差异,健全人又没有耳聋的亲身经历,就不可能感受到失聪所带来的不便、烦恼和痛苦。所以,他们所想象的耳聋是与实际大相径庭的。作为聋人,应该多表达出自己的经历和感受,让更多的健全人更深的了解聋人,改变过去的偏见。

健听人在交往的过程中主要依赖口语,聋人在交往过程中的主要语言是手语。每个群体只掌握自己的母语,在自己的群体里面交往是不会有什么障碍的,可是如果想了解另一个群体、走进另一个群体,若不能很好地掌握对方交往时经常使用的语言,就不能达到很好的交流目的。要想让健听人和聋人这两个群体能在一定程度上进行沟通,问题的关键在于健听人对聋人的不了解,所以解决问题的最有效办法就是尽力推广手语宣传聋人,让健听人学会一定的手语,了解聋人世界的沟通和交流方式。而对于聋人来说,只有在能和健听人不断交流和沟通的情况下才能提高口语表述的能力。

健听人和聋人是两个使用不同语言沟通交流的群体,其游戏规则和文化背景自然也存在着些许的差异,各自认识问题的角度立场也各不相同。聋人和健听人在既熟知本群体的文化特征之外,也应更多地了解另外一个群体的游戏规则。其中就包括在不同群体交往中所要遵循的交往礼仪和道德规范,只有在互相谅解和互相尊重的基础上才能真正地做到相融相亲。

(三)掌握沟通技巧

聋、健之间要谈得上、谈得来、谈得拢,还取决于是否有良好的沟通技巧。聋人应掌握以下沟通技巧:

1. 开门见山,多次提醒

聋人在与新认识的健听人沟通时,因为健听人多半不知如何应对聋人,所以聋人需要根据自身的实际情况,如,有没有残余听力,看口型如何等,直截了当地告诉对方,让对方采用适合你的方式与你交谈。在交谈过程中,如果对方忘了又恢复他原来习惯的谈话方式,你仍需要提醒他,如"请你说得慢一些,再大声点",对方会表示理解来"迁就"你的。

2. 善于打岔,请求重复

双方交谈时,若你自始至终没有明显反应,那么对方会认为你没有"听进去",或者没有兴趣谈,他也就"淡"下来了,或干脆截断了。但你若没完没了地插话、提问,也不妥当。使对方思路受阻,也会降低对方继续谈下去的热情。然而聋、健沟通时,聋人听不懂的情形是常有的事,因此,如何把握发问的技巧很有讲究。一般来说,把握发问的时机要依据对方是个什么样的人(比较随和或个性很强),说话的内容(是片段地对话,还是连贯地讲述)以及当时的谈话气氛(是轻松的还是严肃的)等多种因素而定。比如,有的人常常打断别人的话,但当别人插话时却一再声明"等我把话讲完",这表明他个性较强。为了沟通顺利进行,对这种人对方也得"迁就"点。

聋人听不懂健听人谈话的内容而请求重复,多数人是通情达理的。当然,打岔发问时,语气尽可能恭敬一些。

3. 走出自闭,广泛交流

有的聋人就只能看懂熟悉的人的口型,适应几个人的说话习惯。这对于那些手语用得少,主要靠"读话"来交流的聋人来说是个很大的挑战。聋人大学生周婷婷,从自己的经历中领悟到:"聋人要克服闭关自守的习惯,不要依赖少数熟悉和要好的人帮忙翻译,敢于和不熟悉的人交流,不断地熟悉每个人的口型和说话习惯。当能够交流的人越多,每个人不同的口型和说话习惯就固定在自己的头脑中,形成一个语言习惯体系。以后再遇到新的陌生人时,他的说话习惯总有接近自己过去认识的人的说话习惯,久而久之,聋人就比较容易尽快地熟悉对方的口型,达到交流自如的目的。"造成自闭的原因,一是怕出丑,二是怕健听人嫌麻烦,因而不敢接触陌生人。常表现为不懂装懂,似懂非懂,不敢深问。重要的是聋人要有勇气从自我封闭中走出来。要多一些自觉性,少一些盲目性,"丢掉包袱,轻装上阵"。怕出丑就是一个包袱,压得你透不过气来,到头来,越怕出丑越出丑。自觉者是"知之为知之,不知为不知",盲目者则不懂装懂,自欺欺人。

4. 能口则口,能笔则笔

很多聋人知道,与健听人沟通时,用手语不现实,懂手语的健听人太少,即使懂一点也谈不深。聋人口语好的,也是少数,因此主要方式还靠纸笔。即使那些基本能靠说话和看口型(通常还借助残余听力)与健听人沟通者,仍会有看不懂的时候。依据周婷婷的经验,"聋人不要非得看懂才罢休,这样对双方都会很累"。到实在看不懂时(即使重复了多遍)"就应该拿出笔和纸让说话者写给自己看"。在她的经验中值得我们学习的一点:"写完后,再把刚才的声音、口型和写的字联系到一起,并记住。以后再遇到同样的话时,就容易看懂了。"对于有文化的聋人,纸笔不失为一种最为有效的沟通选择。

5. 信息技术,充分利用

现代信息技术发展如此之快,使聋、健沟通方式发生巨大的变化。20世纪90年代以来,美国聋人广泛利用电信打字机 TTY(teletypewriter)来进行沟通,日本、中国的聋人则更多地利用传真和手机进行信息传递。聋人利用电脑网上聊天、发送E-mail,进行即时的信息交流也变得相当普遍,这些都是很适合聋、健沟通的方式。对聋人来讲,网络交际能力远比现实社交能力强。如,上网聊天的交友方式是一种全新的交际手段,也是聋人最常用、最喜欢的一种网络交流方式,通过网络聊天聋人尤其是不善于交往的聋人,锻炼了自己与人沟通和交流的能力,在网上结交到聋人以外的人群,使来自学校和父母的压力得到释放,聋人与健听人网上聊天,对提高聋人书面语写作水平是很见效的,但一定要注意适度原则。

网络聊天作为一种全新的动态人际交往形式,对提升聋人大学生的人际交往智能、丰富个性具有重要的作用,网络聊天也是聋人大学生最常运用的网络交流方式,我们应对网络聊天进行指导,帮助聋人大学生。

第四节 聋人交流典型案例

一、聋人自闭导致交流障碍的案例分析

【案例介绍】

刘某,男,聋人,某高校一年级大学生。

刘某性格内向,封闭保守,不擅长与人交流合作。虽然他学习成绩不错,但从来不喜欢和同学探讨,同学问他问题,他都是不理不睬,不愿意帮助别人。久而久之,同学们都说他自高自大,自私自利,也都疏远了他。长久以来,孤独的他又产生了自卑心理,更不愿意与同学交往。从此他开始迷恋网络,在广阔虚拟的 Internet 空间里漫游,在"反恐""传奇"等游戏界面中不能自拔,忽视同学、朋友、老师之间的人际活动,因为他觉得实际的生活远不如虚拟的精彩。由于长期游离于网络游戏世界,使他性格越来越内向,生活越来越枯燥、乏味、单一,活动范围越来越小,办事效率越来越低,问题一个个接踵而至,学习成绩直线下降,烦恼不断地出现。

【案例分析】

在人际交往中,自卑心理是培养其交际能力的最大心理障碍。想要提高聋人的人际交往能力,就先要把聋人的自卑心理消除,培养对自己的信心。作为聋人大学生,不应该埋头苦读,也不应该封闭自己。争取每个机会参与交流,参与实践,多认识朋友,多交谈经验。对于刘某这样心理封闭的同学,最重要的是使他能正确认知自己、努力改变自我,自强不息。身边的老师、同学要热情关心他、帮助他,不能简单予以责备,甚至孤立他。使他通过与他人交往,在自己和人的相互作用中了解自己,多方位认识自己,通过比较,正确认识自己,由此调整自我评价,发现自己的长处,相信自己的能力,刘某只有克服自卑感,才能提高社交的自信心与能力。

二、聋人主动大胆、乐于交流的案例分析

【案例介绍】

李某,21岁,聋人,某高校一年级的学生。

李某是新疆维吾尔族人。他高鼻梁、头发卷曲,性格活泼、开朗、爱说爱笑,爱好舞蹈、音乐,看话、口语能力强,有较强的沟通与交往能力,健听人和聋人都愿意和他交朋友。他有礼貌,看到老师、同学就热情问好,喜欢和大家交流。他口才不错,很会用口语说话,因而人缘很好,朋友很多。

在开学初的师生见面会上,大家都面露羞涩,谁都不敢上台。这时,李某第一个跑上讲台用风趣、幽默的自我介绍打破了沉闷的气氛。接着他又用手势邀请母校同班一女生共同表演一段新疆舞《掀起了你的盖头来》,优美、娴熟、配合默契的舞蹈,赢来了台下师生的阵阵掌声。大家提议他再表演一个节目,他爽快地答应再唱首歌。李某是个"歌迷",他边打手语边说:"音乐,是可以看得见的。下面请欣赏聋人演唱的流行歌曲!"李某风趣的台风及精彩的演唱受到了大家的欢迎,尽管很多聋人同学听不到他唱的歌,但大家都在用心地去"听",去感受音乐的美妙。李某大胆、精湛的才艺展示得到了全班同学和老师的赞赏,现场欢呼声此起彼伏、气氛热烈,见面会掀起了一个高潮。

【案例分析】

俗话说:"万事开头难。"唱戏讲究开场,只有精彩的开场,才能引起观众的兴趣。与人交往也是一样,是决定一次交往能否顺利进行、达到目的的关键因素。李某的即兴开场白一鸣惊人,吸引了大家,接着他主动大胆、高超的才艺展示抛砖引玉,消除了新生交往的陌生感,拉近了大家心与心的距离,使见面会在热闹、欢乐、融洽的气氛中得以顺利进行。

聋生人际和谐的表现之一是乐于与人交往。本个案中的李某善于把握交往的机遇,大胆主动地与老师和同学交往,他热情自信,充分展示自己的才华,进行自我的形象推销,以良好的心理品质和表现为自己赢得不错的"第一印象",从而达到良好的交往效果。言语交际中幽默技巧的把握与运用尤为重要,言语幽默也是衡量口才的最高标准,李某在交际中语言运用得当,他始终带着真诚的情感去和大家交流,使大家愉悦,给大家带来快乐。李某幽默诙谐的交谈、良好的口才是未来他走向成功的桥梁。

三、聋人微笑助人、扩大交际范围的案例分析

【案例介绍】

崔某,女,22岁,聋人,某高校二年级的学生。

崔某是个性格开朗、善良美丽、爱笑的姑娘。她聪明、好学、心灵手巧,擅长手工编织手艺。她兴趣广泛,除认真学习专业知识、学好功课之外,花费大量的时间去钻研、学习编织各类手工品,曾被选中参加市残联组织的残疾人职业技能免费培训班的培训,获得省残疾人技能大赛编织组第一名,入围参加第三届全国残疾人职业技能大赛,在强手如林的选手角逐中,获得编织组拼搏奖,充分展示了聋人大学生顽强拼搏、自强不息的精神风貌和高超娴熟的职业技能。

崔某性格温和、脾气很好,她很爱笑,同学们称她为"微笑天使"。她善良、真诚,乐于助人,大家都喜欢和她交往做朋友。每逢过年过节,她总是亲手编织一些有创意的、漂亮的、红红的中国结或手工编织品送给老师和同学们,手工作品深受大家赞赏;她还主动、积极、耐心地向爱好编织的同学们传授中国结的编织方法和技巧,带动了全班同学学习编织中国结的热情,丰富了大学的课外生活。同学们在她指导的手工编织活动中加强了交往,加深了情感,提高了校园生活情趣,微笑使她不断结识新朋友,也使她成为最受大家欢迎的人。

【案例分析】

笑容是一种令人感觉愉快的面部表情,它可以缩短人与人之间的心理距离,为深入沟通与交往创造温馨和谐的氛围,因此有人把笑容比作人际交往的润滑剂。崔某的微笑缩短了与同学之间的距离,表达出自己的善意、愉悦,给人春风般的温暖。她的微笑是发自内心的,渗透着自己的情感,她良好的个性赢得了身边人的喜爱。她表里如一,心灵手巧,乐于助人,微笑和真诚使她收获了友谊,使她的生活快乐又充实。崔某拥有良好的个性,微笑待人、乐于助人,懂得怎样与不同的人打交道,从而有利于扩大自己的交际范围,锻炼自己的胆识,这是她以后走向成功的重要保证。

四、聋人熟练掌握手语、成功与人交往的案例分析

【案例介绍】

刘某,男,21岁,某高校一年级大学生。

刘某从小接受口语康复训练,一直就读于普通学校,没学过手语。走进大学,他才初次接触聋人。由于他不会手语,与聋人同学交往中产生了严重的交流障碍,同学听不懂他"说"什么,他也看不懂同学打什么。因为他的"口语"并不是很清晰,健听人也很难听懂他的话。尽管他学习认真,成绩优异。但由于缺乏交流沟通,他不了解聋人的心理、聋人文化,更不懂得如何与聋人相处,他从不把自己当成聋人,还老埋怨聋人层次低、文化基础差、不懂道理。尽管他考试成绩名列前茅,但他无法与同学们沟通,无法向同学们表明自己的内心所想,导致有些聋生不喜欢他,说他心高气傲、看不起聋人,大家都不愿意和他做朋友,于是进入大学后踌躇满志的他,如今只能独来独往,产生了深深的孤独感和寂寞感。

老师针对刘某的交流障碍问题,对其进行有效的指导,使他意识到与同学交流障碍在于不会手语,于是他开始认真学习《中国手语》,向其他聋人虚心请教,不久掌握了一些手语日常会话,很多同学也主动教他学手语,很快他手语娴熟,自然适应了聋人圈子,成了十足的"手语族"。如今他能用手语自如地和聋人交流,交了许多聋人朋友。他用口语和健听人交流,随身带着笔和纸,当健听人听不懂他话时就笔谈,很快他又结交了许多健听人朋友。朋友多了,他变得开朗起来,积极参与校内外各项活动。作为唯一一位聋人参赛选手,在全校演讲比赛中,他沉着冷静,手语、口语同步,展现了聋人大学生积极向上的风采,取得了优异成绩。在市级首届中国手语技能决赛的舞台上,刘某凭借良好的文化修养和准确、清晰的手语技能,获得了全市聋人组第一的好成绩。

【案例分析】

手语是聋人互相间沟通、交往的一种必需的"语言",聋人手语对聋人健康成长起着极为重要的作用,是聋人在聋人社会中与其他聋人平等交流的基础,它也能像有声语言对正常儿童的成长起促进作用一样,能够促进聋生更好地学习知识、认识事物和理解社会。聋生要掌握属于自己的语言,从而不断提高认识,健康成长。本个案中的刘某从不会手语到熟练掌握手语,掌握了聋人交往的"语言",为今后更顺畅地与人成功交际,迈出了重要、关键性的一步。

五、聋人提高语言文字能力、顺畅与人沟通的案例分析

【案例介绍】

王某,女,20岁,聋人,某高校一年级的大学生。

王某入学前就读于一所偏远落后的村办聋哑学校,其文化水平不高,语言能力和书面语写作能力也较差。一天,老师收到了一条无署名信息,内容语序混乱根本看不懂什么意思,老师差点当成恶意信息删除,但后来又反复、仔细研究信息内容,从语序颠倒、混乱的迹象断定是聋生发的。上课时,老师问起信息之事,王某承认信息是她发的。老师问她,想表达什么?王某说:没事,问候下老师。老师没有打击她的积极性,而是循循善诱,从这个"乱码信息"说起,让她理解书面语能力差带来的沟通上的不便,并让她看其他聋生发的文字通畅、表述清晰的信息及优秀作文。通过对比,王某认识到自己的差距,并表示今后要多读书、多写作,提高书面语表达能力。

老师采取有效的方法对王某进行了写作指导,从此,王某上课认真听讲、积极发言,下课去图书馆读书并坚持写日记。很快,王某体验到了写作带给她的快乐,有了写作的强烈愿望,经常用手中的笔抒发自己的心声。在母亲节来临之际,她第一次给母亲写了一封长长的《感恩》信,表达了女儿对母亲的感激之情,令其母亲感动不已。教师节来临之日,她写了篇赞美教师的诗歌,虽然语句稚嫩,语言也不够华美,但真实表达出了她对老师的真挚情意。从此,王某开始乐于用书面语与他人交流,用笔写心声,体验到运用良好的书面语与人沟通情感带给自己的快乐。

【案例分析】

手语是聋人世界交流的工具,主流语则是健听世界交流的工具。聋人语言词汇量少,没有自己的书面语,无法传递异时异地的信息,无法记录自己的经验,无法同不会聋人语言的人进行全面的交流,因此有其局限性。如果聋人不学习主流社会的语言,也就无法受到相应的科学文化的教育等等。要使聋、健沟通少一点障碍,首先要聋人提高语言文字能力。只有立足自身,才能处于主动地位。本个案中的王某与老师进行信息交际时出现的表达困难、语言干巴的主要原因之一,是因为缺乏语言材料,书面语运用能力低下,影响了王某与他人的正常沟通。后来,通过加强写作训练,王某提高了个人书面语能力,能运用书面语表达自己的思想感情并与人顺畅沟通,并取得了良好的成效。

六、聋人拥有良好心态、与健听人无障碍交流的案例分析

【案例介绍】

张某,女,聋人,某高校一年级学生。

张某性格开朗、乐观向上,工作泼辣,有很好的口语沟通能力。她身为聋人学生会干部,经常要开会、协调组织校内外各项文体活动,难免与各种人打交道。每次和陌生人交往时,她一开始就非常客气地告诉对方:"你好,我虽然耳聋,但是我可以看懂你说话。你只要说话慢一点,口型大一点,声音大一点就行。"绝大多数健听人都会欣然接受她的小小要求。有时,他们会无意中忘了她提出的要求,说话又恢复了原来的习惯。这时,张某就会微笑而大方地提醒他:"抱歉,请您说话再慢一点好吗?"对方就会醒悟过来,表示歉意。经过多次提醒,对方就不知不觉习惯了她所要求的说话方式。至此,张某与健听人之间的交流也就进入良好的状况了。

【案例分析】

听障不是不幸,而是不方便。要正视听障残疾,建立自尊自重的信念,应该面对现实,振作起来,不过分看重聋人与健听人的差异,不因为聋而自卑、彷徨。只有你自己对"聋"字看轻,别人才可能"不分彼此"。要主动友好地接触健听人,进而影响其对聋人的看法,做他们的朋友。可以教教健听人手语,给他们介绍更多的聋人朋友。聋人要不断学习,提高自己的素质,与健听人发生摩擦,要尽可能宽容,让他们感觉到聋人的宽阔胸怀。聋人张某具备了健康、良好的心态,乐观、积极的性情,又掌握了一些与健听人交谈时的技巧,所以她和健听人的交流得以顺利进行。

七、聋人性格孤傲、阻碍沟通的案例分析

【案例介绍】

王某,男,20岁,某高校一年级学生。

王某性格孤傲,给老师和同学的印象是固执、钻牛角尖、任性。由于他从小一直就读于健听人学校,因此不会手语。走进大学,他没有融入新环境,用挑剔、不信任的眼光去对待身边的人与事,与老师、同学缺乏沟通,常常不被理解,甚至误解,因此他经常陷入苦闷之中。在班上聋人同学都不愿意和他交往,他只有一个能交流的人——一个和他有相同经历、同样不会手语的张某同学。虽然他自身优点很多,如爱读书、爱写作、思

维敏捷、积极上进等，但由于他个性随意，想说什么说什么，想做什么做什么，说话做事从不讲究方式方法，不考虑别人的感受，因此他不经意就得罪了身边的很多人，一提起他同学们直摇头。每次上课他总爱坐到最前排，很专心地看老师的口型听课，但经常老师在台上讲他在下面小声嘀咕，还常打断老师的讲课，提些稀奇古怪的问题，干扰了正常教学秩序，为此同学意见很大，老师也很无奈。但王某却不知道自己究竟错在哪里。

【案例分析】

在人际交往中，有时聋人由于主观方面的因素，导致认知出现偏差，也会影响人际交往的正常进行。认知偏差表现为不能够正确地看待他人，也不能够正确地看待自己。本个案中的小王明显是由于认知的偏差阻碍着良好人际关系的建立。人际交往的目的在于满足交往双方的需要，是在互相尊重、互谅互让、以诚相见的基础上得以实现的。而王某以自我为中心，常常忽视平等、互助这样的基本交往原则，常以自我为中心，从不考虑对方的需要，这样的交往必定以失败而告终。王某只有掌握在各种场合中的交往知识、礼仪、技巧，在情境中学会了解他人，让他人了解自己，不再封闭自己，去合常人之群，真诚待人，才能成为一个受别人欢迎的人。

八、信息网络搭建聋人与社会交流平台的案例分析

【案例介绍】

陈某，男，21岁，聋人，某大学二年级学生。

陈某头脑灵活、应变能力、组织协调能力强，是一位全面发展的、有着极强社交能力的校学生会聋人干部。他积极组织、筹备了聋人文化社团，并被推选为社团团长。作为社团负责人，他经常精心策划、组织开展一些聋人和健听人交流、合作的有益活动，并邀请学院领导、老师担任活动嘉宾或评委，共同参与、指导活动。陈某计算机应用能力较强，他充分利用网络这个交流平台，通过电子邮件沟通，QQ、飞信聊天，博客空间等方式，结识了许多国内外优秀的聋人与健听人。网络搭架友谊之桥，如他精心组织、筹办各种丰富多彩的聋人社团活动，许多优秀聋人应邀赴会，做聋人文化相关的精彩讲座。留美聋人博士李某应邀在庆祝社团成立的贺词中写道："送上深深的祝福，祝聋人文化交流蓬勃发展；放飞甜蜜的梦想，愿世界聋人共创美好未来。"聋人博士周某贺信如下："聋人事业发展很快，现得知贵校即将成立聋人文化交流俱乐部社团，我感到非常高兴！我坚信，只要我们聋人团结起来，努力让更多社会上的健听人去了解我们，

社会环境将会得到进一步的改善,我们聋人的前景也会越来越好!"信息网络搭建了聋人与社会交流的平台,这些有益的活动为进一步推进聋、健交流起到了良好的促进作用。

【案例分析】

网络沟通是未来沟通的趋势。聋人群体因为听力障碍,与健听社会或者说主流社会在沟通方式上出现"障碍",造成有声世界和无声世界的隔离。这就不可避免地使聋人群体在与主流社会相互作用的过程中,又拥有自己的社会,这个社会的成员有着共同的心理感受、生活经验、生活方式,这些客观因素自然造成了聋文化的形成。网络拓展了聋人交友的渠道,本个案中的陈某能充分利用网络资源,通过发邮件等沟通方式,朋友式的交往相互交流、学习、帮助,并开展社团活动积极传播聋人文化,积极推动了聋人事业的发展。

【思考题】

1. 聋人大学生如何运用语言艺术优化人际交往?
2. 请简述聋人如何表现才能给人留下良好的第一印象。
3. 请简述聋人成功交往的主要方法。
4. 请简述聋人如何掌握沟通技巧。

第五章

聋人与励志

聋人无法让整个社会为自己而改变,只能改变自身去适应整个社会。人作为一种社会性动物,本能地要求一种社会认同和群体归属。但由于聋人个体的分散,大多聋人无法融入聋人群体之中。尽管目前虚拟的网络世界可以为具有一定文化素养的聋人提供交流的机会,让聋人个体在虚拟空间的聋人群体中获得心理归属感和精神慰藉,但这并不能在现实生活、工作中满足聋人对社会认同和群体归属的需要。就我国目前状况来看,现实聋人群体主要形式有普通聋人学校、聋人福利性工厂、大学中的聋人院系等,而这些聋人群体中聋人数量并不大,并且聋人接受教育之后仍必须走向社会,聋人社会性群体的缺乏,让聋人个体真正步入社会之后常常处于一种茫然彷徨之中。事实上,聋人个体对自身进行调整和改变的过程,就是聋人在成长过程中不断寻求社会认同、调整自身社会定位的过程,更是一种自我意志磨砺走向成熟的过程。励志,乃是聋人健康成长并成功走向社会的关键所在。

第一节 聋人与社会定位

社会如何看待聋人和聋人能否正确把握自我,是直接影响聋人能否准确进行自我社会定位的关键因素。就外在因素而言,社会能否准确恰当地看待聋人,消除对聋人的偏见,对聋人的社会生活与工作,某种意义上具有决定性的影响。如,由于亚里士多德将"感觉缺失与推理无能"作为聋人的特征,认为"他们与森林里的动物一样,是不可教育的",并在《动物史》第九卷中明确指出"生下来就聋的人在任何情况下都是哑巴;他们能够发出声音,但不能说话",这一论断直接导致了聋人在西方社会中近2 000年的悲惨命运:他们不被社会所承认,被基督教会拒之门外,甚至不被看成完整的人,不能获得工作,没有继承权,社会交往更是受到限制。换句话说,西方社会对聋人缺乏一种正确的社会认同,导致了聋人长期被社会所遗弃的现象。同时,聋人由于得不到来自社会的认同,长此以往也就对社会缺乏一种认同感,将自身界定为社会边缘的地位。

但"聋"作为一种生理现象,并非仅仅出现于贫苦或社会地位低下的家庭中,上流社会家庭中同样也有聋人,而他们并不希望子女堕落成为社会的边缘人。于是,他们凭借自身政治、经济、社会地位,想通过教育来改变这一现状。希望聋子女经过教育后,不仅能够像正常人那样说话、看话,而且能够像正常人那样交流,继而像"正常"人在"正常的"社会中获得地位并生活。19世纪美国著名的克拉克学校就是以培养学生直接进入社会为教育目标,以中产阶级的生活习惯和道德准则来教育聋童的是非与道德观念,开创"家庭教育"模式,以中产阶级良好的家庭氛围代替学校的氛围。教育,现已成为改变聋人社会定位的一个有效手段,但教育并非改变这一现象的根本手段。社会对聋人观念的改变,即对聋人的认同,才是聋人真正回归社会主流生活的关键。而聋人对自身定位的调整,为赢得社会认同的努力,则成为了聋人改变自身现状的内在积极动因。

一、聋人与社会认同

(一)如何理解社会认同

社会认同,是一个社会心理学概念,一般被界定为个体对自身社会群体的归属感,以及从所归属群体中获得的情感、价值等。而社会认同对于聋人而言:首先,指聋人个体对聋人群体的寻找、归属、认同以及聋人群体对聋人个体的肯定、认同等;其次,指聋人个体和群体对社会政治、经济、社会地位的追求和整个社会对聋人个体和群体的肯定与认同;再次,还包括聋人个体、聋人群体与健听人群体之间的相互认同问题。尽管聋人数量很多,但绝大多数聋人的分布都是比较分散的,在聋人个体生活圈的范围之内,健听人仍然占据着多数,健听人群对聋人个体的态度将直接影响聋人个体对社会的态度和自我的定位。

社会认同包含很多层面,如国家认同、地域认同、文化认同、阶层认同、组织认同、政党认同等等,但对聋人而言,社会认同首先强调的应是心理认同,一种心理归属和慰藉。这是因为,聋儿童年时期很难得到来自家庭的爱、来自小朋友的友谊等,从而致使聋儿从小在内心就产生一种孤独、封闭和自我怜悯,以及对他人成就、友谊的妒忌、愤怒甚至仇恨。聋人之所以具有强烈的聋人群体认同感,原因就在于聋人与健听人之间无法形成带给聋人内心归属感的心理认同。

正是基于社会认同对于聋人内涵的差异,我们必须从聋人的角度换位思考社会认同与聋人之间的关系,准确把握聋人对社会认同的需求和由此对聋人社会定位的影响,以便正确帮助聋人获得聋人群体和整个社会的认同感,帮助聋人健康成长和适应社会。

(二)当前我国聋人社会认同状况

聋人,由于听力障碍造成了他们和健听人在信息获取、交流方式、知识接受、个人信仰、道德规范、生活习惯等方面和健听人存在着很大的差别。他们对外界的感受、认识具有共同性,在适应社会的过程中形成了共同的需要、情感;尤其是由于听力障碍自然形成的语言——手语。语言的不同,使聋人和健听人之间难以沟通,造成两个分割世界,这些现实因素就自然形成了与健听人社会——即主流社会相对的聋人社会。这种区分也相应地影响到了聋人的社会认同问题:聋人对健听社会的适应和健听社会对聋人及聋人群体的评价与看法。

现实生活中,除因聋人教育、聋人工厂等能够在现实中形成一定的聋人群体之外,大多数聋人生活圈内主要还是健听人,甚至大多都是一个聋人生活、工作在健听人群体之中,但却在内心里游离于所处的健听人群体之外,缺乏对健听人群体的认同感。如果一个聋人长时间生活在一个无法在精神上融入其中的健听人群体之中,将会给他带来巨大的精神压力,甚至会导致孤独、自闭等精神性疾病。尤其是对于那些曾经在聋人群体中生活过的聋人而言,更是如此。例如,中州大学2005届聋人装潢艺术设计专业的一位毕业生,就业时最大的愿望就是到广告公司做设计工作。后来,他如愿以偿,毕业后被北京一家广告公司录用,工作条件和待遇都不错,但他依然快乐不起来,他给老师发短信说:"这里的工作确实不错,健听人对我也不错,但是交流的不便使我的内心十分寂寞,我很难过。"无法交流所造成的内心寂寞、孤独,迫使他很快选择了离开这家广告公司。这种类似的案例还有很多,因为在以健听人为主的单位工作的聋人,由于同事不会使用手语直接交流,只能通过文字交流,给聋人参加集体活动带来很大的不便,对于同事之间的情感交流更是困难,还容易造成很多误解,长时间就形成了被排除在外的感觉,令他们痛苦不堪。这在客观上也导致了聋人大学生就业面比较窄。为了解决交流的困难和障碍,聋人大学生在就业时就会主动选择有聋人的单位,如最理想的单位就是到聋校做老师。因为,聋校作为一个聋人群体,某种程度上形成了一个独立于健听人社会之外的聋人小社会。在这里他们可以运用手语交流,能够自由地进行沟通,同时,作为老师也能够赢得学生和家长的尊重和肯定,周围人的理解使他们能够获得充分的归属感和安全感,尤其是心理上的满足感和愉悦感。而如果聋人工作、生活周围的人群中具有一定的聋人或者能够使用手语进行交流的人,那么聋人适应社会、获得社会认同的能力也就会大幅度提高。随着聋人教育的发展,特别是聋人高等教育的发展,聋人文化素养和技术水平的提高,聋人能够胜任的工作岗位也会不断增加,集中就业的单位也会随之增加,并且聋人集体创业的可能性也在不断增大,聋人的社会认同状况,相信会随之得到不断改善。当然,这也会对健听社会先前对聋人的偏见改变产生影响。

受社会观念、经济条件等因素的限制,能够系统接受教育的聋人在目前整个聋人群体中的比例并不高,客观地说,大多数聋人文化素养低,缺乏一技之长,法律意识淡薄,常常因聋人群体性的盗窃等而引起社会的关注。聋人犯罪现象为整个聋人群体获得健听社会认同带来了阴影,导致一部分以偏概全,甚至否定优秀聋人的存在。而优秀的、有社会影响力的聋人的出现,反过来也会引发社会对聋人群体的重新认识,一定程度上改变社会对聋人的偏见。如2005年春晚,以优秀聋人舞蹈演员邰丽华为首的聋人演员所表演的《千手观音》,在现代传播手段的帮助下,迅速红遍全国。邰丽华作为领舞者,受到了社会媒体的广泛关注,一时间关于邰丽华的采访、报道等遍布报纸、电视和网络等传播媒介。如果从社会认同的角度来看,邰丽华所引发的社会关注,不仅仅是整个社会对她本人的高度认同和肯定,而且也因此改变了一些人对聋人群体的偏见,由此认识到聋人群体中实际上有很多优秀的聋人个体。邰丽华为整个聋人群体形象的改变,发挥了积极作用。

另外,在聋人寻求聋人群体认同、聋人与健听人交流等问题上,我们必须要注意到现代网络所发挥的积极作用。通过网络所形成的网上虚拟空间、虚拟世界,聋人不仅可以通过聋人在线等一些聋人网站与聋人进行交流,在网上虚拟空间的聋人群体中获得群体的认同感、归属感,而且可以通过QQ等聊天工具,与健听人聊天交友,增进与健听人之间的交流,还可以通过网络教授愿意学习手语的健听人,增加现实生活中健听手语使用者。现代网络,在聋人寻求社会认同的过程中具有积极作用。但同时也要看到网络的负面作用,如现实中过于孤独的聋人个体一味沉湎于虚拟的聋人群体之中,就可能被欺骗、诱拐犯罪,或者是患上网瘾而对现实生活产生厌烦等等。

聋人社会的认同状况,由于现代社会的发展已经出现了新的变化,其中既有积极的一面,也有消极的一面,如何充分利用积极因素推动聋人现实生活的改善,已经成为一个亟待深入调查研究的社会性课题。而由观念改变所带来的现实环境的改变,如手语运用、聋人就业岗位提供、聋人信息获得渠道等的改变,还有很多工作要做。

(三)聋人社会认同环境的改善

1. 国家重视与政策支持

随着我国改革开放的进一步深入,社会主义现代化建设取得了前所未有的丰硕成果。为了让广大人民充分享受改革开放的成果,中国共产党和人民政府对社会原有体制机制、政策等进行了全方位的改革,尤其是社会主义和谐社会的建设目标,进一步强调了社会的公平与正义。而这其中就包括如何更好地改善包括聋人在内的残疾人工作生活条件,让他们能够无障碍地生活。如我国在"十五"规划中就明确指出,要"加强残疾人事业,帮助残疾人康复、就学和就业,创造残疾人平等参与社会生活的条件"。在"十一五"发展纲要中,对残疾人事业进行了更为明确的规划,其中与聋人相关的有:

在规划要实施的重点康复工程中规定,完成"聋儿听力语言训练8万名","健全聋儿康复网络。加强中国聋儿康复研究中心和省级聋儿康复中心建设,巩固基层聋儿康复机构;办好聋儿家长学校;指导社区、家庭开展康复训练;实施贫困聋儿康复救助;开展听力语言康复教师职称评定工作;逐步推广人工耳蜗植入技术;拓宽听力语言康复服务范围"。

在教育方面,"统筹规划高中阶段特殊教育学校建设,市(地)级以上城市要建立特殊教育高中或设立特殊教育高中班;倡导、鼓励兴办残疾人高等教育,有计划地扶持有条件的普通高等学校开设特殊教育专业和创办特殊教育学院。继续办好长春大学特殊教育学院、天津理工大学聋人工学院、山东滨州医学院、北京联合大学特殊教育学院等特殊教育院校,适当扩大招生规模,增加专业设置,提高办学层次和质量。进一步完善普通高等院校招收残疾考生的政策和考试办法。继续完善学前教育、义务教育、高级中等教育、高等教育相互衔接的残疾人特殊教育体系","加强特殊教育师资人才队伍建设。创造条件办好特殊教育师范院校,在普通师范院校开设特殊教育专业或课程,增加特殊教育师资人才队伍的数量,提高质量。依托有条件的高等院校建立国家级残疾人职业教育师资培训基地。继续办好北京听力语言康复技术学院。加强盲文、手语的研究、完善和推广工作,继续研制专业手语和盲文符号,组织开展盲文、手语特殊教育培训,规范教材的编审和出版工作,为盲人、聋人接受义务教育、高级中等教育和高等教育创造条件"。

在文化、体育方面,强调"办好残疾人特殊艺术团体,培养特殊艺术人才,展示残疾人特殊艺术才华。组织第七届全国残疾人艺术汇演和盲、聋、弱智学校学生艺术调演","发展残奥、特奥和聋奥运动。组织动员各类残疾人参加残健融合、康复健身的体育活动。开发、研制适合残疾人的体育器具,开展残疾人体育科学研究,抓好特殊教育学校体育教学和活动;有条件的体育院校、师范院校和各级体校要招收、培养一定数量的优秀残疾人运动员。全民健身路径要充分考虑残疾人参加体育锻炼的要求,适当增加相应的设施"。

在社会环境方面,要求"在公众传播媒介中积极推进'字幕工程',办好手语新闻节目和残疾人专题节目","市(地)级以上电视台要开办手语节目,县级以上广播电台要开设残疾人专题节目,积极推进影视作品加配字幕工作"。

在维权方面,要求"积极开展信息交流无障碍工作。推动信息交流无障碍法律、法规建设,采用盲文、手语、字幕、特殊通信设备等辅助技术或替代技术,为残疾人接受和传播信息,参与社会生活创造条件"。

2007年,我国在先前颁布的《残疾人保障法》《残疾人教育条例》之后,颁布了《残疾人就业条例》。2008年4月,全国人大常委会又重新修订了《残疾人保障法》,对残疾人的合法权益进行全方位的保障。据《人民日报》报道:"2003年—2007年,中央财政通过财政拨款、彩票公益金安排的残疾人事业发展相关经费超过32亿元,年均增长35%,超过了同期财政收入的平均增幅;据中国残联公布的数字,目前我国已开辟或设立的省级残疾人体育活动场所188处,市(地)级体育活动场所1 264处;已挂牌的省、市(地)残疾人体育训练基地分别达到199个和476个……","根据中国残联公布的数字,2007年,通过实施一批重点康复工程,使535.9万残疾人得到不同程度的康复;顺利完成中国残联专项彩票公益金残疾人康复项目任务,19万贫困残疾人受益;全国已竣工并投入使用的各级残疾人综合服务设施共计2 125个,在建项目共计285个,筹建项目共计318个"。①

在中国共产党和人民政府的高度重视下,针对聋人以及与聋人相关的一些政策、法律、法规得到了进一步完善,从而有力地推动了聋人生活环境、工作环境、教育环境等各个方面的改善,为聋人更好地适应社会奠定了基础,并增强了聋人对社会发展的认同。同时,社会软硬环境的改善,对聋人获得健听人群体的认同也提供了基础,如手语的推广就是其中至关重要的一项。

2. 手语推广与聋人社会认同

手语是聋人融入社会的手段,手语地位的提高则标志着聋人地位的提高。《圣经·旧约·创世纪》第11章"巴别塔"中"那时,天下人的口音言语都是一样",由于"要建造一座城和一座塔,塔顶通天,为要传扬我们的名,免得我们分散在全地上",结果"耶和华降临,要看看世人所建造的城和塔",并最终"在那里变乱他们的口音,使他们的言语彼此不通","于是,耶和华使他们从那里分散在全地上,他们

---

① 白龙:《两个奥运带来示范效应:我国残疾人保障升温》,http://news.xinhuanet.com/politics/2008-09/03/content_9760321.htm.

就停工不造那城了"。史迪芬·平克认为这则《圣经》故事说明:"语言是社会化的基本条件,一个共同的语言可以团结一个社区(群体),形成一股力量,可以分享今人和古人的经验智慧,使人们可以同心协力克服困难。"[①]那么,假若多数人能够运用手语,聋人就不会因无法听到声音而产生交流困难了。手语是聋人的语言,这是1996年12月在马来西亚吉隆坡召开的聋教育研讨会上通过的《吉隆坡宣言》中得到的确定结论。同时,手语也是克服健听人与聋人交流障碍的有效手段。尤其是随着聋教育的快速发展,聋人群体文化素质不断提高,手语语言也相应得到了更为深入的研究,并得以向更深层次发展。随着手语词汇的不断丰富和表达能力的不断提高,手语语言体系正在逐步完善,那么,在此基础之上积极进行手语普及,让聋人在推广手语活动中,以主动的、积极的、乐观的心态走向社会、深入社会,从而提高自我的社会认知水平并逐步赢得社会的肯定与认同。同时,也会让那些愿意与聋人交朋友、理解聋人、帮助聋人的健听人通过学习手语,获得与聋人深度交流的机会。如果掌握一定手语的健听人达到一定数量,聋人适应工作、适应社会的难度将会大幅度降低。可以肯定地说,手语推广在聋人寻求社会认同的过程中发挥着至关重要的作用。目前,手语推广工作在国家有关部门的高度重视下,通过现代传播媒介、手语推广比赛等形式也已经取得了可喜的成就。

首先,加强手语翻译教育。手语虽然是聋人创造和使用的语言,但手语语言体系的建立和推广都离不开健听人的积极参与。而从手语推广普及的角度来看,最为行之有效的措施,莫过于通过教育的方式培养手语人员,先行搭建聋人与健听人交流的平台,既能够帮助聋人适应社会、适应生活,切实解决聋人在现实生活中所遇到的各种问题,又能够发挥推广手语的作用。目前,手语翻译专业已经开始成为国内一些院校的特色专业。同时,手语翻译员已经成为国家认定一种职业,为手语翻译人员就业提供了保障。因为,手语翻译工作具有广阔的发展前景,目前我国聋人大约有两千多万,但手语行业、手语专业教育、手语社会培训与实际需求相比,还存在着较大的差距。如公安机关对涉聋案件的调查取证,医生对聋人就医询问病情,银行、邮局、商场等公共服务部门都需要手语翻译,而那些有聋人就业的公司企业、依据国家规定设置手语栏目的电视台等同样需要高水平的手语翻译。手语翻译员的培训和就业的过程,同时也就是手语推广的一个过程,而手语翻译员在所需求岗位的就业,恰恰又为聋人适应社会、工作、生活和社会了解、帮助聋人发挥了积极作用。随着社会对聋人的理解和聋人对社会工作与生活的适应,聋人将会赢得更多的社会认同,并与健听人群体建立良好的关系,甚至融入其中。

---

① [美]史迪芬·平克:《语言的本能》,洪兰译,汕头大学出版社2004年版,第42页。

同时,高校手语翻译专业不仅可以直接培养手语翻译人才,而且已经成为手语社会推广的重要依托。如河南省于2009年7月成立的首个手语培训推广中心,就是依托中州大学手语翻译专业而成立的。中州大学2004年在全国范围内首创手语翻译专业,已经培养了数批优秀的手语翻译人才。河南手语培训推广中心,作为手语推广的平台,可以对社会助残志愿者、残疾人工作者等进行培训,将会大幅提高聋人工作生活的无障碍程度。另外,手语专业的学生和聋人学生,通过学生社团活动对推广手语也发挥了相当的作用。

　　其次,依托电视、网络媒介推广手语。依托现代传播媒介进行手语推广,已经成为手语推广的重要路径。手语最早进入中国电视节目的时间已经无从查证,但早期无论是关于手语推广的节目,还是配有手语翻译的节目,由于缺乏优秀的高级手语翻译人才、技术支持和资金支持,没有坚持多长时间便不得不停播,如郑州电视台的手语新闻栏目等。但是,随着我国经济的快速发展和现代电视技术的迅速提高、高级手语翻译人才的培养,手语栏目常态化已经被提上日程。在国家广电总局、中国残联等六部委联合下发的《残疾人事业宣传文化工作"十五"实施方案》中,就明确规定:要办好中央人民广播电台,中央电视台和省级广播电台、电视台的残疾人专题节目、手语新闻栏目;省会城市和具备条件的大中城市电视台,争取开办手语新闻栏目,广播电台争取开播残疾人专题节目;电视新闻、影视剧逐步加配字幕说明;社会综合性报刊开辟有关残疾人内容的专栏(版)。在《方案》的指导下,全国有条件的省市都积极努力进行节目调整与改善,如山东济南、青岛、聊城等电视台在2003年已开办有电视手语节目,山东省还提出2003年底在日照等六市开播电视手语节目;上海电视台新闻综合频道也在2003年全国第十三个助残日到来之前,开播了我国第一个以教学手语为内容的电视节目。稍后,又有多家电视台开设手语节目,如宁夏电视台2006年3月在全国开播首个手语电视天气预报节目等等。电视手语节目的陆续开播,其主要作用有:第一,有利于通过电视节目让广大受众认识到手语是一种交流工具,消除对手语的陌生感、新奇感;第二,有利于聋人受众获取更多的社会生活信息,让聋人感受到党和政府以及整个社会对聋人群体的关注,聋人受众与健听受众具有平等的权利;第三,有利于鼓舞聋人走向社会的勇气,消除使用手语所形成的心理压力;第四,有利于推广手语,愿意学习手语的受众,可以跟随电视进行手语模仿学习。

　　网络,是除电视之外的又一重要的手语现代传播平台。伴随着互联网的普及和网民数量的激增,通过网络进行手语学习已经成为一条重要路径。目前国内关于手语学习的网站、软件有很多,如手语在线翻译——我爱手语网、中国特殊教育网中的"在线学手语"、中国手语在线等,都可以为想要学习手语的人提供平台。

网络手语推广，相对于电视手语推广而言，更具有灵活性，学习手语者可以自由选择学习的时间、学习的内容，可以对学习中遇到的困难进行提问，还可以通过网络进行学习心得交流等。例如，一些手语教师或专业手语人员，通过在线答疑、视频等多种方式对手语学习者进行指导，及时有效地帮助学习者克服手语学习的困难。

与学校手语翻译教育、手语推广站相比，借助电视、网络进行手语推广，将手语普及的速度大大提高，有助于爱心人士、公共服务机构人员学习掌握基本的手语，减少聋人融入社会的障碍。但电视、网络的手语推广工作并非可以摆脱学校手语教育，只有加强手语翻译教育，才能培养出更多优秀的合格手语翻译人才，才会有更多的、高水平的手语工作者投入到手语推广工作之中，其中就包括到电视台担任手语节目主持人、到公安系统做特殊岗位公务员（手语翻译）、手语讲解员、高校专业手语翻译等。

3. "残奥会"与"无障碍"生活环境建设

"无障碍"一词在2008年北京残奥会之后，屡见报端，成为大家所熟知的一个词汇，"无障碍"城市建设、"无障碍"设施建设也成为全国相当一部分城市建设的目标，其根本原因就在于残奥会的推动作用。为了办好第十三届残奥会，北京在全国率先进行"无障碍"城市建设，让残疾人朋友能够尽情享受残奥会带来的快乐。2004年4月，北京为迎接残奥会，专门出台《无障碍设施建设和管理条例》，投入资金六亿多元，进行无障碍重点设施改造项目6 000多个，从出行到公共设施服务，打造出了比较完善的无障碍设施环境。奥运会在北京举办，不仅直接推动了北京市的无障碍设施建设，而且引发了全国对残疾人生活和保障的持续关注。北京市的无障碍建设，在"后奥运"时代对全国的无障碍建设起到了示范效应，有力地推动了我国无障碍建设的发展。

首先，政府机关与社会服务机构兴起手语学习热。聋人融入社会生活的最大障碍就是语言问题，如果能够帮助聋人克服社会生活中因语言障碍所带来的各种困难，那么聋人对社会的观点与判断必然会发生改变，进而影响到聋人的心态和行动，同时也会为聋人赢得更多的社会理解奠定基础。因此，在聋人社会生活必须环节解决手语交流问题，成为关爱聋人的一项重大举措。可喜的是，在"后奥运"时代，商场、银行等很多社会服务机构和公安、税务、工商等窗口服务机关，都主动开展手语学习活动。员工力争掌握一些基本的手语，以便更好地帮助聋人。如北京联合大学特教学院就利用残奥会的平台，教授愿意学习手语的志愿者和爱心人士；广州铁路公安处、青岛工商系统等，很多地方都主动开展学习手语活动。相信，随着这些活动深入，聋人使用手语的范围也会逐步扩大，那么，聋人适应社会生活的困难将会大幅度减少，聋人证明自己能力的机遇也将会大幅度增加，聋人也必然会

第五章
聋人与励志

赢得更多的社会认同。

其次,无障碍建设城市得到强力推动。无障碍建设城市是我国"十一五"规划的原有内容,而北京为举办奥运会所进行的无障碍城市建设和残奥会在全国所引发的对残疾人保障的高度关注,则在全国引发了该项工程的热潮,一时间全国很多城市都加入了无障碍城市建设的行列。仅以河南为例,2008年3月,郑州市、洛阳市、平顶山市、鹤壁市,进入我国100个开展创建全国无障碍城市行列,创建活动从2008年开始,到2010年验收。在无障碍城市建设中,与聋人相关的首当其冲的就是"电视台要开手语节目",而电视新闻、电影、电视剧则须加配字幕;商业、医院、银行等服务行业从业人员要学习手语等等。这项活动,无疑为聋人更好地适应社会创造了良好的环境,同时会激发更多的人关怀聋人,对聋人事业给予更多支持和帮助,创造和谐生活、工作环境,为建设社会主义和谐社会作出贡献。

再次,电视手语推广得到进一步加强。要使聋人能够真正进入"无障碍"生活,手语普及程度无疑是其中的一个重要因素。在残奥会之后,如何推广手语,教授更多的人使用手语成为"无障碍"建设的一项重要内容。也正是在这种背景下,原有手语电视节目的内容和质量在得以丰富和提升的同时,又有新的手语电视节目开播,如2008年10月25日,宁夏电视台公共频道在《职场内外》栏目开播了电视手语节目,每周六、周日定时播出,聋人受众可以通过收看这个节目获取知识和相关信息。不仅如此,针对目前大多数电视台的电视节目没有字幕和没有配手语翻译的现象,还引起了全国人大代表黄细花的关注,并向全国人大提交议案,推动字幕工程和手语翻译。黄细花明确指出,"到目前为止,从中央到地方各个电视节目频道、新闻播报等大部分栏目,没配有中文字幕。除中央台四套和部分省台某些时段节目配有电视手语同步播出外,其他台和节目都没有配手语",而"我国是世界上听力障碍人数最多的国家,至2007年年底,全国共有听力残疾人2 004万人,约占全国总人口的2.3%,占全国残疾人总数的33.5%(全国残疾人数约为8 300万),还有达不到听力残疾等级,但有听力障碍的人上千万。但由于电视节目没配有中文字幕或者手语,使得广大听力残疾人失去了正常人获取信息和娱乐活动的公共权利";为了照顾和关爱听力残疾人,她建议,"国家广电总局等有关部门应出台有关电视台针对聋哑残疾人电视手语新闻的指导性意见,要求中央电视台和省会城市和具备条件的大中城市电视台,必须开办手语新闻栏目,让电视手语节目成为广大残疾人(尤其是聋人),全面了解我国经济、社会发展情况的窗口和阵地,让聋哑人观众真正感受到社会对残疾人的尊重";黄细花代表还建议,"中央电视台所有电视节目均应增加字幕,新闻联播和天气预报等应增加手语。中央电视台应率先作出示范,充分体现以人为本、服务特殊群体的宗旨,带动全国电视台营造'信息无障碍'的和谐社会氛围,让全国的聋哑人观众和普通观众,同享电视新闻和娱乐节目,让听力残疾人能够及时地了解党和政府的方针政策及更多的社会资讯"。①

(四)聋人大学生与社会认同

聋人大学生是一个特殊的聋人群体,表面上他们都已经达到了大体相当的教育水平,接受了大致相同的教育历程,但是由于家庭环境、社会关系、农村与城市差异等因素,使他们内部又形成了许多不同的小团体。但总的来看,他们大体上都经历了从孤独或相对孤独的个体童年时期,到与其他聋孩接触,进入学校聋人群体(无论是小学、中学、还是大学)的一个过程。而大学毕业后,走向社会时,可能会选择单独到健听人为主的单位工作,也可能会与其他同学一起到接受更多聋人的单位工作。

有人说,大学校园就是一个小社会,聋人大学生的在校表现已经对他们将来能否赢得社会认同产生了影响。我国高等院校招收的聋人大学生,仍主要与健听学生同处一个校园,同住一个生活区,聋人大学生与健听学生能否融为一体,某种意义上就是聋人大学生能否顺利融入社会的一个演练。聋人大学生也可依托学校的平台,在大学期间就提前进行人生的职业规划,提前介入社会。如通过在校园推广手语,主动与健听同学交朋友,扩大进入社会的人脉关系;通过文艺汇演等,展示聋人大学生的风采;积极参加社会活动,积累社会经验,进行自我调整,以便毕业后更好地适应社会等等。

当然,只有在走向社会之后,聋人大学生才将会真正面临社会环境因素的挑战。聋人大学生,相对其他聋人而言,具有较高的文化素养,又具有一定的专业技能,且能够熟练地通过手语进行交流。那么,聋人大学生的就业环境将会对聋人的社会认同产生复杂的影响:第一,聋人大学生的就业状况如何,直接反映出企事业单位对聋人大学生的观念是否改变,是否重新认识到聋人的价值所在;第二,聋人大学生能否顺利就业,将直接影响到与他们有联系的其他聋人是否继续接受教育的问题;第三,聋人大学生通过努力学习却得不到就业,将会直接影响他们对社会的判断;第四,聋人大学生的就业工作环境,将直接影响他们能否发挥出自身的能力,凭借自身的努力赢得社会认同。但就目前聋人就业的整体情况来看,聋人大学生面临的形势十分严峻。在这种形势下,聋人大学生就需要付出更多的努力,锻炼并全面提高自己的能力,通过自身的优异表现,来重新树立和提升聋人的整体社会

---

① 吴哲,徐林,谢苗枫,黄超:《电视节目增加字幕和手语》,http://www.nanfangdaily.com.cn/epaper/nfrb/content/20090313/ArticelA08004FM.htm

形象,赢得社会对聋人的重新认识和认同。

二、聋人的自我定位

社会对聋人的观念,直接影响着聋人能否准确地进行自我定位。但影响聋人自我定位的因素有很多,如聋人的教育程度、文化素养、就业状况、社会保障状况等,都会影响聋人如何把握自己、如何给自己社会定位的问题。而这里仅从聋人、聋人群体、健听群体之间的关系切入,来简单考察影响聋人自我定位的社会群体因素。

(一)聋人个体与聋人群体

世界性的聋人回归主流的教育运动中,为了使聋人能真正在社会生活中实现最大程度的参与,英国和美国等聋教育较为先进的发达国家,已经开展了对聋人社会和聋人文化的研究,并取得了丰硕的成果。这些研究涉及以下几个方面:第一,聋人手语是维系聋人社会和文化的主要工具。聋人的自然语言是手语,这一特征使他们与健听人自然分为两个社会。第二,对耳聋人口的统计学研究。其中发现,虽然男性聋人比例稍高于女性,但耳聋对女性的影响比对男性更为不利。和耳聋男性相比,耳聋女性的受教育水平更低。第三,聋人对聋人社团、聋人群体活动的积极归属和参与。聋生寄宿学校可以说是聋人社会文化的中心,在聋校中,大多数聋童从其他聋生那里学会使用手语。第四,聋人就业的状况和特点。许多社会因素使聋人的就业不容乐观;许多传统的聋人职业已被机器和计算机代替;现在的工作越来越看重沟通能力;聋人受教育程度普遍较低;雇佣者对聋人的工作能力存在着固执的偏见。第五,聋人的业余休闲活动和他们的文化生活。聋人的文化活动,哑剧表演、舞蹈艺术、小品、美术创造是丰富多彩的,这些文化的主题大多表达了聋人对社会的独特经验和看法。第六,聋人间的友谊。聋人间的友谊往往是强烈而历久弥坚的,而且对聋人来说,与聋人朋友的感情联系比与家庭的感情联系更重要,这里共同语言沟通的作用是最主要的因素。

但在现实生活中,聋人主要还是以个体散居为主,聚集性的聋人群体非常少。有的聋人自出生之后,由于家庭条件限制,无法到聋校学习,几乎没有与聋人群体接触过,而这些聋人也常常成为一些聋人犯罪团伙欺骗的对象;有的聋人可能生活在聋人家庭或家庭成员中还有聋人,或生活范围内有其他聋人,这样就会形成一些小的聋人群体,但这些群体大多只能从心理归属上对个体起到安慰的作用,而不能帮助聋人个体有所提升;而在健听学校通过随班就读的方式接受教育的聋人,如果不会使用手语,加上口语使用的劣势,很容易被健听群体和聋人群体边缘化,被推到两类群体的交叉地带。在聋人学校或专业接受教育的聋人,将会有一个相对素质较高的群体,共同帮助其成长、发展。离开学校走向工作岗位、走向社会的聋人,如果能够到聋人企业工作,将会很快融入其中,而若到以健听人为主的企业,将会面临适应环境的巨大挑战。

并且聋人群体之间也存在着相当大的差异,如地域差异、文化差异、教育程度差异、生活趣味差异、农村与城市差异等等,这些都将影响聋人个体对聋人群体的归属。在聋界内部,也存在着相当复杂的分类、等级歧视、阶层划分等问题。而依托现代网络形成的虚拟空间中的聋人群体,对于聋人个体而言,主要是在心理上、精神上能够对聋人个体进行帮助,并不能在现实生活中切实解决聋人个体所面临的实际性问题。而且,虚拟空间的聋人群体有时具有欺骗性,聋人个体必须慎重对待。

(二)聋人个体与健听群体

聋人个体与健听群体之间的关系,对聋人个体的健康成长、发展方向、能力培养等多个方面,都具有关键性的影响。美国加劳德特大学前校长金·乔丹说过这样一句话:"除了听,聋人可以做健听人所做的一切,甚至会做得更好!"这句话曾经使很多聋人深受鼓舞,也确实有很多聋人是非常成功的。还有一位成功的聋人说道:"我认为聋人社会具有极大的重要性。正是在这种社会结构的环境中,聋人可以形成自尊自重的思想,发展与他人的生产关系。"然而,每一个聋人个体对手语语言文化的认识是因人而异的,因为聋人并没有生活在独立的地理区域内。调查表明,90%以上的聋人出生在健听父母家庭,他们只有进入聋校才有机会学习使用手语,在他们成长期间,一直缺乏成功的成年聋人作为他们成长的榜样,他们中许多人直到参加工作后,才与其他成年聋人有联系。没有人与他们交流生活经验、倾诉感情,得不到有效的指导。在某种程度上来讲,聋人社会和聋人文化对许多聋人来说比主流文化相隔更远。受旧的传统观念影响,一些聋人以自己耳聋为耻,也有少部分聋人认为打手语是丢面子的事,拒绝使用手语。

聋人个体与健听群体之间的矛盾症结点,就在于能否使用手语的问题。如果在聋人个体生活圈的健听人中,有一定数量的人能够使用手语和他进行沟通、交流,并能够以客观的态度看待他,与他建立一种良好的朋友关系,那么,聋人个体在这样的生活环境中显然就会比较容易适应,并形成一种健康的心理状态,乐观地面对生活。而之所以出现大量聋人不能适应社会生活的现象,关键就在于对聋人的传统观念没有改变,没有推动健听群体去主动深入了解聋人、了解聋人文化。事实上,目前大多数健听人对聋人的了解,仍然停留在表层,没有认识到聋人所具备的潜能与优点。聋人个体如果能够准确把握与健听群体之间的关系,将会帮助聋人个体准确找到自我的社会位置,为个体发展赢得广泛的社会空间。

(三)聋人群体与健听群体

聋人群体性行为,使健听群体对聋人整体形象的认识有着巨大影响。目前,优秀聋人群体的表现,正在逐步改变健听群体对于聋人的传统偏见,使健听人逐步认识到聋人的价值和作用,逐渐树立起新的聋人形象,如《千手观音》团队,让人们看到了聋人的艺术天分,对美的追求,对艺术的贡献。而聋人群体性的盗窃犯罪等违法行为,则又使聋人整体蒙上了法律意识淡薄、整体素质不高等负面形象。事实上,聋人群体由于组成人员文化素养、技能专长等因素的差异,群体之间也存在着相当大的差异。但是由于对聋人群体、聋人文化缺乏深入细致的调查研究和对聋人群体的宣传不够,对聋人群体产生了很多误解。事实上,相当多的聋人群体在社会工作中,付出的努力是健听人的很多倍。他们就业范围一般都被限制在简单的制造业、食品加工业等行业之内,具有艺术专长的聋人也能组成艺术团体等,这些群体中的聋人大都与健听人一样具有吃苦耐劳、敬业爱岗等精神,为社会发展作出了贡献。因而,如何在健听群体中进行聋文化宣传,让更多的健听人真正了解聋人群体的特征、生活习惯、文化活动等,才能真正让聋人以群体的方式融入社会,赢得社会的认同,从而为聋人个体的自我定位树立标尺。

第二节 聋人与社会成长

聋人努力赢得社会认同的过程,与聋人社会成长的历程是交织在一起的。社会认同会影响聋人的社会成长历程,反过来,社会成长历程也会影响聋人能否赢得社会认同。而聋人的社会成长历程是一个错综复杂的过程,影响聋人健康成长的因素也是极其复杂的。从社会性因素来看,有语言因素、家庭因素、教育因素,也有社会观念、价值取向等因素。社会因素,是从外在的层面影响聋人的社会成长;聋人的个体因素,即如何树立正确的人生观、价值观等,则内在地影响着聋人的成长历程。

一、影响聋人健康成长的外在因素

(一)语言因素

由于语言交流的障碍,迫使聋人天生就要面对适应社会的巨大挑战。因为语言能力不足,使聋人无法顺利实现与外界的信息交流,无法顺利获取语言交流所传递的社会知识,也无法辨别社会环境信息。但是语言障碍并非不可逾越,完全可以通过改善社会化的条件,使聋人不利的交流模式得到改善。这些社会化条件包括聋人的父母、教师、朋友和他人,以及与聋人的交往方法和对他们的态度。

由于语言承载着主要的社会信息,听力受损致使聋人与他人及周围环境的交流呈现断裂、不完整,造成一种沟通剥夺的状态。格雷戈里指出,"根据我们的调查,聋童在一定程度上生活在一个分割开的世界里,发生的事缺少连贯性……因为他们没有沟通交流的语言,这不仅给他们当前的行为,而且给他们预见未来的能力打下深深的烙印。"[1]毫无疑问,聋人面临的最大障碍不是听力损失,而是在发展适当的交流手段过程中遇到的障碍。

当孩子被确认为聋儿时,大多数健听家长不知道如何与一个听不见声音的孩子交流。而从儿童早期教育的角度来看,有意义的交流对每一个儿童一生都是至关重要的。比如,亲子之间的交流是从孩子出生就开始的,它奠定了孩子发展的基础。虽然刚出生的孩子并没有掌握语言,但语言的刺激是从出生就有的。它是孩子发展语言、思维以及个性不可缺少的。但聋孩子由于接收不到有声语言的刺激,也无从反应,这种早期沟通机会的丧失,对聋人一生的健康发展,是极其不利的。

帮助聋人解决语言障碍问题、跨越交流障碍,成为健听家长和聋教工作者面对聋儿时首要解决的问题。但究竟是让聋儿学会使用口语交流,还是学会使用手语进行交流,成为一个艰难的抉择。实际上,多数聋人不可能学好清晰的口语,并以此来进行交流和表达自己。听力损失使聋人在口语交流中处于被动地位,即便能够较为流利的使用口语,由于只能通过对方的口型等判断对方的语言,所以常常出现误解;同时,在面对使用手语的聋人时,由于不能使用手语,便无法交流。使用口语的聋人,常常被置于健听人和聋人的边缘,不知所从。

(二)家庭因素

家庭,是儿童出生后接触的第一个社会环境。家庭中的诸多因素,都会影响儿童社会化和社会适应的发展。对于聋童来说,家庭中的因素又有其特别意义和特别的影响作用。在诸多家庭因素中,其中的三个因素与聋儿社会化发展尤为重要:

首先,是诊断时间。对聋儿进行诊断与医疗康复,影响到他们社会化和社会适应的发展。在发达国家,确诊儿童耳聋的平均年龄是出生后20个月;在我国,由于经济条件、健康意识及父母的态度等原因,往往会延迟耳聋的确诊,有时候儿童到了三四岁才发现听力有问题。对耳聋不能早期、明确的诊断,影响了聋儿的早期教育。对孩子的社会性发展而言,早期诊断有利于亲子之间建立更适当的良好关系,

---

[1] [英]罗杰·弗里曼:《聋童教育指南》,方廷钰译,华夏出版社1989年版,第74页。

有利于孩子的社会化发展。

其次,是早期语言交流。绝大部分聋儿的父母是健听人,他们大多不能使用手语,聋儿不能自然发展和掌握有声语言。由于父母和孩子之间缺乏共同使用的语言,致使他们之间信息交流十分困难。从发展心理学来看,缺乏早期交流对儿童发展是不利的。一般来说健听父母和聋孩子之间的依恋感受发展缓慢,难以建立和维持早期的感情纽带。而聋人父母和他们的聋孩子从一开始就能以手语的方式进行自然、通畅的交流。

再次,是父母教养。90%聋童父母是健听人,他们对自己的孩子是残疾者这一点普遍难以接受。这使他们在教养孩子的态度和行为上容易出现不利于聋童发展的情况。父母对孩子耳聋的负面态度常常伴有悔恨、内疚、失望、无助、焦虑等负面情绪,这些负面情绪直接影响到聋童,引起他们自卑、反抗、灰心丧气等心理状态。有些父母关于聋人的知识太少,他们对聋童开口说话和融入主流社会的期望有时是不切实际的,这也增加了聋童的心理压力;还有一些父母由于歉疚心理过分保护、过分迁就自己的聋孩子,阻碍了他们独立、健康人格的发展。总之,在聋童早期社会化和社会适应的发展中,父母是最重要的因素,这是他人不能替代的。

(三)教育因素

学校对聋童的社会化和社会适应发展意义重大。因为学校不仅是聋童学习文化知识的场所,而且是他们系统获得社会知识、社会经验的主要场所。健听人对大量情感的理解和认识,对人与人关系和交往规则的了解,大多数是在自然的、不经意的日常交流中学习获得的,是属于无意识的经验学习。但聋人这种无意识的经验学习基本上被剥夺,他们不能自然地感知、了解外部世界,包括家里发生了什么情况和怎么发生的,他们也不能自然地学会在外部世界的变化中自己该如何反应。因此,造成聋人基础社会化的严重不足。这需要在学校教育中给予补偿,并且通过学校有系统的教育方式给予有意识、有计划、有目的的传授。所以,在学校,教师、同学、语言教学法,对聋童社会化和社会适应发展有着重要的影响。

1. 教师因素

聋校教师在聋童社会化和社会适应的发展中扮演着重要的角色。一方面作为教师,要给聋生传授文化知识,另一方面由于他们与聋童更易沟通,这使他们在一定程度上起着家长的作用。在聋校,聋生不管是心理上还是生活上有了问题,首先和同学商量,其次求助教师,最后才想到找家长。由于大多数家长和自己的聋孩子难以沟通,很多时候对孩子的评价是自己的理解,对孩子需要的满足也是猜测的,由于这种猜测结果的"误差"很大,所以常常令聋孩子失望。这样聋孩子在学校成长过程中,社会化进程的发展更大程度上依赖于教师和同学。教师除了一定意义上起到家长的作用外,他们与聋生的交往还反映了社会文化对聋人的看法和态度。教师和社会对聋生的期望直接影响着学生的学习动机和成功期望。由于历史和现实的原因,我国聋校中聋人教师的数量和质量上都存在着严重的不足。研究者认为,在聋人教育中,聋人教师所起到的榜样作用是很有意义的。优秀的聋人教师树立的积极的聋人社会形象对聋生自尊、自信的发展是有价值的。

2. 同学因素

在聋校中,聋生之间由于共同的障碍,有共同的生活体验、共同的理解和使用共同的语言,同学之间交流最为密切和重要。同学之间的相互影响超过了教师和他人,这种影响既有利于聋生社会化的一面,也有不利于聋生社会化的一面。聋生之间的相互影响实际上体现了聋生对聋人群体的归属和认同,在这一点上是有利于他们的社会适应的。具体表现为:首先是促进了社会文化的交流和学习。聋童间的交往是在轻松的氛围中进行的,他们在谈天说地、嬉笑打闹、闲聊中互相学习,他们能够充分自由地以彼此可以接受的方式表达自己的情感,更积极主动地去获取和接受社会信息。其次,促进了正面自我概念的发展,聋人与健听人交往中,自我感受和形成的自我形象往往消极的方面多一些。但在与同伴的交往中,不再担心、在乎自己的耳聋,减缓甚至消除了这种消极的自我认识,有利于积极健康地认同自己的聋人身份和认识自己的价值,有利于他们积极参与社会交流。再次,充满感情的联系,形成他们之间的依恋感、归属感、同盟感,促进他们之间建立友谊。他们相互支持、相互依赖,以群体的方式去适应主流社会。

但聋生之间的相互影响,也必须加以引导,以免一些错误的观念和价值判断导致他们误入歧途,导致对社会的对立、对抗,产生不良的社会影响。如受家庭条件、兴趣爱好、地域差异等原因影响,往往会形成一些聋人小团体,团体成员之间相互诱导,很容易因为社会经验匮乏、综合判断能力差等原因,形成帮派团体,排斥甚至对抗他人或其他团体,更甚至于出现违背社会道德、违犯法律的事情。这就需要聋人学校或院系的老师,必须加强与聋人学生之间的沟通交流,对其中出现的错误倾向、错误认识、错误判断,及时加以引导。

3. 教育内容

(1)社会适应教育。如何面对社会、适应社会,是聋人学校教育的重要任务之一,学校对聋人的社会适应教育具有家庭等其他社会因素无法比拟的作用。但目前,对聋人如何进行系统而有效的社会适应教育,在我国还是一个亟待解决的问题。学校既没有专门的教材、专门的课程、专门的教师,也没有专门的教学机构、行政机构或学生社团,去针对聋人如何适应社会进行深入细致的调查研究,而后提出行之有效的方法,或进行仿真场景模拟、教学实验等校内训练,也很少组织讲座、辅导或社会活动。这种现状与聋人对社会适应教育的迫切需求是极不协调的。

在聋人的学校教育中,尽快开设专门课程、增加聋生社会适应教育内容已经成为一项亟待解决的工程。根据聋生进入社会的反馈信息和聋生对社会认识薄弱环节,一般而言,聋生的社会适应教育内容主要可以分为以下几个方面:

第一,增加聋生的社会信息量。聋生由于听力障碍的原因获得的社会信息量太少,这是导致他们产生社会认知和社会偏差的重要原因。所以丰富他们的社会信息量,是对他们社会适应教育的一项基本内容。利用课程教学有目的地、集中地向聋生传授他们难以获得的信息,这是增加他们社会信息量的可行办法。比如聋人认为健听人对他们的负面态度比健听人实际对他们的负面态度要大,这一认识偏差造成的原因是他们难以认识和获得健听人真实的心理想法。在课程社会知识传授中,教师可以给学生阐明一些道理,诸如:健听人并不是以耳聋来评价聋人的,而是看中或关注聋人对社会的贡献。聋人和健听人一样,通过努力工作会换来他人的尊重。大多数健听人并不是看不起聋人,而是聋、听沟通中存在着一些困难,大多数健听人不会使用手语,笔谈又觉得麻烦,从而造成聋、听之间的距离。健听人对聋人的负面态度一部分来自聋者自身的行为,这些行为是聋人自己难以知晓的,如:聋人由于自己听不到,常常不自觉地发出一些令健听人难以忍受的噪声,如咀嚼声、磨牙声、摔门声等等。对于这些,聋人应该学会控制自己无意识发出的声音,另一方面健听人应能理解和接受并可以随时提醒聋者。社会上确实有一些健听人对聋人存在着偏见,这是极少数人由于缺少对科学知识的了解造成的,随着社会的发展和人类的进步,这些现象会逐步消失的。

第二,深化聋生的社会体验。聋人社会交往缺乏的一个方面是他们在社会交往的实践中缺乏深刻的体会,社会的作用在他们的心灵上影响很浅,这是造成聋人只凭自己意愿、而不顾社会后果的行为的一个原因。例如:聋人过于冲动的行为和一些小偷小摸的行为,大多数并不是他们明知故犯,而是他们对社会行为规范缺少了解,以及对自己的错误行为所引起的他人和社会的反馈缺乏情感的体验,如羞耻感、后悔、内疚等。他人和社会的反馈通常是以社会舆论的方式表现出来,这是聋人难以自然体验到的,加上外界对他们的过分保护和宽容,使得他们生活在保护圈内,难以获得真实的社会体验。

我们要在不断提高聋人群体文化素质的基础上,不断提高他们对生活、对文字的理解能力,通过案例分析让他们懂得人在社会中应该遵守社会规范和社会道德,违反这些是会受到惩罚的。让他们懂得,每个人在社会中都有受到法律保护的权利,同时也有履行社会职责的义务。作为一个知识聋人,利用自己的聪明智慧、知识能力为社会创造财富是光荣的,也是个体拥有幸福生活的基础。

第三,提高聋生对情感词汇理解和表达的能力。语言是社会沟通的工具,掌握和发展语言能力能有效改善聋人社会交往质量,由于聋生对语言中抽象的社会内涵缺乏理解,导致了他们社会认知和社会态度肤浅,以及缺乏社会性的行为动机。在聋生语言教学中,要结合他们的生活实际,创造各种具体的社会环境以揭示语言的抽象含义,促进他们的深刻领会。教育过程中不断指导学生提高读写能力,提供读书目录,加大学生的课外阅读量,经常性地开展聋人读书演讲比赛,开展聋人词汇理解研究性教学,通过聋人喜闻乐见的小品艺术来促进聋人对情感词汇的理解和表达。

第四,培养聋人的社会交往能力。聋、听沟通是聋人适应主流社会的具体行为,在教育过程中注意传授和培养聋、听沟通的能力和技巧具有特别的使用价值。同时,在适当的条件下,聋人举办手语培训是加强聋、听沟通的好办法,某高校数年来由聋人每周三晚上7:00~9:00的手语培训班越来越火的事实证明,不仅聋人渴望与健听人交流,同样健听人也希望掌握手语能顺畅地与聋人交流,在深入交流沟通中不断促进两个群体的互相理解和接纳,促进群体间的和谐氛围的构成。另外,在聋人交际课程中,重视多种沟通方法的学习,聋人可以根据不同的沟通对象采用不同的沟通方法,随着科技的发展,聋人的沟通方法也在不断丰富,聋、听共同的深度也在不断发展,现在,聋人常用的沟通方法除手语、口语、书面语、手机短信、QQ聊天、电子邮件等。我们在聋人交际课程中,还注重培养聋生的沟通技巧、交际礼仪等。

(2)爱的教育。聋人很小的时候就要面对语言挫折所带来的困难,加上交流手段的局限,在内心很容易形成一些心理障碍。如果对他们不能进行有效的情感交流,很容易造成一些极端偏激的观点和行为,甚至危害他们自身、他们的家庭以及社会。在聋人进入学校之后,强调进行"爱"的教育,就是要注重对聋人的情感教育,凡事要"动之以情,晓之以理",绝不是严格规训和惩罚。

对聋生"爱"的教育,主要包括以下几个方面:首先,创造爱的校园生活环境。由于聋生无法顺利使用口语和手语对不懂不知道的事情进行提问,所以要对学生生活所必需的各个环节进行仔细周密的介绍,可以通过图片等方式帮助聋生解决问题,让他们切身感受到周围的人对他们充满关爱。其次,创造爱的师生环境。师生之间真诚相待,老师爱护学生,学生之间建立良好的友爱情谊,对于感化聋生内心的情感症结将会发挥巨大作用。这种爱护与友爱,可以渗透到聋生的学习、生活的各个环节,比如生日聚会、学习帮助、日常生活料理等。再次,创造爱的家庭环境。如果能够将聋生在学校所接受的爱的教育延伸到家庭之中,将会有效帮助聋生克服心理障碍,并从小对社会产生一种认同感。

爱的教育,不仅强调教育的方式要有爱,而且强调要进行爱的内容教育。爱的教育,并非是将聋生作为被爱的对象,他们完全可以成为爱的主动者,要让他们学会关爱他人,具有包容、自信之心。并且,爱并不仅仅局限在师生同学之间,要让他们学会爱校,学会爱劳动,学会爱祖国。同时,爱的教育并不是一味地顺从,甚至是溺爱,爱的教育中也包括相应的惩罚措施。通过象征性的惩罚,可以让聋生更好地树立自立意识、关爱意识。例如,聋生遇到困难心情烦闷之时,容易破坏公共财物,这就必须对他们进行感情疏导,同时又要通过恰当的方式让他们意识到自己的错误。

二、影响聋人健康成长的内在因素

聋人自身的心理素质、价值观念、兴趣爱好、文化素养等个体因素,会内在地直接影响其社会成长的历程。可以说,聋童个体因素,在聋童社会化和社会适应的过程中,一直发挥着决定性的影响和作用。

(一)心理素质

当聋人具有自我意识,真正意识到自己是聋人,听不到声音,无法通过声音进行交流时,要让他们坦然面对现实是一件极其困难的事情。或许人们可以给他讲述很多道理来安慰他,但无论多么动听、多么细致入微的语言,在残酷的现实面前都是苍白无力的。唯一能够让他们直面现实的,只有他们自己,只有他们具有较强的心理素质。而这种心理素质的培养,一方面有外在的家庭和学校的教育因素,另一方面也有聋人自身的社会阅历、心理成长问题。聋人只有切实体验到自我的价值,认识到自己具有健听人所无法比拟的优势,如不会受外界环境声音的干扰,容易注意力高度集中,即便在十分嘈杂的环境中依然可以安然入睡。在良好的教育条件下,聋人依然可以在舞蹈、书法、绘画等方面取得优异的成就,可以创造人生的辉煌,可以创造并拥有幸福美好的生活等,才能够摆脱在健听人面前的自卑感。换言之,聋人就是要具有自信心。自信在聋人心理素质中,某种意义上说,占据着首要位置。

自信是成功的基础。所谓自信,就是在认识自己的基础上相信自己可以在面对困难与挑战的时候,将自己最大的潜能释放出来,相信自己可以在理想和兴趣的引导下坚定不移地走向成功。自信对于每个人都非常重要,无论面临的是学习压力还是工作的挑战,无论身处的顺境还是逆境,自信都可以用它神奇的放大效应为其表现加分。因此,一个充满自信的人总会在面对挑战时鼓励自己:"我能行,我一定能行。"自信是对自身能力的正面评估,是一种健康、积极的个人品质,自信是成功的基础。自信的人敢于尝试新的领域,能更快地发现和发展自己的兴趣和才华,也更容易获得真正意义上的成功;自信的人更快乐,因为他不会时刻担心失败的挫伤;自信才能有主见,才能做出他人从未做过的事情。聋人要培养自信心,可以通过以下几种方式:第一,尊重自己、鼓励自己。"天生我材必有用",每个人都有自己的特点和长处,每个人都有尚未发掘出来的潜力和特质。一位聋人大学生这样鼓励自己:"我是聋人,但是我耳聋心不聋,只要心不聋,什么都能成功!"第二,赞美自己,从潜意识做起。每天至少告诉自己一次:"我真的很不错!"每一次表现出色时,别忘了告诉自己:"我真的很不错!"聋人大学生中有很多优秀人才,在很多方面超过了健听人大学生,比如:篮球、足球、舞蹈、绘画、计算机、短信、剪纸、编制、美食、美发等等,这都是值得赞美的。另外,每天入睡之前,回忆一天来自己成功的细节加以赞美,坚持下去,这些"小成功"就会变得越来越有意义。另外,除了在心里赞美自己,还要学会在适当场合向公众展示自己,得到别人赞美后会强化自信。第三,用言行激发自信。美国前总统罗斯福的夫人艾莉诺·罗斯福说过:"没有你的同意,谁都无法使你自卑。"自信是一个循环,如果你表现出足够的自信,别人就会认同你的自信,你就会越来越自信。聋人大学生要善于表达自己,并善于用自己的言行增加自信。第四,从成功中获得自信。一个自信的人,能勇敢地尝试新事物,并有毅力把它做好,会从成功中找到自信。一个聋人大学生和健听人大学生一起出国留学,当他通过自己的努力以同样的标准被美国一所大学录取后,一直坚持和健听人一起学习,一样标准通过各种考试,毕业后独立开办公司都很成功。所以,当你开始感觉到自信时,无论多么小的成功,都会期望再一次得到自己或别人的肯定,这时,要及时告诉自己:"无论什么事情,只要我肯干,一定会干好!"正如美国加劳德特大学聋人校长金·乔丹所说:"除了听,聋人可以做健听人所做的一切,甚至会做得更好!"

(二) 价值观念

树立正确的价值观和人生观,是聋人能否走出听障心理阴影、最终成才的重要因素。

首先,要发现自我价值,做一个有价值的人。爱因斯坦曾经说过:"不要去尝试做一个成功的人,要尽力去做一个有价值的人。"聋人不能因为听障,就完全否认自我,认为自己一无是处,是亲人的累赘。事实上,聋人越是与健听人对比,越是容易陷入自我否定的怪圈,越是急于证明自己,往往越是适得其反。聋人应该从小事做起,从最简单的事情做起,慢慢培养自己的独立性,摆脱对父母亲人的依赖性,这样就会发现自己依然是有自我生存能力的人,是有能力为他人做出贡献的人。在此基础上,通过个人能力的培养,逐步为社会做出力所能及的贡献。事实上,贡献无所谓大小,只有要贡献就好,为人类做出贡献就是个人价值的实现。也许这种贡献是老师教育学生、艺术美化生活、技术创造财富、服务便利他人、表演给人快乐、经营获取财富等等,只要你真心地帮助过他人,努力地为他人创造幸福生活,勇敢地承担社会责任,如果在你即将离开这个世界时,心里能够有一种"世界因我而美好"的欣慰和自豪,那么你就是一个有价值的人。

其次,要追求快乐人生。相对于那些因天灾人祸而失去生命的人而言,能够活着本身就是一件很难的事情。那么,与其痛苦地活着,不如快乐地活着。当然,快乐有很多种,人生真正的快乐就是为他人作出了贡献,做了一些有意义、有价值的事情,并不一定有钱就快乐、有权就快乐。由于聋人群体长期生活在一个不利的环境中,对于美好生活的向往致使他们中的一部分人过高地估计了金钱的作用,其实不然,一篇题为《人生的十二种财富》的文章中介绍,人生有十二种财富最可宝贵,这十二种财富分别是:积极的精神态度、良好的体格、和谐的人际关系、脱离恐惧、未来成功的希望、信念的容量、与人分享幸福的愿望、热爱自己的工作、对所有事物有开放的胸怀、严于自律、理解他人的能力、经济保障能力。在这十二种财富中,大多数人最重视的经济保障能力(金钱)仅排在最后一位。在人生的多种财富中,名利只是其中很小的一部分。金钱是用自己的劳动从别人那里获取的,属于物质财富的范畴,而前面十一种财富都是精神财富。只要调整好自己的心态,就可以很容易地获得前面的十一种财富,并获得足够的快乐和幸福。与此相应的是,一旦拥有了前面那十一种财富,也很容易获得第十二种财富。反之,如果个人目标过于物质化、功利化,一心追逐物质财富的话,不仅无法在金钱方面满足自己日益膨胀的欲望,还很可能与其他十一种财富失之交臂。很多人在升官发财之后,反而感到无限的空虚;很多人在出名之后,却发现自己已经失去了更可贵的东西。

(三)兴趣爱好

兴趣是最好的老师,只有有兴趣,才能全身心地投入去学习,去培养自己的特长。发现聋孩的兴趣,或有意识地培养聋人兴趣,对于聋人的社会成长来说都至关重要,不仅关涉到聋人能否学有所成,而且关涉到聋人对自己的信心和自我价值的判断。但发现聋人的真正兴趣、爱好,是一件非常困难的事情,有时甚至要经过多次的反复和波折。不过一旦发现自己真正的兴趣所在,每个人都可能在激情的推动下走向成功。有一名聋生,从小就和健听人在一起学习,并且成绩优秀,说话、看话的能力都很好,一直使用口语进行交流。后来和很多聋生一起考入大学,在与聋人交往过程中学会了手语,他很快对手语发生了浓厚的兴趣,由于他身为聋人,对沟通在两个群体中的作用感受很深。于是他开始自己创办手语培训班,在大学义务为健听大学生学习手语提供培训,由于他满怀激情,充满兴趣,所以他把这一培训班做得有声有色,他的培训充满着智慧和幽默感,学员们在学习手语知识的同时,获得了快乐,汲取了力量。他的学员不断增加,学员对他的赞誉声越来越高,他的自信不断得到强化,责任感也不断增强。在这个过程中,获得了真正的友谊,在平日的学习中,越来越多的"耳朵"代他听课,他的各科成绩更加优秀,获得了省级"三好学生"的荣誉称号,并被高一级的学校免试录取。

但催人奋发的兴趣爱好,首先必须是正当的、符合社会价值标准的,绝非是一些低俗的、低级的、有违社会伦理、道德、法律的习惯。例如,有的聋生为了满足自己的好奇心,且非常在意别人对自己的评价,不经意间看到同学写的日记,便突发奇想,经常窥探别人的日记,这种行为就是为道德所不许的。对诸如此类的行为爱好,家长必须及时加以纠正和引导。其次,要将兴趣爱好培养成自己的特长,甚至是成功的基石,需要具有坚忍的毅力。做一件事情,不能只有三分钟的热度,不能说喜欢唱歌或跳舞,然后就去学习,但在学习的过程中遇到困难就放弃,说现在喜欢绘画。三天打鱼两天晒网,永远也不会成功,兴趣加上辛勤和毅力才能成功。再次,兴趣爱好可能会随着年龄的增长而变化,但应该有主要和次要之分。培养聋人多方面的兴趣,也是聋人成功的重要组成部分,不过一定要知道什么是业余爱好。可以通过优秀聋人如何在兴趣的指引下克服困难走向成功的例证,来帮助聋人在榜样的激励下去实现自己的梦想,走向成功。

(四)文化素质与专业技能

聋人的健康成长,离不开文化素养的提高,也离不开专业技能的培养。目前,随着我国聋人教育的蓬勃开展,越来越多的聋人拥有了接受大学综合教育或职业高等教育的机会,这不仅可以让聋人提高自我文化素质、提升个人品位,而且可以帮助聋人学习到高水平、高层次的专业技能。文化素质的提升,可以使聋人具有更强的社会适应能力,赢得进入更多社会行业的机会;专业技能的培养,则使聋人可以拓宽自己的就业范围,提高聋人的自信心,使聋人有能力为社会作出更大的贡献。

第三节　聋人励志经典案例

一、追求卓越、善待他人的案例分析

【案例介绍】

孔雀仙子——邰丽华

如果世上真有天使婴儿,邰丽华就是一个。睁开黑亮的眼睛第一次张望时,医护们便赞叹这个女婴的美丽;发出第一声啼哭,父母便认定,女

儿有唱歌的天赋。

意外却不期而至。一次高烧中，丽华失去了听力，随之，甜美的歌喉也关闭了。这时，她只有两岁。

舞蹈，是我的另一种语言

7岁的丽华和同龄孩子一起开始了学习生活，她进的是聋哑学校。

在父母师长的呵护下，丽华快乐地成长。她喜欢一切美好的事物，尤其擅长绘画。各种小动物在她的笔下，惟妙惟肖，活泼可爱。

聋哑学校里，有一门健全孩子完全陌生的课程——律动课。教师踏响木地板下的象脚鼓，把震动传给站在地板上的学生，孩子们由此知道何谓节奏。

上课时，同学们正为脚下变化无穷的震动兴奋不已时，小丽华已全身匍匐在地板上，她眸子烁烁发亮，笑脸涨得通红，指着自己的胸口告诉老师：我——喜——欢！

对丽华来讲，这一课的意义非同寻常：士兵因此步伐整齐，舞者因此柔美曼妙，甚至以往画笔下的鱼虫鸟儿的瞬间变化也都了无于胸。自然界神奇若此，生灵们拥有者自己的韵律和节奏。

那么，属于我的节奏呢？

丽华总把脸频紧贴在录音机喇叭上，全身心地感受不同的震动，娇小的身躯随之摆动……至于电视里的舞蹈节目，更让丽华充满想象，跃跃欲试：我要学舞蹈，我要让舞蹈成为自己的另一种语言。

你就是可爱的小孔雀

邰丽华拥有着东方女子得天独厚的资质——挺拔而柔软的身材，但这并不意味着她就一定能走进舞蹈家的行列。

她是聋人，15岁才开始正规的舞蹈训练：这些足以夭折它的舞蹈生涯。

姑娘柔弱的外表下，藏有一种倔强。

几年时间里，姑娘身上总是青一块紫一块，伤痕累累。有一年，整整一个夏天，丽华穿着长裤度过。妈妈奇怪女儿总摸着衣柜里的裙子发呆，可即便睡觉，也不肯脱下长裤。趁女儿熟睡，妈妈卷起了女儿的长裤：包着纱布的膝盖又红又肿。

丽华在众多舞者中脱颖而出。她获得了一个个舞蹈大奖。好几次艺术比赛，若不是看见一旁用手语打着节拍的人，评委们也不会发现，眼前的舞者竟是一位聋哑姑娘。

1992年10月,意大利举办"无国界文明"活动,并举行大型舞蹈专场晚会。演出地点是极负盛名的世界三大艺术殿堂之一的意大利卡拉大剧院。应邀前来演出的,都是当今世界上现代舞、芭蕾舞的超级明星和著名舞蹈家。邰丽华作为唯一一个残疾人舞蹈家表演了极具东方情调的舞蹈"敦煌彩塑"。

演出时,观众长时间鼓掌,赞叹不已。演出结束,他们对这位聋哑姑娘说,你与同台的超级明星相比,毫不逊色。意大利负责演出事务的艺术指导和舞台监督拥抱着丽华,连声称赞:"太好了,太感人了。"

一位意大利小姑娘在父母的陪伴下来请邰丽华签名,她对聋姑娘说:"你是一位特殊的明星!"

邰丽华先后出访过20多个国家,演出数百场,她表演的独舞《雀之灵》,模仿森林中孔雀的生活习态,神态动作活灵活现。每次演出完,热情的观众们总点名要见跳孔雀舞的姑娘。他们对邰丽华说:"美丽的小姑娘,你就是那只可爱的孔雀!"

温润而清澈的性格

生活中的邰丽华清纯中略带腼腆,总是露出甜甜的微笑,"听"伙伴们说话,那黑亮的眼睛,总是体贴地注视着别人。

一次,她们的舞蹈要参加全国比赛,作为领舞,她向导演力荐另一位聋哑女孩代替她的位置。导演问她为什么,她回答,我已经得到过许多次这样的机会,应该让别的伙伴也有展示才能的机会。

一个记者走向早餐桌旁的聋哑姑娘们。她用手势问,你们眼里的邰丽华是个什么样的伙伴?姑娘们眼睛一眨一眨,有的指指盛满矿泉水的杯子。记者恍然大悟:哦,像牛奶一样温润;像泉水一样清澈。

美丽与智慧

舞蹈使丽华品尝到无穷的快乐,但她知道,竞争激烈的今天,知识对于人的重要。17岁那年,她给自己定下新目标:上大学。

她如愿以偿地考取了湖北美术学院装潢设计系,成了一名大学生。全校学生都认得这位安静的姑娘。她永远坐在教室第一排正中的位置上,看教师讲话的口形"听"课。课后,她还要花几倍、十几倍于同学的时间,抄笔记、阅读和思考。

大学毕业后,她对所钟爱的特殊艺术倾注更多的心血,还付出大量的时间和精力,致力于社会慈善事业。

24岁的姑娘邰丽华,拥有着美貌,也拥有了智慧,举手投足间充满着独特韵味。

一次出国演出,一位当地富家子弟为她的东方女性魅力所倾倒,追求她并向她求婚。丽华用手指指自己的口,示意自己是聋哑人。富家子弟说:"没关系,我喜欢你,我不在乎你的聋哑。"丽华一面从容地微笑,一面婉转地拒绝了。事后,有记者问:"在国外生活有什么不好?嫁给有钱人有什么不好?"丽华依然从容地微笑着,在纸上写道:我爱我的家乡,我不想离开为我付出很多的父母,不想离开爱我的伙伴们……

(来源:《中国残疾人》,2002年第6期。)

【案例分析】

邰丽华在《千手观音》之后,已经成为家喻户晓的优秀聋人代表,更是成为很多聋人学习的榜样。但我们在看到她成功的同时,更应看到她为成功所付出的劳动和汗水。每个人的成功都不是偶然的,都必须通过坚持不懈的努力奋斗才能够实现。但事业的成功并不是邰丽华赢得广泛认同的唯一原因,更重要的在于她的自信,她对家人、对朋友、对祖国的热爱。她并没有因为自己的事业成功而置自己于他人之上,她依然用自己的努力去帮助他人。邰丽华拥有一颗爱人之心,所以才能赢得更多人的爱。

二、快乐生活、追求成功的案例分析

【案例介绍】

中国第一位聋人新闻主播

这或许只是一个普通聋人成才的故事,有些情节在我们眼里已似曾相识,但其中的精神和艰辛依然能给人带来心灵上的震动。

"人的一生有长有短,别人追求生命的长度,我愿追求生命的亮度。"就像本文主人公所追赶的邰丽华和姜馨田一样,在许多场合,她已成为更多人的楷模和偶像,你到这个城市来,几乎每个人都能跟你说上一段有关她的故事,而曾经与她共同生活过的人更是百转千肠。2005年3月19日,郭莺出现在江苏常州电视台"手语新闻"栏目组,成为我国历史上第一个由聋人主播手语新闻的主持人。和"千手观音"登台春节联欢晚会上一样,这同样是个历史性的时刻。

每朵花都有盛开的理由

郭莺出生第十天时发高烧,因药物过量致聋,父母带着她辗转上海、南京各地医院求医,不放过一切可以治疗的机会。郭肖炎夫妇都是聋人,在一家公司做普通职员，郭莺出生前，郭肖炎已经给她想好了名字，取名"莺"就寓意让她能像夜莺一样倾听和歌唱，像正常人一样健康快乐地生活，但遗憾的是女儿不幸重复了他们的人生。

几次治疗花费了不菲的费用却都没有任何效果，这时一位老中医的话提醒了夫妻俩，老中医说，只要经过长期的培训，其实郭莺将来是可以开口说话的，与其把时间和费用花在不见效果的治疗上，千万不要错过语言训练的最佳时机。于是，为了让郭莺有个正常的语言环境，郭肖炎夫妇含着热泪把她送到爷爷奶奶家，每个月才去看她一回。离别的时间里对于夫妻俩来说痛苦的，几乎每天，他们都以泪洗面。

而这一切，小郭莺却浑然不知，直到五岁那年和伙伴们做游戏受了欺负，想哭却哭不出来，咿咿呀呀的声音更遭来同伴的嘲笑，却又不知道他们说些什么，郭莺意识到自己和别人不同，她哭着一路跑回家。这时，她才知道生命里少了很多东西，别的孩子可以看电视，欣赏音乐，做游戏，自己却生活在一个封闭的世界，她没有勇气再去找小朋友玩，甚至痛恨上天为什么对她这么不公平。郭肖炎看在眼里，心如刀绞，找到一个合适的机会，他"告诉"女儿，"每朵花都有盛开的理由，我们听不到花开的声音，却依然能绽放美丽和花香。"健听人就是没文化也可以表达自己的感情，聋人要被社会承认需要更多的努力，自暴自弃是对自己最不负责任的表现。郭莺似懂非懂地点了点头，晚上她用稚嫩的笔在日记本里写道：我以花儿的名义起誓，将绽放最大化的美丽和花香。

我也要做约翰·克里斯多夫

九岁时，郭莺进入常州聋哑学校读书，之前最疼爱她的爷爷刚刚去世，郭莺很难过，变得孤僻，不愿意和人交流。郭肖炎就拿着她的日记本对她说，你忘记自己的誓言和爷爷对你的期望了吗。郭莺很快变得振作起来，这时候，她被任命为班里的数学课代表，与人交流的机会与越来越多，人也逐渐开朗起来。为了适应授课老师的教学方式，她开始进行更刻苦的语言训练，每天她都对着镜子联系口型，一练就是三个小时，直到能看到文字后就能模仿出对应的口形。

由于不懈的努力和追求，她的成绩在学校总是名列前茅，年年被评为"三好学生"，老师和学生都喜欢这个班里最小的学生。15岁那年，一位老师送给他一本《约翰·克里斯多夫》，郭莺看完后深受感染，她找到老师说，她也要成为克里斯多夫。这时候她的求知欲望越来越强盛，她开始阅读古今中外各种书籍，读的最多的是海伦·凯勒，这也是她毕生追求的目标和偶像。通过阅读这些书籍,她决心做一个坚强和勇敢的人——在困难面前绝不低头。

随着年龄的增长,郭莺在艺术和体育上的天赋也很快显现出来,她报名参加了学校组织的书画班和舞蹈班,由于没有一点基础,练习的过程十分艰苦,学舞蹈感受节拍尤其需要超强的记忆力,但郭莺却很快就能进入状态,始终是学得最好和最快的那个。1998年,金山寺杯首届聋人乒乓球赛在镇江举行,学校给郭莺报了名,这时候离比赛只有三个月时间了,但郭莺连乒乓球拍都没摸过。老师知道后想调名额,郭莺却表示她能行,于是,每天清晨四点多就起床,进入紧张的升学考试复习阶段,晚上再打四个小时球,一天只睡三四个小时,短短两个月时间,郭莺的球技突飞猛进,但这地狱般的九十多天也磨炼了她的意志和精神,最终她在比赛中获得团体第四的好名次。这件事坚定了她对未来的信心,花儿悄悄在无声的世界里含苞待放。

大家好,我是郭莺

2000年7月,郭莺考入金陵科技学院特教班经济信息管理与计算机应用专业,在此之前由于成绩优秀,她连跳两级。成为常州聋校成立以来最年轻的毕业生。这时候,她已出落成一个亭亭玉立的大姑娘,郭莺身高有一米七五,身材姣好,许多同学都打趣道,如果你能说话,就可以做模特,在T台上展示自己的风采了。郭莺心里有一百个不服,为什么我们聋人就不能有展示自己的舞台,她在心中渴望有一次展现和证明自己实力的机会。

2003年毕业前夕,她开始为寻找工作奔波,在上海、南京、常州三地投了上百份简历,但均石沉大海,许多招聘单位听到她是聋人,立刻挥手让她离开,郭莺从他们脸上读到了三个字"对不起"。她深深感到,聋人和正常人之间有着遥远的距离,但她并不气馁,依然坚信会有一个实现自己的舞台。一段时间后,在常州市残联的帮助下,她来到一家公司做计算机管理工作。

这家公司的许多员工都是聋人,由此在交流上没有什么问题,业余时间爱好舞蹈的郭莺经常和同事们一起表演节目。每当她在空地上翩翩起舞,边上人就不由得惋惜,"看到这样漂亮的舞姿,谁会想到她是个聋人啊"。谁也不知道,机会就这样悄悄来临了。

2004年7月,亚洲小姐选拔赛在杭州举行,郭莺从报纸上得到这个信息,觉得是个机会,在得到家人支持后便报了名。七月流火,她只身一人前往杭州参赛,由于人生地疏,又不舍得打车,她在路边用笔和纸不断地询问到比赛场地的路线,路人给予的则是鄙夷和不耐烦地摇头。郭莺走得筋疲力尽,却依然坚持着,到比赛场地时,比赛已经开始,来不及准备的她匆忙上台,表演了舞蹈《吐鲁番的葡萄熟了》和书法,曼妙的舞姿和道劲的笔劲获得了在场评委和观众热烈的掌声,但在自我介绍环节,由于现场没有准备手语翻译,没有人知道她在说什么,场面显得尴尬,郭莺用手语告诉大家:"大家好,我是常州的郭莺,我演绎着无声的美丽,我和声音一起舞蹈。"虽然最终没能通过复赛,但郭莺觉得已经实现了自己的价值,比赛结束当天,她又匆匆赶回工作单位。

同年9月,郭莺又报名参加同里水乡丽人大赛,但主办方得知她是聋人后却取消了她的参赛资格。郭莺觉得这很不公平,聋人理应和正常人一样有展示自己的权利,她特地赶到南京找到《扬子晚报》表达了自己的想法,经过一番据理力争后,她终于如愿参赛,虽然这次依旧没能通过下一轮,但各界已经开始熟悉和注意这个名字。

主持新闻,追求生命的亮度

2004年8月,23岁的郭莺被评选为戚区聋人协会主席,献身聋人事业也是她毕生的理想。

2005年新年前夕,常州电视台和残联联合向全市公开招聘手语新闻主持人,这是一个挑战的尝试,在此之前,国内所有手语新闻栏目的手语主持都是由正常人担任。由于和聋人间缺乏理解和沟通,正常人很难将理论和新闻完全地灌输给聋人观众,台里的计划和郭莺的想法不谋而合。报名后经过筛选,她在众多竞争者中脱颖而出,幸运地成为国内第一位聋人新闻主播。

除夕夜,一家人在一起看春节晚会,郭肖炎看到电视里的"千手观音"表演,自豪地比划"我女儿也是第一"。郭莺找出当年的日记本,"说""梅花香自苦寒来"。

一个月后,郭莺正式"走马上任"。第一次走进常州电视台新闻直播间,郭莺非常紧张,看着沙沙作响的读稿机,她紧张地"说"不出话来,背后凉飕飕的,节目录制完毕,衣服都已经湿透了。领导对她第一次的表现非常满意,郭莺却担心聋人朋友是否能看懂,以前由正常人担任手语翻译,只是在耳朵里塞上耳麦,随着声音做动作,有时候过快,聋人观众就看不懂。她需要考虑到每个观众的节奏和理解范围,加上主持人的语速和她协调的还不是太好,路途对她来说还很艰难。晚上,她冒雨到聋人家庭一家一家询问,倾听他们的意见,她深深觉得,节目的生命力来自于这些特殊群体。

节目播出后在省内外引起巨大反响,许多媒体纷纷要求采访她,关于她的特别节目在当地电视台播出后并通过落地卫星在美洲电视群分段播放,7月末美国朋友也给市里发来传真,盛赞这个"追求生命的亮度"的中国"海伦·凯勒"。

(来源:http://www.deafchina.com/classroom/zcwssj/20080130/1160.html)

【案例分析】

直面现实,坦然接受,刻苦努力,敢于展现自我,铸就美丽人生。郭莺的成功案例,显示出她具有良好的心理素质,并能够不畏失败所带来的挫折,具有较强的社会适应能力,所以最后她走向了成功,成为一位能够给聋人带来快乐,为社会作出贡献的人。不仅赢得了社会的关注和认同,而且成就了她本身的事业。

三、兴趣与成功的案例分析

【案例介绍】

寂静之声——沈阳失聪女孩拿下20多项大奖

(2008年)10月10日,沈阳市特奥会开幕式正在隆重举行。担当特奥会国旗手的皇姑区聋人学校高一学生郭铭杰此时脸上洋溢着幸福的微笑,她不仅为自己是一名国旗手而骄傲,还因她刚刚得知自己入选了"感动辽宁十佳女孩"的消息,这是她成长历程中又一个凝结着汗水和泪水的至高荣誉啊!一个秋日的下午,记者在聋人学校见到了这位多才多艺的小姑娘。

失聪女孩拿下20多项大奖

1993年出生的郭铭杰,因15个月大时的一次打针吃药导致了药物性神经耳聋,那时,小小的她就远离了美妙的有声世界。六岁时,看着周围小伙伴们欢快地歌唱、玩耍,自己却不能融入其中,她感到十分尴尬和孤独。

由于家住得离市少年宫很近,所以,她就经常去那里看学员们跳舞。渐渐地,小铭杰对舞蹈着迷了。2006年春节晚会上,邰丽华等人在《千手观音》中的曼妙舞姿,更让小铭杰感受到舞蹈艺术的魅力。于是,她就在家里只有一平方米的空地前对着镜子跳啊跳,从此跳出了快乐,更跳出了自信。功夫不负有心人,有了先天的聪颖、后天的热爱和刻苦练习,再加上鞍山市聋人学校老师的悉心培养，小铭杰的舞技突飞猛进。2006年5月，郭铭杰在鞍山市铁东区青少年才艺大赛中，获得舞蹈少年组一等奖。

有人说，当上帝为人关上一扇窗时，通常会为其打开一扇门。小铭杰不仅舞跳得好，还对工笔画、十字绣、舞蹈、书法、篆刻等艺术情有独钟，先后获国家、省、市20多项大奖……

当记者问她，会不会因上高中学习紧张而放弃舞蹈和绘画爱好时，她睁着大眼睛，连连摇头，她那哑语手势和眉宇间流露出来的神情传达出的是对艺术的执着和钟爱，是对美好未来的憧憬。

得奖让妈妈欣慰又心疼

由于语言交流上的不便，记者通过电话采访了郭铭杰的妈妈，一个在鞍钢工作的临时工。对于拿到众多奖项的女儿，妈妈既欣慰又心疼："孩子得奖太不容易了！"从六七岁起开始学习跳舞、绘画至今，克服了听力障碍给她带来的重重困难，吃过的苦、流过的汗是无法用语言表达的。

她告诉记者，女儿成长在与妈妈、姥姥生活在一起的单亲家庭，由于家境贫寒和身体的残疾，她从小就表现出同龄孩子所没有的成熟和懂事。记忆中，女儿从不主动要吃穿。"放学回来的第一件事就是帮姥姥做家务，洗衣、做饭、扫地样样都会，她擀的饺子皮我和她姥姥俩包都赶不上。每月给她的零花钱总是舍不得花，说要攒起来买电脑。可是，四川地震捐款时，同学们大都捐50元以下，她却执意捐出100元。她说，与灾区那些失去父母的孤残孩子相比，我还是很幸运的。"

由于鞍山没有针对聋人的高中，郭铭杰今年9月已到沈阳市皇姑区聋人学校学习，在那里她很快适应了新的环境，深受同学和老师的喜爱。现在，她每月回家两次，每次都坐火车，舍不得坐大巴。妈妈心里很明白，女儿是在为家里省钱啊。

让老师拒绝又骄傲的学生

"聋人孩子虽然不能像我们一样听到声音，用语言来交流，但他们通常有高于普通人的领悟和感悟能力，他们有着和正常孩子一样的质朴和纯真。"这是郭铭杰的绘画启蒙老师吕桂荣的一番话。

提到吕桂荣教郭铭杰画画，还有一段小插曲：那是小铭杰9岁那年，妈妈托人到吕老师家求教，希望女儿能得到渴慕已久的培养。但当吕老师听说小铭杰是一个聋哑孩子时，毫无商量地拒绝了，理由是无法有效地交流。然而，命运总是垂青于执着的人。一次在街上的偶遇，让吕老师对小铭杰的理解能力、反应能力格外看好，并一口答应了从教的请求。她还不无遗憾地说,为什么不早些让她亲眼见到这个孩子。

从此,吕桂荣就用写笔记的形式教她作画,寒来暑往,一学就是六年。小铭杰成长很快,简单看别人比划就能画出门道。再后来,她更是一点就透,没多久甚至超过了同龄的健全孩子。她先后拿过2003年"和平杯"书画作品银奖、2004年"中华杯"特金奖、全国百名最佳小画家等奖项。事实证明,郭铭杰不但没有让老师失望,反而让老师为教出这样一个身残志坚的学生而感到骄傲和自豪。

无声的世界里同样充满希望

问到未来的理想,郭铭杰用手势告诉记者,自己长大要立志当一名特教老师,因为她特别理解残疾学生的心理。有过跳舞和书画的经历,郭铭杰表示,虽然自己的遭遇很不幸,但是同样能做出美好的事情,她要用行为激励教育更多的残疾孩子,让他们同样体验到这个世界的丰富多彩。

未来的路还长,摆在郭铭杰面前的困难或许会很多,相信她只要用上练书画、学舞蹈的劲头,一定能顺利完成学业,考上一所理想的大学,实现自己的理想。

采访快结束时,郭铭杰用手势表达了她对老师、对妈妈、对姥姥以及许许多多叔叔阿姨的感谢。活泼的她还告诉记者一个小小的愿望,那就是她特别崇拜残疾人舞蹈家邰丽华,如果有一天能亲眼见到自己心中的偶像,摸一摸她那美丽的双手,该多幸福呀!

也许,郭铭杰不能拥有邰丽华那样辉煌耀眼的人生,但她的经历已经让人们看到,失去了声音并不会失去一切,无声的世界同样充满希望。

(来源:http://www.deafchina.com/classroom/zcwssj/20081015/4303.html)

【案例分析】

郭铭杰的成功,一方面得益于她兴趣爱好的发现,另一方面得益于她本人的刻苦努力。她本人并没有因为失聪而过于悲观,而是从小事做起,逐步树立自信,付出比别人更多的努力,从而取得一个又一个的成就,创造出无声的辉煌。

四、培养一技之长的案例分析

【案例介绍】

一个聋人青年和他的"美丽事业"

追逐时尚的曹小姐已记不清进过多少趟美发厅了,但昨天的一次美发经历实在不同寻常。山西北路北苏州路口新开了一家心语美发店,她决定进去试试,一位个子高高的年轻发型师微笑着接待了她。不料,旁边一位中年妇女告诉她,他耳朵听不见。在中年妇女的"翻译"下,发型师很快明白了曹小姐的要求,熟练地为她洗发、染发、吹发。

当曹小姐看到自己一头漂亮的酒红色直发时,惊讶地说:"我还是第一次见到聋哑人发型师!更没想到,你的手艺这么好。真不容易!"这个聋哑人发型师叫李栋。

艰难的学艺之路

李栋出生时是个健康的孩子,五六个月时因注射链霉素致聋。1995年,16岁的他从上海市聋人中学毕业了。一个普通的初中毕业生找工作也很难,何况一个聋哑青年呢。父亲李马生看到儿子无所事事非常着急,就和公司领导谈了自己的烦恼。公司领导经过研究,三天后便给了答复:招李栋进单位,接老理发师的班,为单位职工理发。

干理发对健全人来说并不算太难,可对李栋来说就不同了。刚学理发时,他动作僵硬,加上和师傅交流不便,学得很慢。但他明白,只有掌握技艺,才能自食其力。他想:尽管我耳朵听不见,我的头脑、双手和正常人一样,我一定能学会的。

于是,他苦练基本功,挥剪子、拿梳子、举吹风,每个动作都要做上千百次,直练得手臂发麻。在理发培训班学习时,全班30个学员只有他一个是聋人。上课时,他专心致志地看老师操作,连一个微小的动作也不放过,笔记记得特别详尽,遇到难题就用笔向老师求教,直到弄懂为止。在付出了比常人更多的努力之后,李栋顺利通过了技能考核,获得了结业证书和上岗证。

刚学会理发时,有人见他是聋人,不要他理发,为此他偷偷地哭过两次。每到冬天,他的手因受冻和经常接触刺激性的美发用品而裂开许多口子,流血不止,不到20岁的李栋咬紧牙关挺了过去。耳聋是他的弱点,但身处无声世界也让他钻研技术心无旁骛。他细细琢磨男式、女式各种发型的修剪和染发、烫发技艺,还经常到一些大店、名店向高水平的美发师请教,水平提高很快。单位职工很快喜欢上了这位"不声不响"的理发师,还有不少人慕名前去理发呢。

残疾朋友成常客

那么,李栋又怎么会开店的呢?原来,去年底,他所在的有色金属总公司的理发室拆除了。但公司没有让李栋下岗,反而借给他一间门面房,让他继续为职工理发,同时也面向社会服务。左思右想,李栋决定尝试一下,投身这一"美丽的事业"。

李栋给自己的小店起名"心语",意思是尽管和人说话有困难,但他愿意用心和别人交流。小店开张没有花篮,但得到了许多切实的支持。聋校的同学陈亚男为他制作了大量广告单;曾指导过他的发型专家王磊得知后,又让他来自己店里免费进修了十天,还送了他一些开店必需品。经过一番装修,整洁明亮、设施齐全的心语美发店,于2007年12月开张了。

创业是辛苦的。开张不久,有一天只做了十元钱生意,李栋急得要命,心想这样下去连房租、水电费都付不出了。春节前,生意好起来了,他又忙得要命,有时到中午2点都吃不上午饭。他伸出手来,十个关节都是裂口,生疼生疼的。李栋毕竟还是个24岁的大男孩。连续一个多月没休息过,好不容易盼来了春节长假,看到同学、朋友出去玩,他羡慕得不得了。他也想出去玩玩,可父亲对他说:你离开了,店怎么办?他点点头,只好抽空和朋友发短消息拜年、聊天。

昨天,记者前去采访时,遇上了好几位在这里美发的残疾人,其中一位是黄浦区聋人协会副主席陈申华。陈申华告诉记者:"李栋是我们的'聋人明星'。好多聋哑朋友知道他开了这家店,都很高兴,因为我们平时在外面理发总归不大方便,现在到这里来做头发觉得很自在。"小店的价格本来就很低廉,对残疾人还打八折。李栋表示,这些年得到了单位和社会各方面的很多关心,理应回报社会。

"阳光"男孩勇夺金牌

去年,李栋还参加了上海市首届残疾人职业技术竞赛,获得了美发第一名,破格晋升为中级美发师。之后,市残联出了一笔学费,送他到美发培训中心进修,他学到了许多美发新技术、新理念。他还代表上海参加了全国残疾人职业技术竞赛,获得美发第八名。

很多人见到高高的李栋都说他很"阳光",很有活力。的确,他还是名运动员呢。1999年底,他被选中进入市残疾人体育中心进行强化训练,他的运动潜能被激发了出来。他训练不怕苦,成绩提高很快。在第四届市残运会上,李栋获得了游泳、铅球两项第四名,第五届获得了游泳第五名,去年第六届市残运会上,他又勇夺铅球冠军。李栋先后被评为"黄浦区自强先进"、"上海市优秀聋人"。除了理发、运动,他还学完了三维动画制作课程。

不久前,李栋向公司党组织交了入党申请书。他在申请书中写了一段肺腑之言:"以前,我以为自己是残疾人,没资格向党组织提出申请,但是在我心里一直没有磨灭入党的信念。我以张海迪为榜样,身残志不残,要做到自立、自强、自信、自爱,顽强拼搏,为党和人民做出自己的贡献。"

(来源:http://www.deafchina.com/classroom/zcwssj/20080130/1166.html)

【案例分析】

培养健康心态,乐观面对生活挫折,是聋人发现自我价值的前提。无论从事什么职业,只要能够学有所成,有一技之长,能为他人服务,奉献社会,就是一个有价值的人。

【思考题】

1. 如何看待手语在聋人适应环境中的作用?
2. 如何正确处理虚拟聋人群体与现实聋人个体的关系?
3. 如何正确面对社会生活中遇到的挫折?

第六章

聋人与工作

工作是每个人在现实社会中独立生存的立身之本,是人类诸多社会活动中的永恒主题。它不仅是挣钱谋生的手段,更是学习进步、实现人生价值的舞台。对于聋人来说,工作能使聋人在保障生活需求、提高生存质量的同时,更深、更广地融入主流社会,通过发挥自己的才能获得成就感和价值感。

第一节 聋人与就业

就业是每个公民的基本权利,聋人与健听人一样,享有法律赋予的择业、就业、获取劳动报酬、接受职业技能培训、享受社会保险等各项平等权益。就业是聋人改善生活状况、提高社会地位、参与社会的基础,是实现人生价值的关键。多年以来,我国残疾人事业在各级政府和社会各界的高度重视、关怀与支持下,聋人的就业状况不断改善,许多有就业能力的聋人走上了工作岗位,成为自食其力的社会主义劳动者和社会财富的创造者。

一、聋人如何选择职业

当前,我国职业的领域、种类、分工以及职业要求都产生了极大的变化,主要表现为更加具有开放性、灵活性、智能性以及细化性。因此,聋人能够全面了解职业的相关知识,不断提高个人的整体素质,对职业的选择将助益良多。

(一) 解读职业内涵、就业形势和职业要求

1. 职业的概念

职业是随着人类社会进步和劳动分工而产生和发展起来的,它是社会生产力发展和科技进步的产物。对个人而言,职业是指人们在社会分工中,利用专门的知识和技能,为社会创造物质财富和精神财富,以获得合理报酬作为自己的物质生活来源,并能满足自己精神需求的工作。一个国家的经济体制、产业结构和科技水平,决定着社会的职业构成,而社会职业的发展变化又客观地反映出社会经济、科学等领域的结构变化和发展。

那么,如何来界定职业呢?就社会学方面而言:职业是一种社会性的活动,是国家确定和认可的,是社会体系中的一种社会分工定位,具有连续性和稳定性并形成模式,它产生了与工作相关的人群关系和社会关系,具有社会性的特点。就经济学方面而言:职业是社会分工体系中劳动者所获得的一种劳动角色,它与权利和利益相互联系、密不可分,具有经济性的特点。

总而言之,职业首先强调社会分工以及和职业属性相关的专业知识技能。没有高度的分工,就不足以体现现代意义上的职业概念。其次,职业在创造物质财富,满足物质需求的同时,也实现了一种精神追求。职业生涯的发展过程也是个人价值不断实现的过程。

2. 当前的就业形式

我国计划经济时期,政府在就业市场中占主导地位。因此,计划经济时期的就业具有政府统一分配、就业指标化、家族继承性(接班等政策)、区域性以及就业一次性和终身性等特征。人们的就业观念是进入一个正规单位,获得一个固定职位,从而得到终身保障。当时国家各级地市都设有一些专门安置残疾人的福利工厂,大部分聋人都以"听天由命"消极等待的心态来对待就业。不管能否安排就业,还是被安排在集体、国营、事业单位或福利企业,聋人都完全处于被动接受的地位。

改革开放以来,随着市场经济体制的建立,我国就业制度发生了重大的变革,即政府退出了就业市场的主导地位,就业需要通过市场的竞争机制来完成,就业政策从政府统一分配过渡到了双向选择、自主择业。新时期的就业形式变得灵活多样,就业也不再受地域影响,全国化流动成为趋势,多次就业代替一次就业成为主流,就业更具有阶段性和多元性的特点。

开放流动的新就业体系为多渠道就业提供极大便利的同时,其优胜劣汰的竞争机制给聋人就业也带来了极大的冲击。聋人由于听障所造成的沟通不便、信息反馈慢等问题,使其在就业市场竞争中处于弱势地位,就业成为难点问题。与此同时,传统的福利工厂由于设备落后,技术含量低等原因纷纷倒闭,被严酷的市场竞

争淘汰出局,聋人也失去了一个专属的就业渠道。面对当前的就业形势,聋人必须振作起来,正确认识市场经济体制优胜劣汰、适者生存的自然法则,理性分析和判断社会中出现的一系列不良现象,弥补自身的不足,彻底改变就业观念,从被动等待转变为积极参与竞争,才能克服种种不利因素顺利就业。"给我一个机会,还你一个奇迹"已成为新时期聋人就业的口号,代表了新时期聋人渴望就业、积极参与的精神风貌。

3. 新时期的职业要求

随着我国产业结构的调整,职业正经历着巨大的变革。在社会需求的作用下,部分落后的传统职业被淘汰,新的知识型职业应运而生,如个人形象顾问、网络管理员、心理咨询师、电子商务师等。未来职业的发展,不含技术性的纯体力劳动职业越来越少,各种职业对专业知识性和技术性的要求将越来越高。

计划经济时期,大部分聋人主要被安排在福利企业从事简单的体力劳动,对文化素质没有过高要求。而在当今高科技电子时代,只有具备较高的文化素质才可能获得较高的就业层次,扩大交流渠道,完善沟通方式,赢得更多的就业机遇。因此,聋人必须不断提高完善个人修养和专业素质,加强自身实力。分析优秀聋人唐英、杨洋、周婷婷、杨军辉、李颖的职业生涯,不难发现,正是由于他们自身具有的高素质、高文化,才使他们在工作中游刃有余,攀上事业的巅峰。

欧美国家的聋人事业起步较早,发展至今各项措施也较为完善。第二次世界大战后,美国大批聋人从事印刷等强噪音性的工作,他们在生产流水线上进行简单重复的操作。直至20年前,加劳特德大学和罗彻斯特理工学院等高等特殊院校培养出的一批批高素质聋人毕业生,才使聋人的就业范围得以扩大,获得较多工作机会。目前聋人在美国最热门的职业是:会计师、计算机工程师、机械师、教师等。美国社会福利署帮助聋人推荐的职业,多数属于服务行业方面,如:装修、清洁、托运等繁重体力工作。而在普通招聘中,没有对残疾人特别照顾的名额,聋人需要凭借自身实力与健听人平等竞争。我国聋人就业的发展轨迹与美国相似,由此了解到未来发展对人才的要求。新时期职业要求劳动者具备技术性、综合性和创新性三大素质。

(二)评估你的职业素质

常言道:知人为聪,知己为明;知人不易,知己更难。客观了解评价自我的职业素质、挖掘个人资源是选择职业方向的前提。职业素质是指从事某工作的人自身需具备的相应条件。职业素质分生理素质、心理素质、思想品德素质、科学文化素质和审美素质五个方面。不同职业对这五方面的要求有所侧重。

聋人选择与自身条件相适宜的职业,首先就要对自己的职业素质与职业要求进行对应评估。从性别、年龄、性格、专业知识、实践经验、体质状况、职业兴趣、职业人格、职业能力等方面分析自己。

1. 自我评价的原则

聋人在自我评价中要遵循客观性、公正性、全面性和发展性四个原则。对自己的观察、分析、评价要建立在客观事实的基础上。自我评价过高会脱离现实,过低则会忽视自己的长处而产生自卑心理。自我评价时既要看到自己的优点和特长,也要看到自己的缺点和不足。此外,自我评估时要以发展的眼光对自己的现状做出客观全面的评价,着眼于未来的发展变化,预见自己的发展潜力和前景。个别在班级里专业成绩较好的聋人大学生,满足于小圈子里的专业优势,既不能将自己的专业水平与同专业健听人做横向比较,又拒绝扩大交流拓宽眼界,自视过高的结果将会导致现实中处处碰壁。

2. 自我评价的内容

(1)身体素质方面:评价自我的体能状况。主要包括身体健康状况、身体的灵活性、柔韧性、平衡性、协调性和耐受性等方面。在聋人大学生中拥有一批舞蹈、小品、时装模特等表演型人才,游泳、篮球等运动型人才。其中一些聋人大学生就是通过自身的特长获得了理想中的职业。

(2)心理素质方面:健全的心理包括健康的情感、坚强的意志、坚定的品格、宽广的胸怀和积极乐观的人生态度等方面。大部分聋人具有敏感、怯懦的心理特征,对环境敏感度高、承受能力差,过分关注他人对自己的评价,缺乏主动与人沟通交流的勇气。当聋人大学生的心理素质得到训练提高后,此心理障碍会逐步得以克服。聋人大学生通过对自身心理素质的评价,可以将自身积极向上的心理因素发扬光大,克服消极阴暗的心理影响。

(3)思想品德素质方面:评价自我在个人理想、信念和道德认识、日常行为等方面的修养水平和状况,包括世界观和价值观。聋人大学生的成长环境较为单纯封闭,致使其思想意识也较为纯净、简单,容易被环境影响。

(4)科学文化素质方面:评价自己对自然、社会、科学知识的认识和掌握程度,以及在专业知识、技能上的水平,检视自己是否具有求知欲、科研创新精神和终身学习精神。

(5)审美素质方面:审美素质是现代社会对个人素质提出的新要求,审美素质的评价包括了对美的感知能力、欣赏水准、评价能力、创造能力和艺术鉴赏能力等方面。目前我国聋人大学生学习艺术类专业的居多,审美素质也是衡量其专业修养的一把尺度。

3. 自我评价的方法

聋人大学生在做自我评价时,要从自我比较、与他人比较和与现实需求比较三个方面来进行。评价方法可采用自我分析、征求他人评价和做心理测试等。在评价时要挖掘最真实的自我,不管自评还是他评,只有求实求真,才能有效。心理测试只作为参照之用,不可盲目迷信。三种方法相互平衡补充,才会得到准确、全面的评价结果。

(三)开发职业信息资源的渠道

就业信息是求职择业的基础,谁能及时获取信息,谁就获得了求职的主动权。在选择职业前,充分开发职业信息的资源渠道,可以及时地把握职业信息,获得更多的求职机会。因此,聋人大学生应当及时、全面地掌握有关就业方面的种种信息,并认真地对这些信息进行筛选和整理。借助多方力量,尽快走进社会。目前,一些聋人大学生还没有自主求职的意识,过分依赖学校和老师。经常有同学提出"老师,我们快毕业了,你准备给我们安排什么工作"、"老师,你介绍我去广告公司吧"等问题。如此固守单一的信息渠道,职业信息量必然有限,难免会降低求职概率。因此,聋人大学生要摆脱依赖思想,积极搜寻职业招聘信息,才能有效提升就业概率。

信息渠道畅通,有利于收集就业信息,把握信息的准确度,并结合自己所学的专业和特长,有所侧重。目前毕业生收集信息一般通过以下几个渠道:

(1)通过本校的毕业生就业指导中心收集信息。利用学校举办的就业指导课、信息发布会等途径获取信息。从学校得到的就业信息可信度高,其针对性、准确性、可靠性都较强,它是毕业生收集信息的主渠道。

(2)通过家长、亲朋好友及其他熟人等收集就业信息。在帮助聋人大学生就业过程中,家长及家长的社会资源是最有力和最可靠的资源。

(3)通过省市残联举办的残疾人招聘会。省市残联每年都会组织残疾人招聘会,针对性强,聋人大学生在招聘会上是很受用人单位欢迎的。在北京人才市场残疾人招聘会上,一家互联网企业就打出只招聘聋哑人的牌子。

(4)通过毕业生就业市场收集信息。毕业生就业市场是专门为毕业生提供服务的,它收集了各用人单位的需求信息,毕业生在该市场查询到的需求信息也是比较准确的。

(5)通过广播电视、报纸期刊、招聘广告、互联网络等社会传播媒介收集本专业(或相近专业)信息。此类招聘信息来源庞杂,真假不一,需要归类分析筛选。

(6)在不影响课业的前提下,利用假期到企事业单位实习、参加社会服务、公益劳动等社会实践活动,有意识地收集就业信息。聋人大学生常常可以通过这些渠道获得就业机会。

由于信息的来源和获得的方式不尽相同,内容必然是杂乱的,有相互矛盾的,甚至有虚假不实的。因此,毕业生应进行必要的分析、筛选和整理,在政策允许的范围内,结合自己的实际情况,从中选择自己的择业主攻方向。需要警惕的是:当遇到超出常规的"好工作"时,应当多调查多咨询,以免上当受骗。

(四)职业目标的设定

职业活动是按照一定的社会规范和行业规律来运行的,每种职业都有其独特的活动形式和特点。聋人大学生参与这样的活动,不仅要考虑自身的个性因素,还要顾及职业特性及环境因素的影响。因此,设定职业是个人的主观因素和职业的客观因素相吻合的过程,本着"衡外情,量己力"的精神,设计出符合自己并切实可行的职业发展方向。只有个人素质、意愿与职业需求相符时,择业行为才会有效。

在现实生活中,聋人大学生都有这样的感觉,那就是在设定职业目标时,每个人都无法回避诸如自身个性特点、就业机会、家庭及社会环境等方方面面的因素影响,但是他们都难以意识到这种影响之大直接左右着职业目标设定得准确与否。因此,在设定职业目标时,全面分析、客观评价就显得尤为重要。因此,在设定职业时应遵循以下三个原则:

1. 职业目标与社会需求相适应的原则

聋人大学生应该通过考察就业市场需求,根据职业空缺率、需求率来择定职业目标的范围。职业需求空缺的大小,参与竞争人数的多寡,决定着职业选择的质量。

2. 发挥自身优势的原则

聋人大学生可以结合个人的综合条件,采用优势定位的方法,扬长避短,发挥自己的爱好和特长,选择恰当职业。考虑一下:自己喜欢的工作是什么、自己的专长是什么、工作对自己的意义是什么、自己在家庭中的作用等等。例如,聋人女大学生小王,是一个开朗、勤快的女孩。她打字很快,当看到老师整理材料,打字工作量较大时,就不辞辛苦主动请缨;每次来到老师办公室,她都要顺手清理一下环境,将物品归位;同学有困难,她主动帮忙;常常可以见到她和别人嬉笑逗趣的情景,深得老师和同学们的喜欢。做事细心、主动、周到的她,如今已成长为一名聋校的校长助理。

3. 利于未来发展的原则

聋人大学生要运用动态发展的眼光来规划、调节就业方向。"先就业,再择业"正成为当前大学生的就业主导思想。在竞争激烈、就业环境不容乐观的今天,先放低就业姿态,通过"先就业"来磨炼意志,积累工作经验和社会经验,为二次择业做准备是一种有效的就业选择。但"先就业"时要考虑目前职业与今后职业的持续性和发展性。聋人大学生张某毕业后来到一个较大的家政公司上班,在工作时踏实认真,深得客户的信任和满意。与此同时,他还细心观察学习公司的管理运作方法。经过两年的积累,他带领七八名聋人大学生开办了自己的家政公司。由于他们的服务质量上乘,价格公道,树立了良好的公司形象,因而顾客盈门。

由此可见,职业目标的设定是以社会需求为基础的,如果脱离现实盲目空想,就会在现实中迷失方向。在一项对聋人大学毕业生进行的问卷调查中显示,很多聋人同学都认为自己"最适合做聋校教师",选择"聋校教师"为自己的职业目标,由此显示出聋生对自身职业素质和职业岗位需求认识的不足。据人事招聘市场调查,"聋校教师"的岗位需求很少,职业要求也较高,不仅需要有丰富的文化知识,懂得学生身心的发展规律,掌握教育规律和学生管理知识等,还要通过一系列专业考试,取得教师资格证才可以。而部分聋人大学生的自身素质不符合职业要求,因此,此目标只是一纸空谈。还有的同学说自己想当教授、设计师、老板、工程师等等。这些目标并没有建立在"知己知彼"的基础上,只是随心而定。事实告诉我们,聋人由于种种原因缺少对社会的认识与理解,特别是一些聋人大学生对自己的估计和对社会期望值都过高,认为上了大学就不能从事普通的劳动。殊不知在高等教育大众化的今天,大学毕业生就业难已成了突出的社会问题。北京大学的毕业生去开店卖肉,大学生做保姆、收废品、擦皮鞋现象都有发生。

职业没有高低贵贱之分,而在于如何把自己的知识运用到工作中。当年北大毕业生陆步轩当屠夫的行为曾引发大江南北关于此行为是否人才浪费的大讨论,北大的校长曾就此声明:北大毕业生同样可以做普通劳动者。数年后,另一位北大才子陈生也进入养猪行业,他思维活跃、头脑灵活,做事方式灵活、与众不同。他依靠"精细化营销"的武器,将猪肉消费人群细分,根据消费爱好不同调整饲养方法,在短短两年开设近100家"壹号土猪"猪肉连锁店,营业额达两个亿。可以说,职业只是一个展示自己的平台,如何表演要靠自己把握。

(五)适合聋人的就业岗位

"除了听,聋人什么都能做"已成为当今聋人的一句就业口号。事实证明,在广大聋人所投身的各个行业中,涌现了许多能人和尖子。聋人只要相信自己,利用自己的特点,就一定能找到一个支点,展现才华。任何职业的岗位环境和职业要求都有其共性和个性的地方,因此,在求职前,预先对工作岗位的环境、性质和要求进行了解,是非常必要的。下面列举部分适合聋人的就业岗位以及相应的岗位要求:

1. 绿化保洁类

(1)职业门类:绿化工、钟点工、保洁工、环卫工等。

(2)职业前景:绿化保洁类职业的岗位需求量一般比较大。随着生活节奏的加快,人们将单位的保洁工作和家庭的做饭、清洁工作交予专人打理,以保证工作效率和生活质量。因此,对保洁工和钟点工的需求日益加大,人们对生态环境的重视保障了绿化工作的前景会越来越好。

(3)职业要求:绿化保洁类工作属于体力劳动,具有技术性要求不高,可独立操作等特点。凡是身体健康、四肢灵活、能够吃苦耐劳、勤快细心的聋人都适合此类工作。

2. 生产、运输、设备操作维修类

(1)职业门类:维修工、操作工、装配工、检验员、装订工、包装工、搬运工等。

(2)职业前景:操作工、装配工等都是当今工业社会离不开的工种,需要大量的从业人员。

(3)职业要求:工作具有劳动强度大、技术性不强、重复性、局限性、枯燥性、不需要过多交流等特点。凡是身体强健、有耐心、行动协调敏捷的聋人都适合此类工作。

3. 技能类

(1)职业门类:打字员、网络管理员、计算机维护员、电工、电焊工、花艺师等。

(2)职业前景:打字员、网络管理员、计算机维护员是当今网络时代的基础工种,具有普及性;电工属于支撑型工种,不管任何时间、任何单位都离不开;电焊工是工厂、建筑公司的基本工种,具有普遍性;花艺师是花店的灵魂,决定了花店的品位和档次,是不可或缺的。

(3)职业要求:技能类的工作岗位具有技术单一、重复性强、需要简单交流等特点。身体健康、具有一定的职业技能、心灵手巧、善于学习总结的聋人适合此类工作。

4. 艺术创造类

(1)职业门类:摄影师、设计师、网络编辑员、网页设计师、三维效果图设计员、动漫设计师、动画制图员、CAD 制图员、平面设计师、画家、美术编辑等。

(2)职业前景:艺术创造的繁荣是社会发展昌盛的一个重要标志,是人们精神追求的必然结果。因此,未来中国的艺术创作类职业将会有更大的发展空间。

(3)职业要求:艺术创造性类的岗位因其专业性强,要求从业人员具有系统的专业知识结构,具备一定的审美能力和鉴赏能力;讲求创新能力和专业表达能力的发挥;了解本行业最新动向和流行趋势;了解客户心理、知识结构和审美取向;注重团队合作精神,注重正确传达和准确领悟,需要较强的专业交流沟通能力等特点。有此意向的聋人首先要具备较高学历并专业对口;要具有较强的创新能力,能独立快速完成高品质设计;要具有较高的专业技能,能熟练驾驭相关软件;要具有较强的专业表达能力和领悟能力;要具有团队协作精神等等,才能胜任此类工作。

5. 文学教育类

(1)职业门类:作家、自由撰稿人、聋校教师、聋人技能培训教师等。

(2)职业前景:作家和自由撰稿人是现在乃至未来都不可缺少的职业,聋人作家因其独特的视角和感受,赋予作品顽强的生命力;只要存在着聋童,就必然存在聋教育工作者。

(3)职业要求:作家和自由撰稿人要求有较高的文学功底,有丰富的想象力,有敏锐善感的个性特征和相关的人文知识等。如知名聋人作家郑利群、赵林祥、李圣元、朱惠勇以及成功的自由撰稿人墨龙、刘振兴、唐英等等。教育类岗位一般需求量很小,对个人的综合素质要求比较高。岗位的硬性要求包括:具备高学历、专业对口等。另外,还要参加教师资格考试、试讲考试等相关的竞聘考试。高学历、高素质、思维敏捷、遇事沉稳、幽默机智的聋人适合此类工作。

6. 金融类

(1)职业门类:会计师等。

(2)职业前景:会计师肩负着一个单位的账务往来统计、成本核算、财务报税等重要工作。在当前经济高速发展时期,大中小型公司、企业如雨后春笋般大量地涌现,对会计师的需求也日益加大。

(3)职业要求:会计师需求量很小,要求具备专业知识,经考试获得会计师资格证才符合岗位要求。目前会计师在美国是热门职业,在我国也已经有聋人(重听)成为注册会计师,并从事这一职业。通晓财会专业知识、做事耐心细致、条理性强、记忆力好、具备一定沟通能力的聋人适合此类工作。

7. 运动类

(1)职业门类:体育运动员、舞蹈演员等。

(2)职业前景:体育运动员、舞蹈演员因其特殊性,岗位需求具有长久性和持续性。

(3)职业要求:运动员、舞蹈演员属于特殊岗位,对这些特殊人才的要求主要体现在年龄、基本功、身体素质(爆发力、耐力、柔韧性、身材比例)、体能状态和竞技状态等方面。另外,舞蹈演员对相貌也有一定的要求。

二、聋人求职的技巧

求职过程包括自我包装、自我展示、自我推销等一系列环节。求职既像一场残酷的战役又似一场盛大的演出,只有通过全面的准备、精心的设计、合理的安排、巧妙的运作、精彩的表现,才能获得成功。"不打无准备之仗""知己知彼、百战不殆",既是战争中的锦囊妙计,如今也可以作为求职的至理名言。

(一)做好职业规划

求职准备不是一朝一夕就可以完成的,它是一个全方位、多层次的准备。从入校开始,每位聋人大学生就要清晰地进行自我认知,了解自己的职业目标,提前做好职业规划。

1. 知事明理,心怀感恩

聋人大学生要认识到自己是在关心和爱护中成长起来的,要知事明理、心怀感恩。感谢政府对聋人工作的支持和重视,聋人高等教育飞速发展,求学梦想才得以实现;感谢社会上爱心人士对聋人事业发展给予的支持和理解;感谢父母的养育之恩,为培养自己付出了巨大的代价;感谢亲戚朋友的关心、爱护和支持;感谢老师对自己的辛勤培育;感谢同学的相知相识,使自己的心灵不再孤寂,并在交流合作中,提高自己的综合能力。

2. 塑造性格,提高情商

有句话讲得好:性格决定命运,智商决定择业,情商决定升迁。在生活中我们不难发现,关心他人、性格开朗豁达的人,都有很强的亲和力,易于交往、颇受欢迎,往往成为中心人物,受到命运的垂青。而敏感自闭、注重自我的人,常常被大家忽视、疏远,很难得到重视。聋人小王大学毕业后工作不定,常常为生活的窘迫而苦恼。一次,他看到一则某广告公司的招聘广告,决定一试。应聘前夜,他反思自己:和两个成功的同学相比,除了工作不好,自己似乎没什么地方不如他们,论聪明才智,他们并不比自己强。经过比较后他发现,自己做事时总会被性格情绪左右,而且总是缺乏自信、不思进取、得过且过。于是,小王决定:自今往后,决不允许自己再有不如别人的想法,一定要控制自己的情绪,全面改善自己的性格,塑造一个全新的自我。第二天,小王充满自信地前去应聘,顺利地被录用。他知道,这份工作是因为自己的醒悟和自信得到的。两年后,公司人人都知道,小王是一个乐观、机智、主动关心别人的人,而且他成了公司的骨干。由此可见,只有不断地完善自己的性格,善于掌控调节自己情绪,才能到达成功的彼岸。

3. 培养情趣,提高品味

生活是丰富多彩的,学习也需要全方位地进行。在学习专业知识的同时,也要学会发现美、欣赏美和创造美。文化气质、品质修养是大学生必备的品质特征,是区别于没有接受过高等教育群体的显著标志。因此,培养自己的艺术情趣、提高艺术品味,是当代聋人大学生综合素质训练中不可或缺的一部分。

4. 严谨做人,高效做事

严谨高效是对每一个职业人最基本的职业素质要求。聋人受听障影响而忽视外部信息,养成做事拖拉缓慢的坏习惯,严重影响了自己职业生涯的发展。因此,聋人大学生要培养做事的条理性、技巧性和创造性,才能培养和提升自己的工作效率,积累核心竞争力。

5. 明确目标,有的放矢

大学阶段是进入社会的预备阶段。在此期间每一位聋人大学生都要了解自己的职业喜好、明确职业目标,才能做到合理安排、有的放矢。职业目标最简单的定位方法是罗列自己喜欢的工作是什么、自己的专长是什么、社会环境允许或需求什么,这三者之间的交集就是最适合你自己的职业方向。职业目标明确后,可以根据职业岗位职责要求,反思自己的缺项和弱项,利用在校求学期间加以弥补,使自己的专业知识结构更系统、更全面。这样,才能在机会来临时牢牢抓住。

聋人大学生小强本是装潢专业的学生,他对时尚的网络设计师职业产生了兴趣。在 Photoshop 课堂上,常常见他拿着一本 Flash 软件书在自学。老师劝他把自学安排在课外,不要顾此失彼影响自己正常的课业学习。他却不听劝告一意孤行,造成既缺乏对本专业知识技能的掌握,又对自学的知识一知半解。毕业时,他请求老师介绍他去一个网站应聘,结果由于他不具备系统的专业知识,无法胜任工作,导致求职失败。其实,网页设计师的岗位要求很高:要具备较强的平面设计和网页设计创意能力;熟练使用 Photoshop、Flash、Illustrator、Dreamweaver、Fireworks 等图形设计软件;能够独立完成网站的规划和静态页面制作等等。分析一下,我们不难发现,小强仅仅由于迷恋网络设计炫目的职业光环,在对岗位的职业要求尚不了解,也没有将职业目标和自己的专长结合起来的情况下,就轻率地确立了职业目标,犯了方向性的错误。其次,小强盲目自信,不善于接受他人的忠告,才导致了他的求职失败。

6. 主动学习,科学规划

聋人由于听力缺失产生畏缩心理,学习中习惯于亦步亦趋地按照老师的要求去做,对大学的开放式教育理念产生不适应感。聋人大学生要快速从被动学习转为主动学习,加强学习的自主性、计划性、延续性和目的性,树立终身学习的意识。因为科技高速发展带动知识的快速更新,几年之后所学的知识就会快速老化。聋人大学生就业后如果不注重在职培训和在职学习,随时了解掌握新的行业知识,很难跟上时代发展的新要求。

7. 重视实习,强化实操

聋人大学生在实习中要主动融入工作环境,积极适应企业文化、工作内容、工作职责和作息时间,努力培养自己敬业、勤奋、进取、专注、自律、责任感、体谅他人、意志坚强的优良品格。主动配合实习单位的各项工作安排,在工作中,强化实际操作技能,善思考,多观察,锻炼自己的判断力、识别力和机敏性,不断丰富自己的知识结构。

8. 理性"充电",避免盲从

随着就业压力的加大,越来越多的聋人大学生选择课外"充电",期望通过参加各类电脑软件设计培训班,给自己增添一些信心,获得更多的就业机会。选择培训前需要冷静的分析和理智的选择:首先要围绕未来职业方向来定位;其二要了解培训班的实力和培训效果;其三要了解该种资质证书的考取途径和方法。避免参加了培训班,却得不到学习效果和资质认可。

9. 善于沟通,积累人脉

沟通交流是一门艺术,善于交流的人可以从中积累人脉,获得情感、信息和支持。聋人大学生要学会处理人际关系,培养自己在人群中的凝聚力,通俗点说就是要有"好人缘","有好人缘的人往往容易成功,这是非常重要的素质"。人际关系的培养,要从每一天、每一处做起,才能达到集腋成裘的效果。聋人大学生在参加社团活动、学术活动、社会实践活动、义务劳动等团体活动时,不要仅仅做一个平凡的参与者,更要在活动中有意识地锻炼自己的组织、交际能力、认知理解能力和社会适应能力。同时,还要主动交流、乐于奉献,充分展示拼搏进取、残而有为的个人魅力。通过广泛结交他人,从而获得更多的就业信息渠道和就业机会。

北京残奥会的圣火采集者24岁的聋女姜馨田是北京联合大学特殊教育学院办公自动化专业本科的学生。她活泼开朗,喜欢参加各类文艺活动。在2003年获得了第52届世界环球小姐大赛中国赛区十佳奖和最高荣誉奖,并且被环球小姐大赛纽约总部评为世界环球小姐特别形象大使。荣誉和努力帮她敲开了幸运之门,她有幸被残疾人艺术团录取为手语主持人,得到了更多的学习和发展的机会,圆了她的人生之梦。

(二)做好求职准备

求职的准备工作是非常重要的一环,需要全方位来进行准备,对聋人大学生来说更需如此。首先要从思想上对求职进行全面的认识和了解,在心理上做出相应的调整和准备。然后通过充分、有力的材料,展示自己的实力。

1. 求职的心理准备

聋人大学生求职的过程,是一个复杂的心理变化过程。做好求职前的心理准备,保持健康、稳定的求职心态是求职成功的基础。聋人大学生要保持积极、主动的求职心态,敢于竞争,勇于自荐,这对择业成功非常有利;良好的心态可以使求职者坦然面对各种求职机会,充分发挥自己的智慧和能力。求职的心理准备具体包括以下几点:

(1)敞开心灵,融入主流社会。人是社会之人,是现实之人,无论你正视与否,社会都是客观存在的。因此,正视社会、适应社会是一种明智的人生态度,而脱离社会、逃避社会是一种消极的心态。正如萧伯纳所说:"明白事理的人使自己适应世界,不明白事理的人硬想使世界适应自己。"目前从就业情况来看,社会对聋人群体还缺乏认识,究其原因既有沟通不畅、宣传不够的因素,也有聋人自身专业技能狭隘和就业观差异的问题等。想改变这种状况,除了需要大家共同的呼吁,引起社会关注以外,聋人大学生还必须具有"山不过来,我过去"的勇气和能力,抓住一切时机来主动交流,充分展示自己,打开就业局面。

(2) 吃苦耐劳,磨炼坚强意志。聋人大学生走向工作岗位,是开始回报社会、为人类创造财富和体现自身价值的历程。工作和学习一样,要想取得更大的成绩,必须有吃苦耐劳的精神。部分聋人就业后因为单位劳动强度大、工作环境脏、报酬低、工作不对口、搞设计压力大、能力达不到期望工作的要求、创业太苦、工作中缺少聋人寂寞无伴等各种原因,反复调换工作,结果最后不仅使自己失去了工作机会,还给整个聋人群体造成负面影响。因此,真实评价自我、勤恳务实工作,是职业生涯顺利发展的重要基础。

(3) 跨越障碍,塑造心理健康。聋人大学生求职中要克服的心理障碍是不能正视现实、坦然接纳自己的生理缺憾。聋人常常"过于敏感",由于听力缺失,聋人对他人抱着戒备和不信任的心理,无端给自己和他人带来烦恼和不安,其原因归根究底是自卑心理在作祟。要解开敏感自卑的心结,就必须坦然接受自己听障的事实,要相信"听不见"给自己带来的只是不方便,但其他方面并不比别人差,健全人能做到的,自己经过加倍努力也能做到。"千手观音"邰丽华这个无声的舞者,不正是在付出百倍的努力之后,用妙曼优美的舞姿表达心声,深深打动了亿万国人的心灵,展开其绚丽多彩的艺术生涯。聋人大学生要善于自我肯定,以积极、豁达的态度来对待事物,保持良好的心态和健康的心理。

(4) 挑战自我,提高耐挫能力。有些聋人大学生常常因求职碰壁感到灰心沮丧,对求职产生消极、惧怕心理,甚至排斥工作、拒绝求职。其实,成功与挫折像一对孪生兄妹,对于每个求职者,两者的几率都是均等的,要知道每一次的失败都是迈向成功的一大步。当遭遇挫折时,我们可以通过倾诉、与人谈心、转移注意力等手段缓解、释放失败情绪,调整放松后以图再战。我们可以通过以下几点做法来提高耐挫能力:一是将目标分段细化,每一个阶段目标的达成都可以增强信心,体会到"路是一步一步走出来的"这个道理;二是看大局,不求面面俱到;三是自我调整放松。当身心过于紧张、疲劳,体能和心智都会下降。要学会张弛有道的艺术,紧张中给自己适当的缓冲来调整身心;四是学会自我肯定和自我激励,自信心是发挥才能的催化剂;五是要具备越挫越勇的精神,"咬定青山不放松",才能在求职中胜出。

(5)勇于独立,避免扎堆心理。聋人大学生在校学习期间,有几百个聋人集中在一起,生活学习中手语交流比较方便。由于聋人之间交流自如,思想感情更容易贴近,可以避免孤独感。所以,聋人更喜欢与聋人在一起过群体生活,但职业岗位的需求是不以个人喜好而定的。在求职中常会有聋人毕业生要求聘用单位扩大聋人招聘名额,将自己的同学、朋友一起聘用,甚至部分聋人大学生因聘用单位里只有自己一名聋人而放弃工作机会。这种心态和行为往往使聋人大学生辜负了社会爱心人士提供的就业机会,在激烈的求职竞争中铩羽而归。因此,培养自己的独立意识和沟通交流能力是自立自强、顺利融入主流社会的关键所在。

(6)善于合作,发扬团队精神。"精诚合作,发扬团队精神",是每个公司、企业单位所倡导和追求的企业文化。聋人大学生走向社会,走进工作单位,就是要融入单位集体中去。如果只是作为一名旁观者、边缘人,早晚要被集体所抛弃。工作就意味着要与健听人长时间的相处,工作是否顺利、能否坚持下去、能否做出成绩,都和与健听人的交流方式与合作关系起着至关重要的作用。所以,要学会交流与合作。正如美国国家聋人工学院院长赫尔维兹所说:"与健听人合作,做好健听人能做的一切!"

2.求职的材料准备

求职材料是聋人毕业生和用人单位取得联系的基本方法。求职材料要写出特色,能够在众多求职信中脱颖而出相当不易。其一讲求语句通顺、层次分明、表达明确、言简意赅、真诚感人;其二要突出你和目标岗位相符的学历、特长、经验,尽量用具体数字代替模糊的表述,加强说服力;最后要杜绝错字、错句。

(1)求职信。求职信是书信求职中最重要的自荐材料,它概括了求职者的全面情况,并在一定程度上直接传达出求职者的表达能力和写作水平。求职信要根据目标岗位的要求和自己的实际情况做自我介绍。求职信的格式与一般书信大致相同。

求职信的内容要求:①称呼:力求恰当。如不清楚可称"尊敬的某公司领导"。②引言:介绍自己的姓名、就读的学校和专业、毕业时间等基本情况;说明应聘的缘由和目的。③主体:针对目标岗位的要求概述自己的能力特长,证明你有能力胜任这个工作。语气要肯定、热情、诚恳,吸引读者兴趣。避免重复表述简历中的具体内容。④结尾:将注意力引向内附的简历,真诚礼貌地表达你对此工作迫切期待的心情。留下你所有的联系方式,以便用人单位联系你。⑤结束问候语:表示你的祝愿和敬意。⑥落款:包括署名和日期。

求职信位于简历的顶端,通常在面试前发出。因此,一份整洁、精致和措辞得当的求职信,更容易获得良好的第一印象。

第六章 聋人与工作

[范例]

自荐信

尊敬的领导：

您好！

感谢您能在百忙之中抽出宝贵时间来阅读一个聋人大学生的自荐信，也许这就是我们未来合作的开始。

我是××大学××学院××届毕业生，所学专业是装潢艺术设计，怀着对祖国的热爱之情和一个渴望平等参与社会建设、用自己的所学之长报答社会的聋人大学毕业生的驰骋之心，真诚地向您推荐自己。

从一个普通的聋童成长为一名时代的大学毕业生，得益于父母的养育、老师的培养、社会的关爱、政府的关怀。如今，我面临着走向社会、参与祖国建设的重大机遇，我会比一般人更加珍视这来之不易的工作机会，用自己聪明的大脑和灵巧的双手，以饱满的热情投入到祖国建设之中。

作为一名装潢艺术设计专业的学生，我热爱自己的专业并投入了极大的热情和精力，在大学生活的三年中，我注重培养自己的各种能力，尤其是个人交际能力和社会适应能力，在学校开展的各种活动中，我重视与健听人合作能力的培养，通过各种方法提高自己与健听人的社会沟通能力。除此之外，我还积极参加社会实践活动，抓住每一个机会锻炼自己，我的××作品曾获得××奖。每当我获得奖励的时刻，我都会把这与未来奉献社会联系起来，所以，如果给我机会，我一定会以极大的热情和百分之百的努力去工作、去探索，我将会以自己优异的工作成绩不断向社会证明，聋人同样可以创造辉煌！

"平等、参与、共享"是现代文明社会的残疾人观，能为我们提供平等、参与社会劳动的机会是您拥有博大胸怀的表现。如果能有机会成为您的下属，我定会通过自己优异的业绩证明您的眼力。

愿这封自荐信带去一个聋人大学毕业生真诚的祝福：祝您：身体健康、工作顺利、全家幸福。

下面呈上我的简历一份，耐心等待您的佳音！

此致

　　　　敬礼！

自荐人：×××
××××年××月

(2)个人简历。个人简历浓缩了求职者的学历、经历及求职所需的相关信息,一般作为求职信的附件。简历该怎么写?清华同方人力资源部负责招聘工作的朱云翔讲道:公司在挑选录用人选时,阅读一份简历不超过三分钟,如果简历造假痕迹严重,有经验的负责人一眼就能看出。制作简历的要素只有两个:真实和简单。制作简历前,可以先了解招聘公司的经营方向、目前需求、行业状况等情况,做出一份有针对性的个性化简历。

①简历的外观:封面设计要传达出本人的专业特征,文字和排版要简洁得当,简历内容要精略,专家建议控制在2~3页内。附上个人照片,可以加深印象。纸材、打印及装订都要精益求精,最后在投递过程要保证简历的整洁度。②简历内容:一般都包括标题、工作目标、资格、教育情况、工作经验和证明人等内容。但也并不是固定格式,可以在教育和工作经验中添加特殊技能、奖励、荣誉等。③个人信息:姓名、住址、电话号码、邮箱地址等,要全面,以方便用人单位联系。④求职照片:照片在选择上要突出自己的气质和形象,从而产生联想,加深印象。简历不可选择矫揉造作或过于随意的照片,一般使用半身正规照即可。⑤求职意向:工作目标可以将你的愿望清晰地传达出来。如,我很高兴成为贵单位的一员,期望成为一名优秀的设计师。⑥个人资历:简要介绍你的职业准备情况、经验以及和工作目标相关的优势。突出你的胜任特征,使招聘者产生认同感,如获得的学位、本人的特长、已具有的能力等等。⑦受教育情况:就读学校、所学专业、主修科目、文凭、学位、学术成就及获得的学术荣誉、奖学金、留校作业、特殊肯定等。从最近的求学经历开始有选择的表述,可加上特殊的研究会议、军训、交流课程、行业培训等。列出你所获学分和班级前1/3或1/4的排名等。如,毕业时取得班级前几名;通过了那些技能认证;勤工俭学的情况;在学校获得的特殊认可等等。⑧工作经验:如果工作经验和工作目标相符,可放在受教育情况之前。应届大学生可写社会实践、勤工助学、社团活动、义务工作、实习经历等。学会认识自己的成就,回顾个人成绩和工作上的成功,获得过的奖赏、他人的赞扬,如掌握某方面的工作知识,熟练操作某仪器等。⑨技能特长:计算机、外语等级、职业资格认证、体育特长等,如实写出最好成绩。⑩证明人:这一细节容易被忽视。至少列出三个人的名字,可以证明你的良好素质、专业能力及潜力。证明人选择以前的老师、领导或同事,需事先告知征得同意。

以上内容可以任意选择、添加、删改,目的是突出简历的说明性、独特性和简明扼要的特点,引起聘任者的注意。

[范例]

"个人简历"表格

姓名		性别		照片
出生年月		民族		
籍贯		政治面貌		
专业		爱好特长		
学制		健康状况		
家庭住址			家庭联系方式	
个人联系方式			院系联系人及联系方式	
求学经历				
技能特长				
曾任职务				
获奖情况				
性格优势				
求职方向				

(3)高校"毕业生就业推荐表"。学校推荐表是毕业生就业时具有行政证明性质的就业材料,具有很高的权威性和信任度,是一种官方的认证。一般由学校统一制订,它加大了求职材料的可信度。"毕业生就业推荐表"包括了个人及家庭基本情况、在校期间的学习成绩和奖惩情况、自我鉴定、组织鉴定等内容。

毕业生填写推荐表时,要严格按照学校要求认真填写,做到字迹工整、简洁精炼、实事求是、表达准确,就业意向要宽泛。

(4)各种证书。学历证书、学位证书、技能证书、荣誉证书、获奖证书、残疾证等。先使用复印件,面试时再出示原件即可。

(5)代表作品。各个专业学习阶段自己的作业、参赛作品的实物或照片,要有条理系列化,要能充分展示自己的专业水平。

(6)推荐信。推荐信是对本人能力认证最有力的佐证材料。由于推荐人要对求职者能力、素质、发展潜力等方面做出的客观评价,因而可由知名教授、行业资深人士、单位领导进行推荐。

简历的制作并非一定要固守一成不变的模式,有时候别出心裁的简历更能获得招聘者的青睐。在国内某著名企业的高薪招聘中,普通高校毕业的大学生李皓,就是凭借自己的个性简历,从众多名牌高校毕业的竞争对手中脱颖而出。他在简历中没有通过任何成就来粉饰自己,反而简略列举了自己打工、求职的失败原因和教训总结,由此展现出一个诚实、勤奋、进取的真实形象,赢得了珍贵的就业机会。

3. 仪表礼仪的准备

仪表是指人的外表,包括容貌、举止、姿态、风度等。在求职活动中,一个人的仪表不但可以体现他的精神面貌、文化修养,也可以反映他的审美品位和审美能力。着装得体,不仅能够衬托气质提升形象,赢得他人的信赖,而且还能够提高与人交往的能力。反之,则会有损个人形象,引起他人反感。

(1)注重着装修饰,尊重社会规范。在求职活动中,聋人大学生首先要从服饰上培养自己的职场意识,既要避免过分时髦俏丽的新潮装束,也不能沿用大T恤加破边牛仔裤的学生装。服饰的选择要与聋人大学生个人生理特点及职场环境相协调,既能体现大学生朝气蓬勃的青春气息,又符合职场气氛所需要的大方、简洁的着装要素,达到人与环境的和谐之美。部分学习艺术的聋人大学毕业生为彰显个性,衣着打扮过于怪异,会令人产生桀骜不驯、难以融合印象。因此,仪容仪表要尊重社会规范,符合大众审美。

(2)控制行为举止,遵守社交礼仪。在求职中首先要做到守时,一般提前十分钟到达,既可以稳定情绪,又显示出诚意。聋人由于听力障碍,往往举止过重,发出较大的声响,需要加以控制,房门要轻敲慢关,东西要轻拿慢放;面试时要微笑问好(使用手语),引起考官对手语的兴趣,通过一两句简单的手语教打来加强沟通、加深印象;要避免由于交流不便产生的急躁情绪,保持平和的心态和诚恳友善的态度。

(三)谋划求职策略

1. 制定求职计划

聋人大学生面对众多的职业岗位,如何确定自己的工作坐标?首先要对聘用单位和竞争对手有一个全盘的了解,才能胸有成竹、进退自如。

(1)岗位具体内容分析。职业包括不同岗位,每个岗位都有相应的职责要求,可对相同类型岗位作对比分析。聋人大学生要细致分析岗位的工作职责、任职要求、薪资水平、发展前景等各个方面,再加上文化背景、地域优势等因素,全面了解慎重权衡。

(2)竞争对手分析。一个有效的求职计划,必须兼顾对手的分析。聋人大学生往往需要和健听人共同竞争某个岗位。健听人具有沟通交流顺畅、接受能力强、适应性强、能快速达到岗位要求的优势;聋人具有做事踏实、可塑性强、有较高忠诚度的优势。二者各有所长,都是企业的可用人才。扬己所长避己所短,才能取得竞聘成功。

2.求职的方法渠道

(1)学校推荐法:帮助大学生就业是学校工作的重要组成部分。聋人大学生在校期间,学校会通过各种渠道定期向聋生进行就业择业指导、提供求职就业信息、联系有接收意向的单位、组织大学生就业招聘会等。学校推荐的优势是招聘单位用人量较大,常常一个单位就可以解决几个甚至十几个聋人大学生的就业问题,70%的聋人大学生都是通过此渠道获得就业机会的。不足之处是专业对口单位较少。

(2)应征法:应聘者根据招聘广告亲自前去应征,是一种最常见的求职方法。聋人要考虑到交流的问题,可请家人、健听朋友帮助翻译。

(3)自荐法:通过登门自荐、投自荐信的方法。登门自荐即求职者直接登门面对用人单位,可以直接全面地展示自己的才华,此法适合能力强、心理素质好、善于表现的人群;投自荐信是通过书面材料向用人单位全面介绍自己,此法适合各类人群;也可以将此两种方法结合使用。

(4)推荐法:在他人介绍下实现职业选择的方法。聋人通过自己的父母、老师、亲戚、朋友等人脉资源,广泛传播求职意向,为自己开辟更宽的求职渠道。这种方法在聋人大学生中极为常见,是较可靠有效的求职方法。目前大部分在聋校、政府机关、事业单位、设计公司等理想单位就业的聋人大学生,就是通过这个渠道成功的。

(5)求助法:聋人可以到当地残疾人联合会寻求帮助,了解就业信息,参加残联举办的残疾人就业招聘会。

(6)宣传法:通过媒体宣传报道扩大影响力,引起社会各界及企业家的关注。例如聋人大学生小康,在校期间学习努力专业突出,在各类书画大赛中多次获奖。他的事迹被家乡的报纸整版报道,引起了市领导的重视,顺利地被安排在市聋校做美术老师,成就了自己的理想。另外还有一些家庭贫困、自强不息、学有所成的聋人大学生也是通过当地的新闻媒体报道,引起社会各界的关注,获得就业机会,得以回报社会。

(7)零报酬就业法:在目标单位尚不需要招聘人员时,可通过不要报酬或低薪获得待岗实习的机会。在实习期间通过努力展现自己的价值,获得工作机会。聋人大学生小王和小梁是一对情侣,双双到某公司应聘,可用人单位只留下了口语好、能交流的小王。小梁并不气馁,请求公司允许他无薪实习。上班后小王和小梁总是第一个到公司,打扫完卫生再开始工作。小梁虽没有固定任务,但他总是自己找事做,从不闲着。公司业务忙时,他主动承担设计任务。五个月后,老板认识到了小梁的价值,将他转为正式职员。

第二节 聋人与创业

在就业竞争日益激烈的今天,"创业也是一种就业形式"的新观念逐渐被人们所认可,自主创业给聋人大学生的就业观念带来强烈的冲击,大家逐渐认识到:就业已不再是个人职业生涯的唯一入口。

一、聋人创业的条件

每一位人都希望自己能够创业成功,但成功并不会眷顾每一个创业者。与岗位就业相比,创业更具风险性和挑战性,对创业者的素质和能力要求更高。正确理解创业,全面分析了解创业的条件和环节,是避免创业失败的前提。

(一)解读创业的内涵、类型和意义

1. 创业的内涵

创业是创业者通过发现商机,组织各种资源,提供产品和服务,从而创造价值的过程。

创业没有统一标准,也无法预言如何才能成功。创业成功需要滴水穿石的执着,是一种水到渠成的境界。机遇只为有准备的人而来,聋人大学生需处处留意善于发现,脚踏实地积极准备,才能把握住创业的时机。

2. 聋人大学生创业的类型

根据其创业动机可分为以下三种:

(1)生存型创业:聋人大学生求职失败、生活无着,为解决生活来源而进行的创业。

(2)特长型创业:聋人大学生在求职中由于交流的障碍,往往很难谋到理想的职业。当职业和个人兴趣特长发生矛盾时,依靠自己的特长进行的创业。

(3)机会型创业:以市场需求空缺为契机,或开发市场新领域,抓住机遇而进行的创业。

3. 聋人大学生创业的意义

（1）聋人大学生创业是时代发展的需要。随着大学毕业生就业制度改革的深入，聋人大学生和健听大学生都要进入就业市场，站在同一起跑线上展开就业竞争。聋人交流的障碍使他们在竞争中处于天然劣势，严重地阻碍了聋人大学生的就业之路。聋人大学生就业难已成为一个突出的社会问题，自主创业已经成为顺应时代发展的需要。

（2）创业是聋人大学生自身发展的需要。聋人大学生虽然在辗转中艰难就业，但大多数还是从事一些和专业无关的简单劳动，与自己的专业以及人生目标产生很大的差距。在减轻聋人就业压力的呼唤声中，社会给予聋人大学生创业提供了各种支持。聋人大学生通过创业的学习、探索，可以锻炼自己的意志和能力，积累人生的成功经验。

4. 聋人创业的可能性

众所周知，创业是艰难的，聋人创业更是一个巨大的挑战。创业是需要沟通交流的，而聋人的听障会给创业带来极大的制约。但世上无难事，只怕有心人，在我们的现实生活中不乏创业成功的聋人。

> 徐瑾和林劲松是一对聋人夫妇，林劲松是厦门市聋人协会副主席，全国自强模范、市劳动模范；徐瑾是厦门市优秀聋协骨干。他们毕业于上海市青年聋哑技术学校广告设计专业。长期以来他们一直渴望创办一个广告设计工作室，能通过这个工作室施展自己的才华，并让自己强大起来，更好地推动残疾人事业的发展。2004年，徐瑾夫妇在厦门有关部门的帮助下，创办了自己的广告工作室。创业之初异常艰难，由于他们无法和正常人一样向客户推销自己的产品，他们就利用手机短信、QQ等聊天工具与客户沟通。他俩不知疲倦四处联系业务，真诚对待每个客户，精心做好每份设计。两人齐心合力闯过一个又一个难关，凭借自己的勤奋和毅力，一点点撬开了成功的大门。如今，徐瑾和丈夫将工作室经营得红红火火。事业成功之余，他们还致力于慈善事业。林劲松创作的环保公益广告竞赛入围后，夫妻二人将拍卖所得27万全部捐给慈善机构。他们为推动聋健沟通而创办的免费手语班，已成功举办了8期，培养了一大批关心热爱残疾人的热心人士。
>
> 聋人李栋是上海的"聋人明星"。如今他的"心语美发厅"不仅在上海聋人中很有影响，甚至在时尚人群中也口碑颇佳。创业初期曾经困难到入不敷出，但他毫不气馁，刻苦钻研业务，向名师请教，学习了解最新时

尚发型。经过不懈的努力和宣传,顾客越来越多。2003年,李栋参加上海市首届残疾人职业技术竞赛,获美发第一名,被破格晋升为中级美发师。随后,市残联出资送他到美发培训中心进修。学成归来,他代表上海参加全国残疾人职业技术竞赛,获得美发第八名。艰辛的付出换来成功的回报,李栋创造了自己的人生价值和社会价值。

如此事例还有很多,这向人们展示:生活就是磨刀石,是被磨碎还是被磨亮,取决于自己。跨越聋的障碍,聋人一样可以创造自己的辉煌。

(二)聋人大学生创业的素质条件

据相关部门的调查分析,中国创业者的十大素质是:欲望、忍耐、眼界、明示、敏感、人脉、谋略、胆量、与他人分享的愿望、自我反省的能力。目前,聋人创业的成功率并不高,提高聋人素质是改变这种状况的有效途径。

(1)激发创业欲望:欲望是行动的最好动力。聋人大学生只有对创业产生强烈的欲望,才能最大化发挥主观能动性,迸发出强大的动力。继而引发了解市场需求、分析市场规律、积极捕捉商机、实现创业行为一系列相关活动。

(2)培养宏观意识:聋人大学生要学会从宏观上来分析问题,从整体出发、从大处着眼,具有高瞻远瞩的能力。同时,还要具备能够从细节开始、从小处入手的务实精神。

(3)开发创新能力:创新能力是探索新规律、寻求新方法、创造新成果的能力。创新能力在创业中体现在善于发现问题、勤于思考问题、精于解决问题等方面。在市场竞争中,创新还代表了超前的领导能力和灵活的应变能力。因此,创新能力是成功创业的根本保障。

(4)强化耐挫抗险能力:创业过程就是一个战胜困难、克服挫折的过程。激烈的市场竞争给创业带来极大的压力和风险,聋人大学生在创业前必须具有足够的风险意识、抗压心理、耐挫能力。要培养自己顾大局、不拘泥细节的气度,在风险到来之时,理性分析、灵活应对,从容化解风险、应对困难挫折。

(5)提高交往能力:创业活动是一种开放型活动,需要和不同的人进行广泛频繁地交往活动,积累良好的人脉资源,为创业营造良好的人际环境。聋人大学生要重点加强自己的交流能力和协作精神,克服自卑、羞怯心理,破茧化蝶达到积极交流、善于协作之境,从而获得广泛的创业支持和帮助。在人际交往时要坚持诚信为本、相互尊重、友爱宽容的原则。

(6)具备管理决策能力:聋人大学生经营管理能力、判断决策能力的高低,决定着创业的成败。因此,要培养锻炼使自己具有敏锐的眼光、前瞻性的判断力、果断决策的魄力以及总体运作调控能力。

(三)当前聋人大学生的创业背景

目前,随着我国国民经济的快速增长和文明程度的不断提高,各级政府高度重视的残疾人就业。国家相继出台了一系列帮助残疾人就业、创业的政策和法规。为大学生、残疾人提供专项的创业贷款,来鼓励残疾人创业。目前我国聋人事业还不够发达,这给聋人创业提供了更为广阔的发展空间。比如:聋童学前培训机构、聋人的技能培训、聋人家政业、聋人娱乐服务机构、手语交流、聊天服务机构(如聋人俱乐部)等聋人服务型行业尚属空白,亟须开发;聋人餐饮服务、聋人报纸杂志等刚刚起步,有待发展;还有许多不必太多交流,适合聋人介入的市场新领域,如新兴的博彩业、社区服务业、家政服务业、网络商店等等;此外,聋人还可以利用自身的专业开办美术班、画廊、照相馆、美发厅等。

总之,聋人要以积极的态度面对人生,正视社会现实,解放观念,打破思想禁锢,才能适应时代发展和社会需要。正如车尔尼雪夫斯基所说:"在人类活动的所有的方面,只有那些和社会的要求保持活的联系倾向,才能获得辉煌的发展。"

二、聋人大学生如何创业

居里夫人曾经说过:路要靠自己去走,才能越走越宽。世界上任何事情都没有捷径可走,创业更是如此,需要脚踏实地一步步向前迈进。不过,我们通过总结他人的经验,在创业前做足准备,了解掌握创业的基本方法步骤,可以使我们少走弯路,避免不必要的损失。

(一)做好创业准备

1. 创业的身体和心理准备

创业过程是一种高效率、高强力、高风险的操作过程,对聋人创业者的身体素质和心理素质都是一个严峻的考验。聋人创业者需要具备强健的体魄、旺盛的精力和坚强的意志。特别是创业初期,大量繁杂不休又亟待处理的问题以及来自各方面的压力,常常使创业者处于超负荷运转状态,做到有备而战,才能应对困难的挑战。

2. 创业的相关知识储备

创业是一个包含了众多因素、诸多环节的操作过程。它要求创业者在具备本身的专业素质外,还要学习了解包括调研、选项、产品开发、市场推广、招聘人员、市场经验财务管理、行政管理等一系列相关知识,另外还要了解法律和税务的相关条例,并熟悉法律和税务对残疾人创业的一些保护和优惠条例。

3.创业的资金筹备

充足的启动资金是开展创业活动的前提,基本的流动资金是创业发展的保障。每一个经济实体的生产运行都包含了投资—盈利—再投资的过程,其中资金是生产函数中重要的构成要素,它包含了启动资金—利润—流动资金的资金周转过程。聋人创业首先要对投资额进行估算,了解融资渠道,做好资金的筹措准备工作。如果资金缺乏,创业就成了无源之水、无本之木,一切无从谈起。目前,全国各地银行都有大学生创业专项贷款。

(二)聋人大学生的创业定位

1.选择创业方向

聋人大学生的创业优势在于本身具备的专业素质、灵活的头脑、旺盛的精力、敢想敢干的激情以及对新事物的敏感等方面,但在社会经验、商业经验、管理经验和营销经验等方面也存在着缺憾。因此,聋人大学生在选择创业形式和方向上要扬长避短,寻找适合自己的创业方向。

(1)选择自己熟悉的行业。对行业的熟悉度和创业的把握度是成正比的,许多创业成功人士都具有本行业的工作经验,了解并掌握了行业的运行规律和技巧,胸有成竹后开始创业。

(2)选择与专业相关的行业。创业首先要认清自己的优势和劣势,选择专业技术领域可加强聋人大学生的竞争优势。例如,艺术专业聋人大学生王某开办的聋童绘画兴趣班;李某开办的聋人高考美术班;计算机专业聋人大学生开办的计算机维护、局域网设计;聋人摄影专业的大学生在家乡开办小型照相馆等创业活动,都得以顺利开展。

(3)选择低成本小规模的行业。资金制约着行业的选择,创业初期人手有限资金紧张,成本低的服务行业是一个不错的选择。如低投资的小照相馆、聋人陶艺吧、小理发店、小吃店以及两元店、十元店等。

(4)选择时尚个性的行业。在物质极大丰富的今天,生活已朝着多元化的方向发展,个性与时尚已成为人们追求的目标。世界各地文化的交流与影响,带来了大量新生事物,新的商机也随之而来。大学生所具有的超前理念和对时尚的敏感性,决定了在个性时尚中的大学生引领地位。因此,聋人大学生可以开办一些有创业的小店:个性饰品店、个性拼图店、格格屋、趣味水吧、个性简餐吧、寿司店等等。

(5)选择科技信息行业。目前我国已进入科技化、信息化时代,涌现了大批高科技的新型产业。聋人大学生可以利用自己的知识优势,抓住机遇自主创业,如建立聋人网站、开办网上商店、开办"博客管家"业务等等。

2. 及时把握商机

及时把握商机,抢占市场份额是创业成功的先决条件。商机往往一闪而过,衡量出创业者是否具有冷静的判断和果断的抉择能力。

(1) 需求转化商机。价值是通过满足市场需求而产生的,市场需求的存在就代表着商机的存在。如"河南聋人"报就是为满足聋人间的交流、扩大聋人影响、倡导聋人文明生活而创办的。因此,受到广大聋人的关注和支持。

(2) 变化带来商机。科技时代给人们生活带来了巨大变化,同时也意味着处处充满了新的商机。时尚省钱的网上购物形式已获取人们的青睐。聋人大学生既有熟悉网络知识的优势,又可以通过网络自如交流,弥补听障造成的交流不便。因此,科技变化带来的新兴的创业模式——网上开店为聋人打开了商机之门。

(3) 问题蕴含商机。日常生活中存在的种种问题常常会带给我们诸多不便,因而带来新的需求,解决办法正是可以带来商业利润的商机。如聋人艺术专业的学生分阶段需要不同的绘画用品,而大学城又处在偏远的市郊,往返购物使大部分聋生感到极为不便。家住市区的聋生小张常为他人代购物品,从中发现了商机。他根据课程需要,分阶段批发大量绘画用品,又以低于市场价销售给大家,后来又增加了大学生常用的消耗品。渐渐附近外校学生也慕名来小张处购买商品。小张由于及时抓住商机,在满足了大家需要的同时,获得了校内创业的成功。

(三) 聋人创业的方法步骤

1. 进行市场评估

市场评估是创业过程中极为关键的第一步,是创业决策的基石,决定了创业的成败。著名投资大师罗杰斯曾说过:我所做的成功投资,都是事先花时间尽可能搜集咨讯,详细研读每个细节。假如你对自己不了解的东西下注,这不是投资,这叫赌博。

聋人大学生创业前要进行的市场调查评估包括:了解国家、地方政府对残疾人、大学生创业的扶持政策;要了解服务目标的收入水平、购买能力和消费习惯;了解目标行业的发展状况、商品原料的供应情况;了解同行的产品定价、营销方法;了解地段、房价和客流量;了解行业人员要求等基本情况。只有保证调查信息的全面准确,才能得到正确的分析、预测及定位。

2. 制定资金运作规划

聋人大学生创业前,必须制定一个完整的、可执行的资金运作书。包括创业启动资金投入量、日常经营支出、意外支出、资本回收期、保本收入额等。回答这些问题必须建立在现实、有效的市场调查基础上,不能凭空想象,主观判断。根据资金运作规划,了解创业项目到底需要多少资金,并对资金进行科学的规划和利用,以检验、保障资金的良性运转。

3. 借助的外界资源

聋人大学生创业由于缺少社会经验和商业经验,往往会难以把握市场。这时可以先给自己营造一个小的商业氛围,寻找合适自己的品牌来加盟,借助其提供的优惠政策、财务管理、营销支持等服务,还可以申请加盟企业经验丰富的老师亲临指导,使企业稳定发展。另外,了解客户资料,将客户朋友化、固定化。并学会借助各种人脉资源,不断学习与合作,给自己营造一个好的商业氛围,这对创业者的起步十分重要。

4. 保持企业发展的持续性

成功的企业是脚踏实地干出来的。聋人大学生要有吃苦耐劳的精神,创业初期,人员资金有限,所有的事情需亲力亲为。做事要分轻重缓急,抓住关键重要的事情先做。在稳健中求发展,企业稳定后,要组建团队、知人善任,发挥团队中每一个人的作用。

5. 控制成本追求盈利

盈利是企业的最终目标,在经营过程中,控制成本是扩大盈利的关键。从每个细节入手,杜绝一切浪费,减少不必要的损耗,降低成本使效益最大化。另外,必须具有创新思维,要建立激励机制,不断开发创新,才能满足客户求新求异的心理需求,加大利润空间。

6. 理性看待失败与成功

在企业的运作过程中失败是难免的,失败是成功的基石。失败了要不急躁、不气馁,调整思路和方案继续前进,永不停止前进的脚步。看看我们身边一些成功的企业,大都经历过一个"涅槃重生"的过程,凡事贵在坚持,坚持才使他们成为今天的胜利者。我们应该明白,失败并不可怕,它是企业迈向成功的阶梯。

第三节 聋人工作典型案例

一、高素质成就大事业的案例分析

【案例介绍】

杨军辉是美国加劳德特大学教育系聋人博士生,是中美聋、健教育结伴项目的负责人。

杨军辉上学时不仅爱好广泛,而且学习非常刻苦,深得老师喜爱。初中二年级时,她的读书笔记就有十万字了。在她渴望继续深造的强大动力下,终以优异的成绩考入北京西城师范学校读中专,成为全校唯一的聋人学生。

世上没有天生的强者,只有经过奋斗磨炼的强者。在普通师范学校,杨军辉以非凡的毅力完成了学业。师范学校的学习,成了杨军辉生命中的一个转折点。她的眼界更开阔了,又激起了读大学的愿望。一个失聪女生不仅读完了中专,还要上大学,许多人感到不可思议,同时也为她的精神所打动。经过当时北京市教育局局长陶西平的特批,她终于被首都师范大学中文系录取。

杨军辉大学毕业后,进入北京第四聋哑学校当了一名语文教师。一年以后,她不甘止步,希望为聋人特殊教育事业发挥更大的作用。于1998年,杨军辉赴美国罗切斯特理工大学求学,2000年取得教育硕士学位。同年又转入美国加劳德特大学继续深造,攻读聋教育的博士学位。并边读书边从事美国特殊教育教学工作,以学治教,以教促学,大大加强了理论和实践的结合。针对聋人教育问题进行深入广泛的研究,结出了丰硕的成果:前后发表了十数篇文章,学术报告《中国成功聋人的家庭教育经验》被第二届世界"聋人行"大会组委会选中。

随着经验的丰富和境界的提升,杨军辉很快成为美国特殊教育系统里一匹令人瞩目的"黑马",奔忙于聋教事业,作为一个中国聋人能在美国当教师她感到自豪。如今她担任着中美聋健教育结伴项目的负责人,为促进两国聋教育的开发与合作忙碌着。

杨军辉在"成功与教育"一文中说道:接受良好教育的聋人可以在很多职业领域里发挥积极的作用。在美国聋人群体中,有人当了医生、律师、企业家、科学家、技师、软件设计师、教师、社会工作者、咨询顾问、行政管理人员等等。聋人应该以积极的人生态度、坚持不懈地努力拼搏、寻找适合自己发展的聋人职业领域

杨军辉将聋人的成功经验归纳为三点:第一要有梦想,还要去做。人活着要有梦想,编织梦想,追逐梦想,这样生活才有乐趣和意义。第二要自己和自己较量,和别人搞好关系。聋人学习和生活方式与别人不同,跟别人一起学习,要以今日之我战胜昨日之我,还要虚心向别人学习,多帮助别人。第三要靠自己,多读多写。聋人更需要大量阅读来获取信息,用文笔展示聋人的能力和才华。

杨军辉激励聋人朋友:聋不是病,而是一种身体状况;聋人只要有机

会学习,一定能做好很多事情;聋人,首先是心智体魄完全的人,其次是听觉障碍者;擦亮"聋"词,"聋"自生辉!

【案例分析】

杨军辉的事例告诉我们聋人大学生:对每个人而言,知识是进步的阶梯,是不竭的动力,是对自身最有效的一种积累和投资。学习对聋人更为重要,它是聋人摆脱封闭,与外界沟通的最佳渠道,是融入主流社会的"催化剂"。未来社会中,学习是一个终身延续的概念,每个有志聋人都要树立终身学习的理念。学习能力的高低和学习态度的优劣,决定了一个人职业生涯的状态和发展空间。

在杨军辉的职业生涯中,我们不难发现,她正是通过自身专业素质、心理素质和职业素质的不断升华,达到了事业的升华。她具备了事业成功的两点重要因素:具有优秀的职业素养和良好的心理素质。因此,我们聋人在求职择业过程中,要注重积累,不断地自我完善。要求自己不仅要具有良好的思想品德、专业技能、文化知识、身体素质,还需要培养良好的心理素质,要有远大的志向,要有百折不挠的意志;要有孜孜以求的精神;要有坚定不移的品质;要有豁达开朗的胸怀。在聋人的成长之途,跨越心理障碍是迈向成功的里程碑。

二、善于积累、失业后跨出新高度的案例分析

【案例介绍】

聋人周小宁现任郑州市聋协副主席,被中州大学聋人艺术学院聘为校外专职教师。她是一位聪颖美丽的女人,当她盈盈向你走来微笑问好的时候,你能真切地感受到她身上阳光般温暖的感觉。面对她自信的笑脸,你常常会忽略她不够清晰的语言。

周小宁幼时被病魔夺去了听力,但失聪并没有使她失去对生活的热爱。不幸的遭遇,反而磨炼出她坚强的意志和乐观的性格。她童年的时间都被枯燥乏味的语言康复训练填满,失去了很多童年快乐,但也由此为她的看话、发音打下了坚实的基础。活泼开朗的她尝试拿起了画笔,希望通过绘画表达出自己的心声。经过不懈的努力,她如愿考上了长春大学美术系,成为一名聋人大学生。在校期间,她因专业成绩突出被评为"院级优秀学生",作品多次被学校收藏。

充实快乐的大学生活转瞬而过,周小宁充满自信地开始了求职之旅。历尽求职的艰辛之后,1996年10月,她终于凭借自己的专业实力获得了台资精细化妆品公司美工一职。周小宁在自己喜欢的岗位上如鱼得水,

刻苦钻研业务,工作完成得相当出色,领导和同事们也很喜欢这个活泼机灵的小姑娘。然而这段快乐时光仅仅维持半年,公司突然关闭,她再一次被裹入求职大军。

1997年9月,她进入文化传播分色制版公司做了一名设计人员。在工作中,她一边勤勤恳恳地完成本职工作,一边细心学习公司的运作方法。因为在她心里,开始萌发了自主创业的梦想,渴望能够自己掌控命运,通过努力来打造自己的事业。在2000年新世纪到来之际,她毅然辞去工作,创办了自己的设计工作室。创业是艰难的,她一边打理着公司的大小事务,一边去积极开发客源。然而,由于她不具备一定的客户资源,公司在激烈的市场竞争中摇摇欲坠。

一年后,中州大学特殊教育学院因为发展需要招聘辅导员和特教老师,丰富的生活阅历和知识积累帮她顺利地通过了考核,成为中州大学的特教辅导员,并担任部分专业课的教学工作。在教学中,过硬专业能力和以往的工作经验给予了她有力的支撑。她在教学中注重设计的实用性和创新性,授课灵活生动,深得聋生的喜爱。她指导学生制作的包装设计、广告设计、封面设计等作品,获得各级领导和广大师生的好评。

周小宁以亲身经历教育着身边的聋人大学生,鼓励他们追求梦想、超越自己,创造聋人美好的明天。

【案例分析】

聋人教师周小宁的实例告诉我们,一个人的职业生涯并不总是一帆风顺的。常常在安稳平和时发生变化,让人在措手不及中面临新的选择。应对人生的风云变幻,首先要有一个顽强、乐观、稳定的心态。再者要有忧患意识,不断地充实自己,让自己强大起来,才能经得住生活的考验。

周小宁的成功来源于以下三点:第一,把自己的兴趣爱好、所学的知识和职业目标三者有效地统一起来;第二,不怕吃苦、不怕挫折,认真对待每份职业,注重积累经验充实自我;第三,将踏实的工作作风与思变求新的创新精神相结合,将个人理想和我国高等特殊教育的发展相结合,找到人生的最佳位置。

聋人大学生想要实现自己的人生理想,必须做到:认真学好专业知识,这是将来奉献社会、事业有成的前提;多参加社会实践,在知识与实践结合的同时,可以巩固专业知识,锻炼工作能力,明确专业方向。只有这样,才能开阔眼界、了解社会,在发展中寻找机遇,实现自我价值。

三、爱岗敬业、奉献社会的案例分析

【案例介绍】

张宁生教授是我国著名聋教育专家,自1962年北大毕业后就一直工作在特殊教育第一线,对聋教育事业付出了极大的热忱。他是一位满怀激情的理论家,更是甘于奉献自我的实践者。在特殊教育战线上,他始终保持着冲锋的姿态。张教授是新中国成立以来向国际会议提交特殊教育论文的第一人;是特殊教育领域第一位赴西方国家的访问学者……张教授积极倡导、推动我国聋人高等教育,数次在国际特殊教育学术会议上宣传中国的特殊教育,大力促进中国聋人高等教育与美、日、韩等国家的学术交流,为我国聋人高等教育事业的发展做出了巨大的贡献。张教授十分看重科普工作,他主持撰写的《缺陷儿童心理》《同在蓝天下——与殊疾儿童家长谈心》等大量著作,成为广大聋人家长的生活指南和聋教育工作者的工作手册。与此同时,张教授还抽出大量时间做社会工作,接受家长和残疾青年的咨询。如今年逾八旬,著述颇丰的他,放弃享受含饴弄孙的天伦之乐,仍然在为特殊教育事业奔波劳碌。他说道:一个阶段的完结,正是另一个阶段之开始,前路仍远,继续上路吧!张宁生教授这种乐业、勤业、精业的职业精神,堪称爱岗敬业的楷模。

【案例分析】

我国著名聋教育专家张宁生教授一生致力于聋人教育事业。他从一个风华正茂的名牌高校毕业生,直到变成一个睿智豁达的老者,他始终坚守着自己年轻时选定的职业理想,并为此奉献了自己所有的精力。1962年张教授从北京大学毕业以后,开始从事特殊教育工作。当时我国的聋人特殊教育还比较落后,面对一个个聪颖活泼的聋孩子,他希望能走进聋童的内心世界,去了解他们、启迪他们、帮助他们。几十年的寒来暑往,在他的努力下,聋人中有好几位脱颖而出的佼佼者,是张教授把他们培育成了残而有为的社会主义建设者。在长期的特教工作中,他凭着对特教事业的热爱,兢兢业业地工作。他专注研究、不思名利,撰写了大量的特殊教育文献,为后人的科研工作提供了有力的帮助。张教授爱岗敬业、无私奉献的精神,感染了一大批有志青年,他们经过张教授的悉心指教,已成为特殊教育事业的中坚力量。

每个人的职业生涯都千差万别、各不相同,但是只要将自己的人生信念和远大的职业理想结合起来,以顽强的意志来捍卫职业荣誉和职业责任,在工作中无私奉

献、勇于创新，就一定能攀登到职业生涯的巅峰。

四、传统经营的创业案例分析

【案例介绍】

2003年3月6日新民晚报报道了聋人王延勤的创业事迹。王延勤创业已历经11载,在崎岖坎坷的人生旅途上,他坚忍不拔,战胜重重困难,取得了丰厚的回报。如今,他创办的锦龙彩印包装厂已经颇具规模,不但拥有了2 200多平方米的厂房,商品档次不断提高,业务范围也不断扩展。

王延勤出生于三年自然灾害期间,家境贫寒。三岁时他因药物过敏失去了听力,不久,母亲又撒手人寰。他跟着到处打工的父亲来到上海,进入了上海第四聋校读书。他学习十分勤奋,尤其是对绘画感兴趣。后来他进入上海聋哑青年技术学校美工班深造,在这里他如鱼得水,尽情地挥洒自己的创作激情。

毕业后,王延勤来到印染厂当了一名美工。开始,领导对这个聋哑人很不放心,因为厂里生产的床单、窗帘、台布等产品都远销国外,在国内也十分畅销,所以对美工的专业技能要求极为严格。王延勤经受住了考验,当他出色地完成了一道道描稿工作时,受到了厂领导的夸奖。王延勤没有满足,他再接再厉,一有时间就缠着师傅学习中国画的各种技法。他的勤奋感动了师傅,把自己轻易不外传的看家本领都毫不吝啬地传授给他。王延勤勤学苦练,在很短的时间内就成为厂里的美工设计师。1989年10月《新民晚报》向社会公开征求报徽,王延勤设计的报徽作品以造型简洁稳重、寓意深刻、明了获一等奖;同年11月参加日本第三届横滨体育漫画大奖赛,作品《领奖台后面》获得佳作奖。此后他的漫画作品还多次被报纸刊登。

成名后的王延勤受到了领导的器重。1990年,他被派往深圳一家印染公司搞花布设计。刚到一个远离亲人的陌生环境,扑面而来的是一大堆困难。首先是健全人的不理解,公司老总认为与聋哑人沟通困难,只与王延勤签订了六个月的合同,并规定如果他不能胜任就立刻解聘。王延勤没有讨价还价,一口应允,立刻投入了紧张的工作。他第一个任务是为一家香港公司设计猛虎图,对方要求高,工作难度非常大。他精心构思巧妙设计,充分施展自己的绘画技艺。当老总看着笔法流畅、栩栩如生的设计图样时,惊喜万分,连连夸奖王延勤心灵手巧。当同来的健全人一年合同到期打道回府时,他被留下了续约五年。

在深圳这个改革开放的最前沿,开店当老板是大家追求的目标。王延勤的心里也渐渐萌生了自己创业的念头。他想,自己虽然是个残疾人,可也有手有脚,他们健全人能做到的我也一样能做得到。于是,他毅然回到上海,辞去了公职,着手开创自己的事业。

凭借在深圳合资企业中学到的企业管理知识和一股子自信,他自筹资金30万元办起了印刷厂。当时他意气风发,时常憧憬美好的明天。但现实是残酷的,困难接踵而至。他费尽周折租到厂房,购置了三台印刷机,又招募了几个下岗聋人。当万事俱备之时,他的开业请求却被驳回,原因是他的厂房结构严重老化,而机器设备都安装在二楼,一旦开始生产,机器巨大的震动将使这老房开裂,其后果不堪设想。王延勤犹如挨了当头一棒,由于自己耳聋失察,造成了巨大的经济损失。

经过此劫,王延勤每做一件事都小心谨慎、如履薄冰。他四处奔走找厂房、筹资金,东山再起。可是由于没有办厂经验,经营不当,再次亏损。王延勤经历了两次重大挫折,依然雄心不灭,他说:躺倒不干不是我的个性。王延勤认真总结失败教训,制定了三个改善方案:一引入人才,狠抓管理;二抓质量服务;三抓市场调查。通过这三"抓",企业果然有了起色、经济效益日增。一年下来,创造产值近300万元,纯利润30万。第二年产值有所上升,但效益不大。王延勤研究了市场反馈的信息,结合本厂实际,大胆购置了先进的进口生产设备,扩充了原来的厂房,由此扩大了生产能力,满足了客户对高档次产品的需求。如今王延勤的工厂已经拥有2 200平方米的厂房,80多万的固定资产,经营范围也从单一的印刷扩展到印刷、覆膜、包装一条龙服务。

王延勤成功了,但他没忘记和他一样的残疾人。他厂里的职工大多是残疾人。一位聋人勤杂工,早年间解除劳教后,谁也不敢接受他,绝望中他找到王延勤倾诉,为了拉这位聋人兄弟一把,王延勤雇用了他,并告诫他要努力工作,用双手来改变自己的人生。这位聋人对此感激不尽,从此洗心革面,再也没有违法乱纪的行为。业务员魏家新,每天骑助动车去联系业务,不要看他又聋又哑,他联系业务非常在行,很少空手而回。王延勤对这位有才干的大将爱惜有加,根据多劳多得的原则,如数给他业务提成,魏家新的每个月收入都在2 000元以上,就连他的健全妻子都想到他们厂工作。

创业中有泪水也有欢笑。新世纪,王延勤又开始筹划新的创业蓝图,继续用自己的才智绘制美丽的人生画卷。

【案例分析】

聋人王延勤是一个成功的创业者,他的成功给有志开创自己事业的聋人提供了有益的借鉴。王延勤虽然耳不能听、口不能言,但他通过自己的勤学好问、不断进取以及高超的专业技能赢得了他人的信任和赞扬。王延勤的职业生涯并非一帆风顺,一路走来历经了坎坷。但他不自卑、不气馁,自信自强,靠自己的努力,脚踏实地走向成功。他的成功之道在于以下五点:第一,他在工作中不断提高自己的专业技能、积累工作经验;第二,不怕吃苦、不怕挫折,将强烈的事业心和踏实勤奋的工作态度紧密结合;第三,富有开拓创新精神,把自己的专长和市场需求进行了最佳结合;第四,具有坚定的意志和百折不挠的精神以及不向困难低头的勇气;第五,胸怀大志富于远见,将自己的命运和聋人事业相结合。王延勤的事例告诉我们,聋人也可以创造人生辉煌! 只要确定了人生目标,并克服前进道路上的一切艰难险阻,朝着这个目标勇往直前,一定会达到成功的彼岸。

五、网络经营的创业案例分析

【案例介绍】

在淘宝网上,有一家夫妻运动正品折扣店,虽然从事运动品牌的经营时间不过两年多,但目前已经累积了五钻的信用度,年销售额达到260万。经营这家店铺的是一对聋人夫妻,他们在第二届APEC(亚太经合组织)工商咨询理事会亚太中小企业峰会上,当选"全球十大网商",同时也是上榜的唯一一个零售网商。

此次评选的"全球十大网商"是从全球数千万网络商家中产生的,包括多位国内外知名的企业家,有的年营业额达到3.6亿元。陈汉俊夫妇的当选,不仅因为他们的业绩,更是因为他们的精神。

陈汉俊夫妻都是聋人,而他们年幼的女儿,也不幸患上了神经性耳聋。在这样的逆境下,夫妇俩艰苦创业,付出了超出常人数倍的艰辛,才创造了如此佳绩。对如何在网络上获得信任并赢得人们的青睐,陈汉俊感慨良多:"开网店要有吃苦的精神,无论是进货还是销售或者客服,都需要吃苦耐劳,每天工作十几个小时是常态,想舒适最好不要开网店。另外,如果你不能做到物美价廉,也不能独树一帜,那么很难在数十万家网店中脱颖而出。所以,一定要找到自己有优势的进货渠道。只要找到稳定的供货渠道,坚持用诚信服务顾客,做到这两点,我相信大家都能成功。"

陈汉俊以前在大酒店洗衣房当工人，工资不高。陈汉俊的妻子在上网时不经意发现有人网上开店，也想学着做点生意，后来看到淘宝刚成立，开店免费，就注册了一个。起初他们经营数码产品，开张后两个多礼拜，终于等来了第一笔单，是厦门本地的客人想购买一个摄像头。他们异常兴奋，很高兴接下单子，但客人提出当面交易的要求，却让二人踌躇起来，怀着忐忑的心情去跟客人当面交易，没想到顺利成功。这次交易给了二人最初的信心，让他们更加坚定了自己的选择。一年后，陈汉俊辞职和妻子一起专心经营店铺。数码产品开始还经营得不错，后来竞争者多了，加上二人对数码相机了解不深，售后风险很大，所以状况越来越艰难。出于对运动的喜爱，陈汉俊把目光瞄准到卖品牌运动用品，尝试着转行专柜正品代购。功夫不负有心人，他通过网络认识了经营品牌运动用品的朋友，与当地专柜合作，找到了稳定的正品货源，转行成功。在经营运动品牌的这两年多时间里，陈汉俊夫妇也遇到了很多艰辛和困难，然而他们靠着诚心和耐心一一化解，使得小店的生意蒸蒸日上。

由于语言缺陷，他们没办法接打电话，只能靠短信沟通，新客户容易产生误会，常常因打不通电话而产生怀疑。陈汉俊夫妇只能诚恳耐心地跟客户解释，慢慢得到了客户们的理解。网上交易以文字沟通为主，直接避开了聋人的缺憾，但是交易当中发生问题，电话沟通仍然比短信方便得多。可由于语言障碍，二人只能使用短信沟通。当误会产生时，及时耐心的解释工作就尤为重要。因此，他们从不敢懈怠，正是他们的真诚赢得了客户的心。

他们代购商品，一般是每天晚上下订单提交给专柜，白天负责配货，能配到的第三天发货，如果配不到就只能通知买家退款。有些买家因尺码大小不合适甚至算不上质量问题的问题而退货，"这是最让人难过和感到委屈的，但也得好好面对，尽量承受。渴望客户理解自己，首先要尽量去理解客户，一次退货，对我们是百分之几，对客户来说很可能就是百分之百。"

【案例分析】

陈汉俊夫妇的成功创业经历给我们即将踏入社会的聋人大学生提供了有益的借鉴，他们在逆境中自信自强，靠自身的努力改变了命运。首先，他们选择了正确的创业方向，发现了网络里蕴含商机，及时抓住机遇奠定了成功的基础；其次，他们注册网店、辞职共同全力经商、预判市场行情、转变销售方向等一系列行为,无不体现了他们敏锐的市场洞察力和科学果断的决策力,面对稍纵即逝的机遇,毫不犹豫,敢为他人先的作风在他们开辟新市场、主动创造商机中起着重要作用。讲求信用、真诚待人体现了他们对人际沟通和合作的行为标准,这一点对刚起步就面对市场激烈竞争的创业者尤其重要。

通过陈汉俊夫妇网店经营的成功经验,我们可以看出,做一个成功的个人网店主一般都要过四关。第一,开网店要有吃苦的决心,无论是进货还是销售或者客服都需要吃苦耐劳,每天工作十几个小时是常态,想舒适最好不要开网店;第二,要找到自己有优势的进货渠道,如果不能做到物美价廉,那么很难在数十万家网店中脱颖而出;第三,诚信服务买家,那种想占小便宜的心理,最终会遭到顾客的抛弃,只有以诚待人,才能不断积累回头客;第四,在讲求创新的同时,要做好最基本的两点:一是拍摄的商品照片既要清晰,又能充分展现产品的特点;二是文字介绍要突出商品的独到之处,引起顾客的兴趣。

【思考题】

1. 根据所学内容,自己制作一份求职简历。
2. 结合实际,替自己拟定一份创业计划。

第七章

聋人与社会常识

对基本社会常识的了解与掌握,是聋人适应社会的必要条件。尤其对于聋人大学生而言,长期生活在人际关系相对单纯的学校环境之中,对复杂的社会人际关系缺乏足够的、深刻的认识与理解,而一旦脱离学校环境之后,如何去处理一些正常的日常事务,参加一些正常的社会文化体育活动,遵守国家的法律法规与维护自身的正当权益等等,势必都将成为必须面对的问题。因此,了解与聋人相关的社会组织和政府服务机构;了解与聋人相关的政策、法律与法规,树立正确的法律观念、规范自身的社会行为和维护自身的正当权益;积极参与能够参加的文化体育活动,丰富聋人自身的业余文化生活;依照国家相关规定,获取正当的社会保障等基本社会常识,是本章重点讲述的内容。

第一节 聋人与社会组织

目前,我国的残疾人事业之所以能够取得举世瞩目的成就,残疾人的物质文化生活水平都随着社会经济的发展而逐步提高,除了国家各级政府的高度重视与大力支持之外,关键就在于与残疾人相关的社会组织能够充分发挥自身职能,致力于推动残疾人事业的发展。这些社会组织既包括中国残疾人联合会等国内社会组织,也包括残疾人国际、康复国际等国际组织,下面我们就简要介绍一下这些组织。

一、中国残疾人联合会

中国残疾人联合会,简称中国残联,是目前国内最为主要的残疾人组织。它成立于 1988 年 3 月 11 日,前身是中国盲人聋哑人协会和中国残疾人福利基金会。它是经国务院批准和国家法律确认的各类残疾人的统一组织,是将残疾人自身代表组织、社会福利团体和事业管理机构融为一体的残疾人事业团体,它还制订了《中国残疾人联合会章程》。

在《中国残疾人联合会章程》中,明确规定中国残联的宗旨就是"弘扬人道主义,发展残疾人事业,促进残疾人平等、充分参与社会生活,共享社会物质文化成果";指出中国残联由残疾人及其亲友和残疾人工作者组成,具有代表、服务、管理三种职能:代表残疾人共同利益,维护残疾人合法权益;团结教育残疾人,为残疾人服务;履行法律赋予的职责,承担政府委托的任务,管理和发展残疾人事业。

中国残联实行全国代表大会制度,设有主席团、执行理事会等机构。全国代表大会是中国残联的最高权力机构。全国代表大会每五年举行一次,由中国残联主席团召集。代表中残疾人及残疾人亲属应超过半数。全国代表大会职权包括三个方面:审议中国残联主席团报告,确定工作方针和任务;修改中国残联章程;选举中国残联主席团,主席团委员中残疾人及残疾人亲属应超过半数。残联主席团,则是要在全国代表大会闭会期间,负责贯彻全国代表大会决议,领导全国残联工作。主席团每届任期五年,实行民主集中制,由主席一人、副主席若干人、委员若干人组成。主席团会议由主席团主席召集,每年至少举行一次。主席团的职权包括:①选举主席、副主席;②推举执行理事会理事长,通过执行理事会组成人员;③检查代表大会决议执行情况;④审议执行理事会工作报告;⑤监督执行理事会贯彻有关残疾人事业的法律、法规、方针、政策、规划、计划的情况;⑥监督"人道、廉洁"的职业道德建设情况;⑦决定其他重大事项。执行理事会是常设执行机构,代表联合会负责日常工作,由理事长一人、副理事长若干人、理事若干人组成,并且理事会成员中应有各类残疾人或残疾人亲属代表。理事长由中国残联主席团推举,政府任命,任职不超过两届。副理事长由理事长提名,主席团通过,政府任命。理事由理事长提名,主席团通过。执行理事会实行理事长负责制。执行理事会下设办事机构,承办中国残联的日常工作。

中国残疾人联合会作为各类残疾人的统一组织,自然而然地又分设了一些专门协会:中国盲人协会、中国聋人协会、中国肢残人协会和中国智残人、精神病残疾人亲友会等残疾人专门协会等。专门协会委员会由中国残联全国代表大会代表中同类别的残疾人、残疾人亲友选举产生;专门协会委员会则又选举产生专门协会的主席、副主席。专门协会的主要任务是:代表、联系、团结、教育本类别残疾人,反映特殊愿望及需求,维护合法权益,争取社会帮助,开展适宜活动,参与国际交往。

但对于大多数残疾人而言,在日常工作生活之中遇到问题时所涉及的是残疾人联合会的地方组织和基层组织。中国残联按照国家行政区划设立各级地方组织。省(自治区、直辖市)、市(自治州)、县(区)成立的各级残疾人联合会作为中国残联的地方组织,受同级政府领导、民政部门代管、上级残联指导。根据《中国残疾人联合会章程》规定,县(市、区、旗)及县以上残疾人联合会,每五年召开一次代表大会。代表大会审议同级主席团报告,确定工作方针和任务,选举本级大会主席团。可设名誉主席、名誉副主席。主席团每届任期五年,每年举行一次会议,必要时可提前或延期召开。代表大会及其主席团的常设执行机构为执行理事会,设理事长、副理事长、理事。县(市、区、旗)及县以上残疾人联合会设专门协会。乡、镇、街道残疾人联合会,每五年召开一次代表会议,设主席、理事长。理事长负责日常工作。

中国残联的基层组织是指,社区居民委员会、村民委员会、残疾人集中的企事业单位,根据实际需要所建立的残疾人协会或残疾人小组。大型企事业单位,经省(自治区、直辖市)残疾人联合会同意、本单位批准,可建立残疾人协会或残疾人联合会。基层组织的任务是:代表残疾人利益,反映残疾人需求,维护残疾人权益,开展有益活动,为残疾人办实事。

基层残联和基层残疾人组织是开展残疾人工作的关键环节。因为广大残疾人生活在基层,基层组织理所当然地要肩负起纽带作用,直接听取残疾人的意见,反映他们的要求,为他们服务。总的来讲,当前基层残疾人组织主要负责的工作包括:扶贫解困,保障残疾人的温饱;向残疾人传授康复知识,组织康复训练;保证残疾人儿童入学接受义务教育;开展用品用具供应服务;组织职业技术、生产技能培训;协助安排就业,扶持生产劳动;适当组织文化活动。针对聋人而言,可以根据自身的实际情况需要,遇到问题时与自身所处的基层残疾人组织或聋人协会联系,请其协助解决问题,保障自身的正当权益。

二、其他相关社会组织

1. 世界聋人联合会

世界聋人联合会成立于1951年,是一个与联合国经社理事会、联合国教科文组织、国际劳工组织和世界卫生组织有正式关系的国际性非政府组织,在联合国经社理事会具有特别咨商地位。其宗旨是造福于世界各国聋人,捍卫聋人的权利,帮助聋人康复。该会总部设在意大利罗马,每四年举行一次大会。有来自近100个国家和地区的 120 个各类会员组织,中国聋人协会是其正式会员。其主要功能是:制订政策性文件和工作计划,建议并推动会员组织参照实施;利用其咨商地位和残疾人事务特别报告员专家小组成员的身份或通过其会员组织所在国家政府,推动并参与联合国残疾人领域文件的制订,促进其实施;参与联合国在残疾人领域的其他活动;为各国聋人组织提供咨询、信息和专业方面的服务;与联合国专门机构和其他非政府组织和残疾人组织协作,促进旨在改善聋人状况的合作项目;强调聋人与健全人和其他类别残疾人的不同,主张聋人与其他人平等参与,并突出手语的作用和地位,力主使手语成为世界法定语言之一;与各国聋人组织协调和组织世界聋人大会。

国际聋人节,是 1957 年的世界聋人联合会召开期间,经由欧洲各国聋人组织的倡议而设立的,先是确定 1958 年 9 月 28 日为第一个国际聋人节,并规定以后每年 9 月最后一个星期日为国际聋人节。聋人节的设立,对扩大聋人工作在社会上的影响力,引起社会对聋人工作的重视,逐步提高聋人在社会上的地位起到了巨大的推动作用。1958 年 8 月 12 日,中华人民共和国内务部、教育部、卫生部、文化部、国家体委、团中央、全国妇联、全国总工会和中国聋哑人福利会等单位联合发出通知,在全国各地庆祝首个聋人节。以后,每逢聋人节,全国各地都会为当地的聋人组织各种庆祝活动,如文艺演出、书画展览,以及球类、棋类、田径等体育比赛等,极大地丰富活跃了聋人的生活,同时推动了社会对聋人事业的理解与支持。

2. 残疾人国际

1981 年 12 月在新加坡成立。是残疾人自身的非政府组织,在联合国经社理事会享有咨商地位。其宗旨是遵循联合国人权宣言,致力于残疾的预防与康复,实现残疾人平等参与社会生活,分享社会与经济发展成果。总部和秘书处设在美国纽约,委员会由亚非拉、北美、欧洲五个地区委员会各推选的代表组成。残疾人国际有 100 多个国际级会员组织,具有普遍的代表性。自成立以来,该组织参与了联合国残疾人十年规划的制定和执行工作,并分别在亚、非、拉地区举办了专题座谈会和残疾人组织领导人培训班。中国残疾人联合会于 1990 年正式加入该组织。

3. 联合国中与残疾人相关的工作机构

在联合国秘书处系统中,主要有经济与社会事务部的社会政策与发展司主管残疾人事务,该司内设有残疾人股。此外,联合国有关文件指出,人权司、技术合作促进发展部、新闻部、麻醉药品司和联合国贸易和发展会议,应从各自业务角度负责和参与残疾人工作。

4. 康复国际

创立于 1922 年,是从事残疾人康复工作的非政府国际组织,由残疾人组织、残疾人工作者组织、政府机构和个人组成,属非牟利、非政府性质的全球性残疾人组织。其前身为"国际跛足儿童协会",协会的创建人和首届会长是美国俄亥俄州的艾德加·F.艾伦。第二次世界大战后,协会在美国纽约设立了秘书处,1972年改名为康复国际,会长是方心让。康复国际与联合国经社理事会、教科文组织、世界卫生组织、国际劳工组织、联合国儿童基金会以及几个区域性组织有正式关系,在这些组织中具有咨询地位。该组织目前拥有86个正式会员,27个准会员,它们分属于77个国家和地区,尚有九个国际会员组织。下设阿拉伯、亚太、非洲、北美、拉美、欧洲等地区委员会及教育、技术、休闲娱乐与体育、医学、组织与行政、社会、职业等各专业委员会,现任主席为莱克斯弗利登。康复国际具有联合国经济社会理事会特别咨商地位,其宗旨为通过自身工作改善残疾人生活质量。中国残疾人联合会于1988年参加该组织,现为康复国际正式会员。

5. 国际残奥会

成立于1989年9月,总部设在德国柏林,是负责残疾人体育的国际机构,为非赢利性国际组织。它负责组织并指导、协调残奥运动会和其他有多种残疾人士参加的高水平体育赛事,特别是世界和地区性的锦标赛。目前由162个国家及地区残奥会和四个特定类别残疾人国际体育联合会组成。这四个残疾人国际体育联合会分别为:国际脑瘫人体育和休闲运动协会、国际盲人体育联合会、国际智力残疾人体育联合会、国际轮椅和截肢运动联合会。

6. 国际聋人体育联合会

成立于1924年。其宗旨是:通过体育达到平等,并积极组织聋人的体育竞赛。每四年交替举办一届聋人夏季和冬季运动会,到目前为止已举行了20届夏季聋奥会,16届冬季聋奥会。该联合会共有45个会员国,我国聋人体育协会是国际聋人体育联合会的正式会员。

7. 远东及南太平洋地区伤残人运动会联合会

成立于1975年,总部设在日本。主席是香港的方心让博士。这个组织的主要目的和任务是通过比赛和其他活动,提高残疾人的社会地位和福利,促进相互了解,交流情况及与其他有关机构进行联系。这个组织已经举办过8届远东及南太平洋地区伤残人运动会(简称远南运动会)。该组织现有40个成员国,中国伤残人体育协会是远东及南太平洋地区伤残人运动会联合会的正式会员。

第二节 聋人与法律常识

当代社会是法制社会,了解和掌握一些法律常识,树立正确的法律观念,不仅可以帮助聋人在自身正当权益受到侵害时,敢于拿起法律武器进行维权,保障自己的正当权益,而且可以规范聋人自身的行为,在法律允许的范围内从事正当的工作与生活,认识到违犯法律所带来的后果的严重性。

一、聋人应树立正确的法律观念

现代社会作为法制社会,要求每个社会公民都应具有较强的法律意识,法律面前人人平等的观念已经逐步深化到社会的各个层面。法律在规范人们社会行为的同时,也为其正当的社会权益提供了坚实的法律保障。针对残疾人而言,在我国《宪法》中明确规定:"中华人民共和国公民在年老、疾病或者丧失劳动能力的情况下,有从国家和社会获得物质帮助的权利。国家发展为公民享受这些权利所需要的社会保险、社会救济和医疗卫生事业。国家和社会保障残废军人的生活,抚恤烈士家属,优待军人家属。国家和社会帮助安排盲、聋、哑和其他有残疾的公民的劳动、生活和教育。"为此,为切实保障残疾人的正当权益,我国专门制定颁布了一系列保障残疾人合法权益的专门法规、规章:《中华人民共和国残疾人保障法》《残疾人教育条例》《残疾人就业条例》《城市道路和建筑物无障碍设计规范》《残疾人专用品免征进口税收的暂行规定》《社会福利企业管理暂行办法》《残疾人就业保障金管理暂行规定》《关于进一步做好残疾人劳动就业工作的若干意见》《关于对残疾人员个体开业给予免征营业税照顾的通知》等。除此之外,在我国的《民法通则》《民事诉讼法》《刑法》《刑事诉讼法》《治安管理处罚法》《律师法》《劳动法》《合同法》《教育法》《义务教育法》《高等教育法》《职业教育法》《体育法》《婚姻法》《合伙企业法》《公司法》等50多部法律中,均对保障残疾人平等权利和合法权益作出了规定。但是,由于我国的社会主义法制体系还需要进一步完善,社会发展程度有待进一步提高,现实社会生活中还存在着侵犯聋人等残疾人合法正当权益的现象;同时,由于聋人整体法律素质偏低、法律观念淡薄,以及受诸多社会因素的影响,聋人犯罪现象已经引发社会关注。而聋人正当权益受侵害严重与聋人犯罪居高不下的现象的关键点就在于聋人没有树立正确的法律观念。

一旦大多数聋人都能够树立正确的法律观念,在自身合法权益受到侵害时,便可以拿起法律武器维护自身的权益,引发社会的关注,逐步形成维护聋人合法权益的良性循环。另一方面,聋人在享有法律法规规定的正当权益的同时,还可以依据法律法规来规范自身的行为,通过聋人整体的努力赢得尊严与尊重。但事实上,由于听力障碍所造成的交流困难,以及地区教育发展不平衡、家庭经济条件不允许等原因,聋人整体受教育程度偏低,这在客观上就造成了聋人难以了解与掌握与切身利益相关的法律法规。即便是有机会接受系统教育的聋人,受将来就业因素的影响也主要局限于艺术、计算机等少数专业领域,较少去从事法律专业的学习。他们对于法律也仅限于大学公共课所了解的一些最基本的常识,对于专门性法律、法规和针对聋人或残疾人的规定缺乏了解,更不用说一般的没有接受过系统教育的聋人。这种状况就迫切要求深入开展聋人普法工作,即便是不要求达到熟悉相关法律规定的高标准,至少要树立一种当自身某种合法权益受到侵害时,不是选择忍气吞声,不是诉诸暴力、报复等非法手段,也不是拉关系、找门路解决问题的方式,而是主动运用法律武器维护权益。

就目前聋人普法教育而言,随着经济、社会、科技的发展,聋人普法工作也得以各种形式开展。《残疾人维权法律知识手册》的出版,以答疑的形式介绍我国目前相关法律、法规及政策中对残疾人社会平等权、教育、文化生活权、劳动权、财产权、婚姻家庭权等权利的保护规定,方便残疾人随时查阅自己关心的问题,另外列有残疾人维权相关法律法规条文,有利于残疾人的进一步学习;通过举办针对性的聋人法律常识专场讲座,在手语翻译人员的协助下讲解聋人在现实生活中遇到的法律问题,直接对聋人遇到的法律问题进行答疑;借助现代科技手段进行普法教育,如中国残疾人联合会网站就设有相关专题,或借助动漫、影视形象地讲解法律问题等。聋人普法工作的开展,促使部分聋人对我国现行法律中有关残疾人权益的内容有了一定的了解,这有助于聋人法律素质的提高与树立正确的法律观念。即便如此,聋人犯罪的现象在目前仍然十分严重。

虽然说聋人犯罪的原因错综复杂,如没有受到正确的家庭教育与职业技能教育,无法凭借自身的能力获取生活来源;无法获得社会应有的尊重,甚至遭到歧视,产生报复心理;由于沟通困难,社会阅历较浅,容易上当受骗等。但若从法律的角度来看,聋人犯罪的原因主要包括:

首先是法律意识淡薄,这是由于聋人普法教育的难度所造成的,很多聋人不懂法或对法律知之甚少,造成聋人受骗走上犯罪道路。如公安部公布的一期案件,犯罪嫌疑人郎丹丹作为聋哑人竟然纠集了另几名聋哑人,专门拐骗聋哑少年,把他们培养成扒窃高手,组建"扒窃公司"到南方扒窃,她本人当老板从中渔利,最终被黑龙江省克山县警方抓获。案件中六名聋哑少年之所以很容易被拐骗去行窃,而不是选择报警自我解救,关键就在于不具有法律意识。再如,一些在校聋人学生,被以介绍好工作、打工挣钱、做伴出去旅游、结伴回家等理由欺骗,离校出走最终走上犯罪道路,就是因为社会经验不足、法律意识淡薄、防范意识不足等原因造成的。

其次,法律观念错误。一些稍微"知法"的聋人,由于文化素养不够高或理解偏差,产生了自己是聋人,即便触犯法律也不应受到惩罚或减轻处罚的错误观念。如我国刑法第19条规定,又聋又哑的人或者盲人犯罪,可以从轻、减轻或者免除处罚。又聋又哑的人或者盲人，有严重生理缺陷，其责任能力在一定程度上受到限制，但还没有丧失辨认和控制自己行为的能力，因此，对这些人的犯罪虽不能免除其应负的刑事责任，但可以从轻、减轻或者免除处罚。有些聋人就由此认为，聋人即便违反法律，也一定会被"从轻、减轻或免除处罚"。这就形成了聋人对法律认识的误区，进而在这些误区的错误引导下走上了犯罪的道路。如福建省建瓯市检察院审理的一期案件，18岁的聋哑犯罪嫌疑人张某最初因犯盗窃罪被建瓯市法院判处有期徒刑一年。刑满释放后不但不吸取教训，反而刚出狱就重操旧业，在出狱后的七天内疯狂盗窃三起，最终再次被依法以盗窃罪批准逮捕。张某之所以屡屡犯罪，一个关键原因就在于他没有树立正确的法律处罚观念。诸如此类的案件，在聋人犯罪中尤为常见，他们没有意识到自己所从事的活动是一种违法犯罪行为，要受到法律的惩罚。聋哑人盗窃团伙"天下帮"从成立到最后被打掉的过程中之所以有很多聋人参与其中，关键就在于他们没有充分认识到盗窃和扒窃对于聋人同样是犯罪行为，要受到法律的惩罚。

再次，法律保障不足。由于我国的法律体系还需要进一步完善，在现有法律中针对聋人等残疾人的规定，在现实中由于多种因素的影响并没有得到完全执行，这在客观上也造成了聋人在工作生活中不可避免地会遭遇一些不尽如人意的地方。如虽然我国颁布了与聋人相关的《残疾人就业条例》，但是有些单位或企业仍然拒绝接纳聋人就业，这就使聋人即便接受大学教育或职业教育之后仍然面临失业的威胁，进而产生仇视心理，走上犯罪道路，而并非运用法律武器维护自身的合法权益。

尽管帮助聋人提高自身的法律素养，树立正确的法律观念，并不是消除聋人犯罪的根本途径，但却是减少聋人犯罪的一项重要措施。更为重要的是，这可以让聋人能够有效地运用法律武器维护自身的合法权益。

二、聋人如何维护自身合法权益

随着聋人普法工作的广泛深入开展与聋人受教育程度的逐步提高，以及聋人对社会生活的广泛参与，聋人的法律意识也在逐步觉醒，要求诉诸法律解决问题的越来越多。但由于客观环境的障碍和聋人自身的限制，加上很多聋人生活水平偏低，在遭遇法律纠纷时虽然愿意通过法律途径解决问题，却普遍存在着法律咨询难、聘请律师难、打官司难、无力支付法律服务费等问题。针对这些问题，为了推动残疾人法律服务和维权工作深入开展，依法维护残疾人权益，帮助残疾人解决打官司难问题，中国残疾人福利基金会从2003年起连续五年每年出资100万元，开展"扶残维权行动"，通过给予办案经费补贴的方式对亟需法律帮助的涉残案件进行补助。而为了进一步保障残疾人的合法权益,2008年3月《中共中央国务院关于促进残疾人事业发展的意见》出台,在讲述到"加强残疾人事业法律法规和制度建设"时明确指出:认真贯彻执行《中华人民共和国残疾人保障法》和相关法律法规,加强执法监督检查。进一步完善残疾人事业法律法规体系。制定、修订各项相关法律法规和政策规定,要充分保障残疾人的平等权益,尊重残疾人对相关立法和残疾人事务的知情权、参与权、表达权、监督权。加强法制宣传教育,增强全社会依法维护残疾人权益的法制观念,提高残疾人依法维权的意识和能力。建立残疾人法律救助体系,做好残疾人法律服务、法律援助、司法救助工作,加大对侵害残疾人合法权益案件的查处力度。

那么,聋人如何才能获得法律援助来维护自身的合法权益呢?法律援助,是国家对某些经济困难或特殊案件的当事人给予减、免费用提供法律帮助的一项法律制度。1994年,我国正式确立法律援助制度。法律援助制度的确立,乃是我国贯彻"公民在法律面前一律平等"的宪法原则的重要体现。如依据《中华人民共和国刑事诉讼法》中有关条款规定,在聋人作为被告人而没有委托辩护人时,要指定承担法律援助义务的律师为其提供辩护;依据《中华人民共和国民事诉讼法》的有关条款规定,包括聋人在内的残疾人在交纳诉讼费用确有困难时,可以缓、减、免收诉讼费;聋人在法庭上还可以获得手语翻译等。目前,在我国提供法律援助的人员主要包括法律援助机构(即法律援助中心)的专业人员、律师、公证员和基层法律服务工作者。此外,还包括有条件的社会团体内的法律工作者和法学院校师生等法律援助志愿者。

在我国,法律援助的形式包括:法律咨询,代拟法律文书;刑事辩护和刑事代理;民事、行政诉讼代理;非诉讼法律事务代理;公证证明,以及其他形式的法律服务。法律援助的范围则包括:无能力为自己辩护的未成年人、残疾人、老年人犯罪案件和追索侵权赔偿的案件;请求给付赡养费、抚育费、扶养费的;因公受损害请求赔偿(责任事故除外);请求给付劳动保险金、抚恤金的;赡养协议、抚养协议公证,有关领取抚恤金、救济金的公证;公民民主权利受到侵犯(如选举权、被选举权被非法剥夺)的案件;有可能被判处死刑、被告人没有委托辩护人的案件;其他确需提供法律援助的事项。聋人可以根据实际情况需要,在法律援助的范围内申请恰当的法律援助形式。依据规定,包括聋人在内的申请法律援助者在提出申请时,要遵循下面的规定,出具四个方面的材料:身份证、户籍证或暂住证;申请人以及家庭成员的经济状况证明;申请法律援助案件的基本情况的证明材料;法律援助机构认为需要提交的其他材料。申请人为未成年人或无行为能力人的,应由其监护人代为申请,代申请人应提交有代理权资格的证明。法律援助机构根据这些材料作出是否批准法律援助的决定。

另外,针对残疾人的法律救助在我国目前也得到了发展。2008年4月24日,十一届全国人大常委会第二次会议通过了修订后的《中华人民共和国残疾人保障法》,对相关部门和单位维护残疾人权益的职责进行强化,并具体规定了残疾人法律救助的相关内容。2008年6月26日,十一届全国人大常委会第三次会议批准我国加入联合国《残疾人权利公约》,该公约要求缔约国采取有效措施,保障残疾人获得平等司法保护,这在客观上又进一步推动了残疾人司法救助工作的开展。国务院批转的《中国残疾人事业"十一五"发展纲要》及最高人民法院、最高人民检察院、公安部、司法部、民政部、原劳动和社会保障部、教育部、卫生部、中国残联等联合制定下发的《残疾人法律救助"十一五"实施方案》《〈残疾人法律救助"十一五"实施方案〉实施办法》,则明确规定了"十一五"期间残疾人法律救助工作的任务目标和主要措施,明确了各部门和单位的职责。稍后,《残疾人法律救助工作站管理规定(试行)》出台,为残疾人救助工作的实际开展提供了保障和进行了规范。

目前,为了推动残疾人维权工作的开展,各地因地制宜设立了各种形式维权模式,如电话维权热线、维权网站、残疾人维权义务站等等。而除去借助法律的手段维权之外,聋人还可以通过信访的形式进行维权。

为充分发挥信访渠道的维权作用,我国专门成立了残疾人信访机构,以负责接待处理残疾人信访工作。目前,在中国残联设立了信访办公室;各省、自治区、直辖市及计划单列市设立了信访接待室,并设立了专职信访工作人员;市县级残联明确了信访专、兼职工作人员,专门负责残疾人信访工作。残疾人信访机构,接受、办理残疾人以书信、电子邮件、传真、电话、走访、网上信访等方式反映的信访事项,对影响残疾人重大利益的信访事件进行跟踪督导;分析研究信访信息,开展调查研究,并向有关部门提出完善政策和改进工作的建议。通过信访工作切实有效地开展,残疾人的实际困难、残疾人的心声与吁求等得到直接反映,从而将残疾人与残联紧密联结在一起。聋人由于交流问题,可以借助书信、电子邮件等形式进行,也可在手语翻译的协助下直接面对面地反映情况,最终达到维护自身合法权益的目的。

第三节 聋人与其他社会常识

关爱残疾人是社会文明进步的标志,是促进社会和谐发展的重要举措。随着我国社会经济的不断发展,国家整体实力的大幅度提高,残疾人也拥有了享受更多物质文化发展成果的机会。为了切实推进残疾人事业发展,国家出台了《残疾人事业宣传文化工作"十一五"实施方案》《中共中央国务院关于促进残疾人事业发展的意见》等一系列文件，推动残疾人积极参与文化艺术与体育活动，并举办了特奥会、残奥会等国际大型体育赛事，还从各个方面加强对残疾人的生活与权益保障，使我国残疾人事业的发展水平得到迅速提高。针对聋人而言，就更有必要了解关于文化艺术、体育以及社会保障等方面的社会常识，确保享有正当权益的同时丰富自身的生活，提高融入社会的程度，提升自身的社会价值。

一、聋人与文化艺术常识

近年来，为了活跃聋人的精神文化生活，推动聋人文化艺术建设，我国采取了许多积极措施。如借助现代网络技术，开办聋人在线等网站，推动聋人网络文化建设，加强聋人之间的交流；在电视台逐步推广手语新闻栏目、残疾人专题栏目等，增加聋人了解社会、获取信息的渠道；借助《中国残疾人》《三月风》等残疾人杂志，搭建残疾人平面交流平台；推行"文化扶贫"、"文化进社区"等活动，让聋人从中受益匪浅等等。

对于即将步入社会的聋人大学生而言，既要了解聋人基层文化建设的措施与内容，以方面丰富自身的社会文化生活，又要了解聋人艺术所取得的成就，以提高自身的艺术素养。具体言之，在繁荣基层聋人生活方面，主要有以下内容：推动市（地）县两级广播电台、电视台积极开设残疾人专题节目、手语新闻栏目；大力倡导公共文化活动吸纳聋人参加，如残、健同台演出，作品同场展览等，鼓励、支持、帮助聋人参与全国和地区性各种文化、艺术比赛，聋人艺术工作者在各种大型文化活动上所表演的《千手观音》就是最好的例证；在社区因地制宜地开展群众性体育健身及文艺演出，读书看报，声乐、器乐、棋牌比赛，书法、绘画、摄影、工艺美术作品展览等，其目的是愉悦、康复聋人身心，提高聋人的文化素质和生活水平，促进聋人平等参与社会生活等。

聋人基层文化艺术活动的积极开展与聋人的积极参加，使聋人文化艺术建设处于一种普及与提高的良性循环之中。基层文化活动的积极开展，使聋人根据自身的兴趣爱好，充分发挥自身的特长，逐步提高了自身的文化艺术素养，同时极大地丰富了自身的精神文化生活。更重要的是，聋人艺术爱好者凭借自己的艺术特长与健听人一起同台演出，既证明了聋人自身的社会价值，又让更多人改变了对聋人的偏见，越发重视聋人事业的发展。而聋人群众性活动的蓬勃开展，越来越多具有艺术天赋和特长的聋人被吸纳近来，就为发现优秀的聋人特殊艺术人才和优秀的聋人艺术作品提供了坚实的群众基础。尤其是各省市及全国残疾人艺术汇演、聋人学校与综合性大学聋人专业的学生艺术调演活动，为成功选拔聋人艺术人才、打造聋人艺术精品提供了平台。如截至 2007 年,中国残联会同有关部委先后举办了六届全国残疾人艺术汇演和五届全国盲、聋、培智学校学生艺术汇演,直接参与者达十万人次,涌现出许多优秀残疾人演员和残疾人节目。另外,中国残联和地方残联还举办过不同规模的聋人书法、美术、摄影、工艺品展览等多种活动,推动了聋人艺术活动的开展。而聘请中国残疾人特殊艺术委员会委员和其他专业文艺工作者对聋人进行指导、培训、加工和提高,扶持和鼓励聋人艺术团参与国内外重大演出交流,则使聋人艺术水平得到了不断提高。

在基层聋人文化艺术活动蓬勃开展的推动下,中国残联便组织优秀的残疾人作者、美术家、书法家成立了中国残疾人作家、美术家、书法家联谊会。其中,最重要的就是"中国残疾人联合会特殊艺术委员会"(简称"中国残联特艺会")。它是中国残联设立的残疾人特殊艺术咨询、指导、协调机构;由文化艺术管理部门的领导、各艺术门类的专家和从事残疾人特殊艺术工作的人员组成;业务上接受文化部及中国残联的指导。其宗旨则是:发展特殊艺术,展示残疾人艺术才华和精神风貌;丰富残疾人精神文化生活,不断提高残疾人文化素质及全面参与社会能力;激励自强精神,倡导助残风尚,培育文明进步的社会环境,促进社会主义两个文明建设。"中国残联特艺会"的工作内容和工作方法是:团结从事残疾人特殊艺术的文艺工作者,研究残疾人特殊艺术理论,交流特殊艺术工作经验,繁荣残疾人题材文艺创作,规划指导残疾人文化艺术工作;协调组织残疾人文艺演出,指导、辅导和支持残疾人艺术团的业务工作及各地群众性文化艺术活动;开展各类残疾人特殊艺术培训工作,提高残疾人艺术水平;组织残疾人特殊艺术的评选及表彰活动;开展国际残疾人文化艺术交流。

鉴于聋人等优秀残疾人艺术工作者的出现,在 1987 年便成立了"中国残疾人艺术团"。1987 年 9 月 27 日,30 多位中国残疾青少年获准参加首届中国艺术节,宣告了中国残疾人艺术团的诞生,昭示着残疾人有参与文化生活的愿望和权利。1988 年至 2000 年,艺术团作为群众性艺术组织,为配合"联合国残疾人十年"(1983—1992)和"亚太区残疾人十年"(1993—2002)活动,应联合国经社理事会的建议,出访了亚洲、欧洲和大洋洲的 15 个国家,传递"平等、参与、共享"的理念,呼唤文明友爱的社会环境。艺术团秉承"真、善、美"的人文情怀与"特、雅、精"的艺术追求,2000 年创编了大型音乐舞蹈《我的梦》,进而,陆续创新推出《我的梦》作品二、作品三、作品四,巡演五大洲,既登上艺术殿堂,又深入社区和学校,受到广泛赞誉。2002 年 5 月,艺术团由业余建制的群众组织,转成非盈利性专业艺术团体,进入文化市场,走上公益义演与商演相结合的道路,实现了残疾人的艺术价值。四年来,艺术团依靠演出收入,不但保障了自己的生存和发展,还设立了特殊艺术慈善基金,为贫困地区和学校捐款;非典期间在香港义演并捐款;东南亚海啸期间,向印尼捐款;还无偿承担了雅典残奥会闭幕式、联合国亚太经社理事会上海高官会议等重大公益演出。2002年起,艺术团频繁踏上展现中华文化的艺术之旅,呼唤人间友爱的友谊之旅,弘扬人类精神的文明之旅。四年来,艺术团出访50次,赴美国、加拿大、丹麦、波兰、瑞士、希腊、意大利、西班牙、法国、奥地利、德国、土耳其、日本、韩国、印尼、新加坡、马来西亚、文莱、泰国、哈萨克斯坦、澳大利亚、埃及等22个国家巡演。

而中国残疾人艺术团的团长、艺术总监、中国特殊艺术协会副主席邰丽华可谓是聋人艺术成就的杰出代表。她15岁起担任艺术团领舞演员,相继担任演员队长、团长助理、艺术总监。16年来,出访40多个国家,是中国唯一登上美国卡内基音乐厅、肯尼迪艺术中心、意大利斯卡拉大剧院等世界顶级艺术殿堂的艺术家。邰丽华还先后荣获全国残疾人艺术汇演一等奖、"奋发文明进步奖"等个人文艺奖。

二、聋人与体育常识

改革开放以来,我国残疾人人体育事业取得了长足的发展,自1984年10月在安徽合肥举办中国第一届残疾人运动会以来,至2007年已经成功举办了七届,运动会规模、参赛人数不断扩大,比赛项目逐届增加,运动水平、比赛成绩不断提高,多次刷新全国纪录与世界纪录。不仅如此还相继承办大型国际残疾人赛事,如2007年广州举办第二届世界聋人篮球锦标赛,上海举办世界夏季特殊奥林匹克运动会,2008年北京举办第十三届残奥会等等,都有力地证明中国残疾人体育事业的发展水平与成就。并且,为进一步推动残疾人体育的发展,2007年5月国务院专门出台了《国务院办公厅关于进一步加强残疾人体育工作的意见》,从加强残疾人体育队伍建设、营造有利于残疾人体育事业发展的社会环境等多个方面,要求切实推动残疾人体育更上新台阶。聋人体育事业在全国残疾人体育事业蓬勃发展的过程中,同样取得了巨大成就。

为了加强对残疾人体育工作的管理,促进残疾人体育事业的进一步发展,2004年7月,经中央机构编制委员会办公室批准,中国残联设立了体育部。其主要职责是:研究拟定残疾人体育工作的政策法规和发展规划并监督实施;指导并开展残疾人群众性体育活动,协助配合有关部门和单位承办重大国际残疾人体育赛事;指导中国残联主办、主管的体育机构的业务工作;负责中国残奥委员会、中国聋人体育协会、中国特奥委员会的常设办事机构秘书处工作。中国聋人体育协会,是由各省、自治区、直辖市及计划单列市聋人体育组织自愿组成的非营利性群众体育社会团体,接受中国残疾人联合会、国家体育总局、民政部的业务指导和监督管理,是中国残疾人体育组织中的重要组成部分。它的主要任务和业务范围有:①认真贯彻执行《中华人民共和国残疾人保障法》《中华人民共和国体育法》和国家体育工作的方针、政策,动员、组织和指导聋人开展体育活动;②协同有关部门开展聋校校园体育及福利单位、社区聋人体育活动;③组织、管理、培训聋人运动员和聋人体育工作者,举办全国综合性和单项聋人体育赛事;④组织参加或举办国际聋人体育比赛,开展国际交流;⑤协同有关部门组织开展聋人体育科学研究;⑥对会员单位进行业务指导;⑦总结交流经验,表彰先进。

中国聋人体育协会,为促进聋人体育事业的发展提供了组织保障。目前,中国有聋人2 057万,占残疾人总数的34.3%,为开展聋人体育提供了基础。并且聋人适宜开展与健全人相同的体育活动,适宜参加的项目也比较广泛,如夏季运动会的男子比赛项目有篮球、排球、足球、乒乓球、网球、水球、田径、游泳、自行车、体操、摔跤、柔道、射击等;女子比赛项目有篮球、排球、乒乓球、网球、田径、游泳、自行车、体操、射击等。冬季运动会的男子项目有速度下滑、大型障碍滑雪、特殊障碍滑雪、跳台滑雪、15公里滑雪、3×10公里接力滑雪等;女子比赛项目有速度下滑、大型障碍滑雪、特殊障碍滑雪、5000米滑雪、3×5公里接力滑雪等。而其中篮球、排球、乒乓球、自行车等项目,在聋人群众性的体育活动中受到广泛欢迎,有力地推动了基层聋人体育活动的发展。从1989年我国聋人乒乓球运动员首次参加了第16届世界聋人运动会的乒乓球比赛开始,我国聋人体育运动员便经常活跃在国际大赛中并取得优异成绩,如第十八届世界聋人运动会男子跳远比赛金牌得主赵晓东,第十九届世界聋人运动会女子四公斤级铅球金牌任春霞等。另外,在2007年,我国首次派出14名聋人运动员出征在美国盐湖城举办的第十六届冬季聋奥会,参加越野滑雪和冰壶比赛两个项目,这可以说是中国聋人体育冬季项目获得蓬勃发展和运动水平不断提高的一个明证。

而中国残疾人奥林匹克运动管理中心在促进我国残疾人体育事业发展的同时,也为聋人体育提供了一个较高层次的平台。中国残疾人奥林匹克运动管理中心,简称中国残奥管理中心,2003年8月1日经中央机构编制委员会办公室批准,于2004年4月1日挂牌成立。中国残奥管理中心受中国残联委托,其主要职责是:负责残疾人体育的宏观管理、指导;动员、组织各类残疾人积极参加体育锻炼和康复健身等社会活动;负责中国残奥会、中国聋奥会、中国特奥会的常设办事机构秘书处工作;承担中国残疾人体育代表团组团、集训和参赛的组织管理工作;组织国内、国际赛事和技术培训工作;指导和协调地方残疾人体育工作;管理国家残疾人体育综合培训基地。中国残奥管理中心现有13个部门:办公室、竞赛部、训练部、特奥部、市场开发部、器材装备部、新闻宣传部、外联部、群体部、医学与科学部、计财部、人力资源部、党总支办公室,分别负责不同的业务和管理工作。各部门规章制度已经确定,步入了有序、稳健的工作阶段。在2004年9月组团参加的雅典残奥会上,发挥了积极的组织作用,金牌、奖牌总数都名列第一,实现了残奥会历史性突破。2007年6月28日,新建成的中国残奥管理中心正式投入使用,成为目前世界最大的残疾人体育综合训练基地占地总面积238 235平方米,建筑面积64 382平方米,地面建筑面积54 000平方米,由运动员公寓及科研楼、综合训练馆、游泳馆、盲人门球馆、田径及力量训练馆、田径场、自行车训练场组成。室外设有两个足球场(一个天然草坪、一个人造草坪)及两个射箭场。

聋人体育运动的广泛开展,既让很多聋人提高了身体素质,而且很多专业运动员更是敢于与健听人一起竞技,表现出聋人热爱运动、热爱生命的精神。如在北京奥运会上阿根廷小轮车聋人女运动员玛·杜托,虽然没有进入决赛,她仍然高兴地说:"对我来说,我很高兴能够参加北京奥运会,参加奥运会是一种莫大的幸福,这一直是我的一个梦想。"而我国聋人乒乓球运动员史册则是我国聋人运动员的杰出代表。史册1985年12月15日生于黑龙江省伊春,患有先天性听力障碍。在第二十届聋奥会(2005年1月在澳大利亚墨尔本举办)上,一举夺得了女子单打、女子双打和混合双打三枚金牌以及女子团体的银牌,成为此届聋奥会中国选手中头号金牌得主。2005年,史册被中国残联、国家体育总局授予"优秀运动员"的光荣称号。2006年初,在国际聋人体育委员会年度最佳运动员的评比中,史册从十名候选女运动员中脱颖而出,当选为"2005年度最佳女运动员"。而史册并没有被荣誉和已经取得的成绩所满足,她的梦想就是在2009年第二十一届聋奥会上再次蝉联世界聋奥冠军,向更高的目标奋进。

三、聋人与社会保障常识

社会保障,是国家和社会根据立法,对劳动者和社会成员因年老、伤残、疾病而丧失劳动能力或丧失就业机会,或因自然灾害和意外事故等原因面临生活困难时,给予一定的物质帮助和社会服务,从而保证其依法赋予的基本生活权利,维系社会稳定的社会安全制度。就残疾人社会保障而言,主要包括以下几个方面:通过将残疾人纳入最低生活保障制度的保障范围,给予救济、补助、供养,参加养老、医疗、失业等社会保险,使残疾人参与到整个社会保障体系中去,保障残疾人的基本生活;通过发展残疾人专项社会保障措施和实施各种社会救助活动,对残疾人给予特别扶助。

为切实加强对残疾人的社会保障,经国务院批准,1984年3月15日成立了中国残疾人福利基金会。其宗旨就是弘扬人道,奉献爱心,全心全意为残疾人服务。

基金会自成立以来,高举人道主义旗帜,开创性地协助政府进行了首次全国残疾人抽样调查和参与起草《中华人民共和国残疾人保障法》,配合实施了《中国残疾人事业五年工作纲要》和中国残疾人事业八五、九五、十五计划以及香港著名实业家李嘉诚先生定向捐助的《长江新里程计划》项目。在党和政府的亲切关怀下,在社会各界的大力支持下,累积筹集款物总价值40亿元人民币(包括募集和地方配套)。用于改善残疾人康复、教育、就业等状况,为广大残疾人带来实惠,大力弘扬了人道主义精神,积极倡导扶残助困的良好社会风尚,为新时期残疾人事业的创建和发展,为推动社会文明进步做出了重要贡献。1988年,联合国授予中国残疾人福利基金会"和平使者奖",授予残联主席、基金会长邓朴方"残疾人十年特别奖"。2003年,联合国授予邓朴方"联合国人权奖"。

就聋人保障而言,中国残疾人福利基金会特别启动了"救助贫困聋儿康复训练项目",即"听力助残"。目前,中国有七岁以下聋儿约80万,由于药物、遗传、疾病、环境噪音等原因每年新增加聋儿三万余名,其中70%生活在边远山区、农村。由于受经济和社会条件的制约,有相当数量的贫困聋儿不能配戴助听器,不能接受康复训练。为了改善这种状况,让更多的聋人儿童能够及早得到康复治疗,福利基金会积极努力,广泛动员各方社会力量投入到"听力助残"的行动之中,筹募大量的资金来实现这一目的。从2002年至2004年,每年拨出专项经费150万元(三年共450万元),来资助3 000名特困家庭的聋儿配戴助听器及接受听力语言训练。目前,"听力助残"项目仍然在广泛开展。通过广大爱心人士与企业等的积极努力,"听力助残"项目已经帮助一大批贫困聋儿重新获得了快乐的童年的生活,有的还进入普通幼儿园与小学进行正常学习。

除成立中国残疾人福利基金会从事实际工作之外,国家还出台了一系列加强对包括聋人在内的残疾人社会保障措施。如在2004年,发布《关于印发中国残疾人联合会专项彩票公益金残疾人康复、助学、危房改造项目实施方案的通知》,根据《中国残疾人事业"十五"计划纲要》关于进一步改善残疾人状况的要求,中央财政专门从国家彩票公益金中安排资金,实施残疾人康复、助学、危房改造项目。中国残疾人联合会经财政部同意,制定了《中国残疾人联合会专项彩票公益金残疾人康复项目实施方案》《中国残疾人联合会专项彩票公益金助学项目实施方案》《中国残疾人联合会专项彩票公益金农村贫困残疾人危房改造项目实施方案》。在2008年3月,出台《中共中央国务院关于促进残疾人事业发展的意见》,明确指出要保障残疾人的基本生活,要求做好残疾人生活救助工作,完善残疾人社会保险政策和发展残疾人社会福利和慈善事业。在2008年4月又重新修订了《中华人民共和国残疾人保障法》,在社会保障部分,对如何加强残疾人社会保障进行了明确规定,如:

第四十七条 残疾人及其所在单位应当按照国家有关规定参加社会保险。残疾人所在城乡基层群众性自治组织、残疾人家庭，应当鼓励、帮助残疾人参加社会保险。对生活确有困难的残疾人，按照国家有关规定给予社会保险补贴。

第四十八条 各级人民政府对生活确有困难的残疾人，通过多种渠道给予生活、教育、住房和其他社会救助。县级以上地方人民政府对享受最低生活保障待遇后生活仍有特别困难的残疾人家庭，应当采取其他措施保障其基本生活。各级人民政府对贫困残疾人的基本医疗、康复服务、必要的辅助器具的配置和更换，应当按照规定给予救助。对生活不能自理的残疾人，地方各级人民政府应当根据情况给予护理补贴。

第四十九条 地方各级人民政府对无劳动能力、无扶养人或者扶养人不具有扶养能力、无生活来源的残疾人，按照规定予以供养。国家鼓励和扶持社会力量举办残疾人供养、托养机构。残疾人供养、托养机构及其工作人员不得侮辱、虐待、遗弃残疾人。

第五十条 县级以上人民政府对残疾人搭乘公共交通工具，应当根据实际情况给予便利和优惠。残疾人可以免费携带随身必备的辅助器具。盲人持有效证件免费乘坐市内公共汽车、电车、地铁、渡船等公共交通工具。盲人读物邮件免费寄递。国家鼓励和支持提供电信、广播电视服务的单位对盲人、听力残疾人、言语残疾人给予优惠。各级人民政府应当逐步增加对残疾人的其他照顾和扶助。

第五十一条 政府有关部门和残疾人组织应当建立和完善社会各界为残疾人捐助和服务的渠道，鼓励和支持发展残疾人慈善事业，开展志愿者助残等公益活动。

而关于聋人等残疾人的社会保障的具体执行，各级残联则是发挥着极为重要的作用。在日常生活之中，残疾人也主要是通过各级残联来获得各种社会保障的。保障残疾人的基本生活，也成了各级残联的主要工作内容。如建立完善所属区域内残疾人的基础档案，重点掌握残疾人贫困者的生活状况，协助政府部门切实落实好保障措施，让亟需救助的残疾人得到帮助；协助民政、劳动和社会保障等部门把国家和地方在社会保险、社会福利、社会救济、社会安置及社会服务等社会保障领域出台的一系列法规、政策、措施，以及针对残疾人制定的优惠政策、扶助规定等落到实处；依靠政府、动员社会，多方筹集资金，设立"专项补助"，给予残疾人特别扶助等。

第四节 聋人维权典型案例

聋人在实际工作生活中如果遭遇到自己的正当权益受到侵害时,应该勇敢地拿起法律武器,通过信访或法律途径来维护自身的利益。由于篇幅所限,这里只能选取有限的案例来说明聋人只有具有法律意识,依据法律所赋予的权利,才能维护自身的权益。仅供参考。

一、维护劳动者人身权的案例分析

【案例介绍】

据《齐鲁晚报》报道,2004年9月下旬,泰安市岱岳区省庄镇聋哑人①马某,在泰安市一建筑工地干活时不慎从脚手架上摔下,当场不省人事。经医生检查后发现,马某的颈部摔伤非常严重,如不进行手术治疗,马某将会瘫痪在床落下终生残疾,这对马某和他家人来说无异于雪上加霜。手术费要近万元,而包工头赵某将马某送到医院后,留下500元钱作为医疗费就再未露面。面对巨额医疗费,原本就不宽裕的马某一家陷入窘境,马某及其家人欲哭无泪。他们多次找赵某讨说法,但都没有结果。经人指点,马某及其家人知道可以用法律手段维护自己的权利,于是到泰安市劳动保障监察部门举报。泰安市劳动保障监察大队受理此案后,立即到现场进行了调查取证,赵某以马某是临时工,他们未签订劳动合同为由不承担责任。监察执法人员在细致调查后认定,包工头赵某不与劳动者签订合同的行为违反了《劳动法》,赵某虽然未与残疾人马某签订劳动合同,但已产生了事实劳动关系,马某劳动中受伤,属于工伤,赵某应负担其全部医疗费用。监察执法人员多次对赵某进行批评教育,责令他立即与全部工人签订劳动合同,并全额负担马某的医疗费。迫于法律的威严,赵某到医院为马某交齐了近万元的医疗费,马某的手术才得以顺利进行。

---

① 此处称"聋哑人",为媒体报道用词,下同。

【案例分析】

聋人就业一定要依据《劳动法》规定,签订劳动合同,以便维护自身的正当权益。尤其是《劳动法》修改和2008年《劳动合同法》的制定之后,聋人劳动者有权要求就业单位签订就业劳动合同,为自己缴纳社会保险等。而一旦出现工伤,不要认为自己是弱势群体,就忍气吞声,而是可以通过残联、残疾人维权服务部门或单位、当地劳动部门、律师事务所、法院等,通过法律武器,维护自身的合法权益。

二、维护合法劳动权益的案例分析

【案例介绍】

据2007年11月30日《楚天都市报》报道,41岁的聋哑人陶某在2006年3月经社区介绍,与13名残疾人一起到民营企业武汉某材料有限公司工作。该公司是福利企业,安置一定人数的残疾人就业可享受税收减免等优惠政策。当月,他与公司签订了一份劳动合同,公司不给其安排工作,但每月发放薪金480元,并办理各项社会保险。合同及残疾证随后被公司收走。但实际上,从2006年4月到9月,公司每月只往其存折上存了190.40元至134.98元不等的工资,10月后停发。闻听陶某的遭遇后,湖北卓创德赛律师事务所许方辉律师决定免费为他提供法律援助。10月10日,陶某申请仲裁,他认为公司打着福利企业的旗号,一方面享受福利企业政策,一方面克扣残疾职工,要求公司补发拖欠的工资9 451.85元,支付经济补偿4 002.97元,返还残疾证,将自己从公司的残疾职工名单中剔除,办理并转移社会保险等。仲裁委受案后决定免受陶某的仲裁费用,并依法对武汉某材料有限公司进行处理。

【案例分析】

陶某之所以能顺利对侵害他正当权益的公司进行申诉,根本原因就在于他与公司签订了劳动合同。根据劳动合同的内容规定,公司单方面违约必须向他作出赔偿。同时,武汉这家材料公司不履行劳动合同,同时借助安置残疾人的名义进行逃税的行为,不仅侵害了陶某的合法权益,而且违反了税收政策。这启示人们,一定依法合理利用国家给予残疾人的各种优惠政策,而一旦受到侵害时,一定要勇于用法律来维护自己的权益。

三、避免非法同居带来麻烦的案例分析

【案例介绍】

据2004年1月10日《东南商报》报道,聋哑女阿丽1995年上半年经人介绍与阿海相识,并于年底按农村习俗举办了婚礼,但未办理过结婚手续。同居后阿丽发现丈夫性格暴躁,大男子主义严重,还经常对其拳脚相加,但一想到自己是残疾人,组建家庭不容易,也就忍让了。次年,两人有了一个可爱的女儿,但阿海对阿丽仍是老样子。1998年,阿海有了外遇,将阿丽赶回娘家,自己也离家不归。分居四年后,阿丽对这样的生活已没有一丝留恋,于是向象山法院提出解除两人非法同居关系的诉讼。但阿海仍然没有下落,也未到庭参加,法院只能通过公告方式进行了审理。近日,象山法院经审理后,依法作出判决,解除了两人的非法同居关系。

【案例分析】

依据《中华人民共和国婚姻法》规定,结婚必须办理登记手续,才能成为法律保护的合法婚姻。如果不办理婚姻登记手续,将被视为非法同居。阿丽在与阿海生活期间,阿海对她构成的家庭暴力所带来的伤害之所以不能及时受到保护,就在于阿丽没有与阿海正式登记结婚,同时,阿丽法律意识淡薄,直到无法忍受才想到运用法律武器保护自己。所以,对于残疾人而言,组建家庭时一定要依法办理手续,决不可非法同居,否则一旦正当权益受到侵害需要法律保护时,将会带来很大的麻烦。

四、维护财产权的案例分析

【案例介绍】

据2008年4月5日《宁德晚报》报道,聋哑人吴某3月28日将一件毛衣送到寿宁县胜利街的某干洗店进行干洗,4月4日取衣服时发现毛衣反面有些焦痕,吴某当即要求店主赔偿。因双方语言沟通难,意见无法一致,吴某一气之下,将干洗店的拉门拉下,将店主人关在店内。此时,吴某的朋友来到,向该县12 315台人员投诉。在调解中,该台人员以笔谈的方式,耐心与吴某交流,了解情况。吴某称自己的毛衣是四年前从福州东街口花800元买的,现在洗出了问题,要求对方至少赔偿400元。而干洗店老板愿意给予对方200元的赔偿。四张A4纸写得满满的,吴某终于了解了消费法的相关规定,而自己无法提供发票,且衣服穿用了四年,

有所折旧损耗,并最终同意接受200元的赔偿。

【案例分析】

正常消费中权益受到侵害时,一定要通过消费协会或求助法律渠道进行解决。同时,购物消费时,一定要索取正规发票,以作为消费凭证。

五、维护人身权的案例分析

【案例介绍】

据安徽司法厅网站报道,当涂县太白镇农民聋哑人汤某,全家五口人,除了他收养的弃婴女儿之外,他的弟弟、弟媳及侄儿也都是聋哑人,全家的生计仅靠汤某常年在外打工做苦力来维持。2006年10月7日汤某在下班途中不幸遭遇车祸,肇事方为马鞍山市某公司的车辆,由于伤情严重,汤某住院治疗。肇事司机在支付了32 500元的医疗费后,已无力再承担医疗费。面对即将中止的治疗,汤某的家人想到了向县法律援助中心求援,中心律师杨宗利了解情况后当即决定给予汤某法律援助。杨宗利就汤某医疗费先行向法院起诉,并依法提出先予执行申请,同时还为汤某申请缓交全部的诉讼费用。法院受理后,该中心积极与法院沟通,第三天法院就到肇事车辆所投保的保险公司处先予执行3 000元,使汤某得到了及时的治疗。2007年元月汤某经治疗出院,3月当涂县人民法院对此案做出判决,肇事司机和保险公司赔偿汤医疗方面费用53 640元。但杨宗利律师对于汤某的维权却没有就此终止,针对汤某因车祸留下的肢体偏瘫等后遗症和日常生活不能自理的现状,杨律师积极多方收集证据,争取受害人获得最大化的赔偿。他派人陪同汤某到有关鉴定机构做了伤残评定、护理依赖程度评估、后续治疗费用评估的鉴定,同时还到太白派出所取得了汤某合法收养弃婴的证据。在做好充分准备后,杨宗利律师就汤残疾赔偿金等相关损失再次向县法院提起诉讼,其诉请绝大部分获得了县法院的支持,但被告之一的保险公司认为一审判决赔偿的数额过高,向马鞍山市中级人民法院提起上诉。在近日二审时,杨律师积极配合法官耐心细致地做调解工作,促使双方当庭达成调解协议,最终使汤某获得总共273 222元的赔偿。

【案例分析】

当人身权益受到意外伤害时,一定要通过法律途径,对于贫困的残疾人来说尤其要通过法律援助等方式获得相应的赔偿。

【思考题】
1. 假如你是国家领导人,你认为应该从哪些方面加强对残疾人权利的维护?
2. 如果你的正当权益受到了侵害,你会怎么办?

第八章

聋人与手语

据统计,2010年末我国聋人2 054万人,比我国人口最多的少数民族——壮族还多440万人。手语是聋人的母语,是按照一定的语法规则,通过手形、运动、位置、手掌朝向,配合面部表情和肢体动作来表达特定含义的一种语言。它与聋人的关系密不可分,不仅是聋人进行沟通、交流的重要工具,也是聋人身份的象征,是聋人文化产生的重要因素。同时手语还是听人了解聋人世界的重要工具。

第一节　手语的本质

一、手语是一种语言

手语是一种语言,这在国际学术界基本达成共识。国外手语研究学者通过功能性磁共振脑成像技术对聋人左、右半球大脑皮层的功能定位情况进行了研究,发现聋人打手语时脑区的反应和听人说话时脑区的反应具有80%的重叠率,从认知神经科学方面证明了手语是一门语言。美国语言学家威廉姆·斯多基采用英语语言结构分析方法分析美国手语的结构,发现美国手语与英语在音位、形态、句法上有很多相似之处,从语言学方面证明手语是一门具有语言学意义的自然语言。1983年法籍华人语言学家游顺钊先生提出了"视觉语言学"并将手语纳入了语言学的范畴之后,①语言学家对手语的认知不断深入,手语的语言地位不断提升并获得了广大学者的认可。国内,在1986年的时候蔡浩中也对"聋人手势语"做了细致的分析,从语言的基本职能、社会交际功能、思维工具、语言特点的本质、符号系统性、可译性等方面证实"聋人手势语"完全具有语言资格。蔡浩中所说的"聋人手势语"其实就是指的手语,只不过当时的认知有限没有形成一个较为正式的名称。中国香港中文大学的邓慧兰从语言习得角度,认为手语作为自然语言的一种,具有不同表层语法表达形式②。手语作为聋人主体所使用的第一语言,其语言体系逐渐被承认。

手语是一套依托视觉符号形成的语言体系,由音、形、义组成,区别于有声语言的是,它的语言载体不是声音,而是手形。它虽然是一门独立的语言,但是也会受到外来语的影响。如中国手语,它在一定程度上受到了汉语的影响。中国手语中有些词来自于汉语口语的发音,例如"意义""姑姑"都是受汉语发音的影响,通过谐音来表达。还有一些词汇受汉字字形的影响,如"州""巨""工""汪""王""江""凶""洲"等;也有半仿字形手势,如"朱""赵"等,都具有鲜明的汉字特征。此外中国手语词汇也受生存环境的影响,如"黄"和"黑"两词就是来自于中国人的黄皮肤与黑头发的特征。

语言具有地域性的特征,手语也是如此。每个地方聋人生活环境与背景不同,其手语也不尽相同。例如中国手语和韩国手语就是完全不同的两种语言体系,同为英语国家的美国和英国,他们的手语也是千差万别。此外手语也经常以地域的形式来进行区分,如非洲手语、欧洲手语、亚洲手语等。目前中国手语大致可以分为南方手语、北方手语、西藏手语以及台湾手语等。这四类地区的手语存在的差异较为明显,南方手语以武汉、江苏、浙江、上海等地为主;北方以北京、西安等地为主;台湾地区手语由于历史的原因有一些日本手语的影子;而西藏手语,因其受地理位置、藏民的生活习惯以及藏语的影响,具有较强的独立性,与国内其他地方的手语差异较大。

二、手语与聋人语言习得

聋人致聋的原因有很多,根据致聋的时间可以将聋人分为先天聋人和后天聋人。

先天聋人是因母亲的妊娠过程、分娩过程中的异常或遗传因素造成耳聋。遗

---

① 吴玲:《聋人书面语学习困难的研究》,载《中国特殊教育》,2007年第5期。
② 徐铁卫:《中国手语的概念及内涵》,载《中国特殊教育》,2004年第2期。

传性先天聋人具有家族性,他们在一出生就会受到家族中其他聋人的影响,且手语一直伴随其成长,是他的第一语言。而后天性聋人是在成长中的某一时期,由于某种原因致聋;根据致聋时期的不同又分为语前聋和语后聋。后天性聋人的父母一般为听人。在语言系统形成之前致聋的聋人,如果在此阶段通过康复手段让其顺利接收到语音信息,那么口语依然可以成为他的第一语言;如果康复效果不理想,当他只能知晓声音的发生而不能判断声音的意义时,他的有声语言系统将无法健康发展。如果手语在此时能够很好地介入,其语言系统依然可以向一个健康的方向发展,手语可以成为他的第一语言;如果此时手语没有及时介入,那其语言系统的发展将会受到很大影响,最终会对其认知与理解能力造成很大的困扰。

聋人将手语作为第一语言,这与汉语的学习并不冲突。现在很多听人孩子在掌握汉语的基础之上进行第二语言的学习,甚至是多种语言的学习。聋人在掌握手语的基础之上可以学习汉语、英语乃至更多的语言。第一语言的良好发展,可以有助于聋人能够更好更快地习得第二语言,甚至更多门语言。

三、手语的功能

语言是充当人类交际工具和思维工具的音义结合的词汇和语法结构体系[①],是人们开展社交活动,进行思想交流、情感沟通的重要媒介,是促进脑部发展的重要手段。手语同样具有这些功能。

(一)手语是聋人认识世界、发展思维的重要工具

语言是人们认识世界的重要手段,人们最初对事物的认知都是通过语言来区分的。"妈妈""爸爸"是最亲密的家人,"阿姨""叔叔"是对陌生人的礼貌称谓;对父母可以完全信任、对陌生人要保持警惕。在聋童早期教育中可以通过语言来辅助他们对形象概念的认知,如"水""日""山""花""车""楼";通过语言来辅助他们对抽象概念的理解,如"善良""挑战""熟练""情感"等。通过语言使他们产生思想意识,拥有自己的人生观与价值观。

手语是聋人思维发展的工具。语言是人类思维外化的表现方式,当我们通过语言来对外界的某一事物进行描述,这个过程隐含着我们的思维活动。聋人在失去口语能力之前,其认知的过程是通过有声语言实现的;随着听力的受损,其对事物概念认知的思维过程也会随之改变。对于学龄前的聋童,在没有学习汉字之前,手语是让聋童认知社会的最佳手段,同时也是学习文化知识、学习第二语言的重要

---

① 徐铁卫:《中国手语的概念及内涵》,载《中国特殊教育》,2004年第2期。

媒介。对于学龄聋童,虽然书面语的前期学习能够帮助聋人发展一定的认知,但在之后接受新兴事物时,手语与文字会成为其信息获取的重要来源。

认知的提升也是帮助聋人思维拓展,进行思维发展的重要途径。人的思维可以分为三种:实像思维、形象思维、抽象思维,而儿童思维发展也存在对应的三个阶段:感知动作思维阶段、具体形象思维阶段、抽象逻辑思维阶段。语言主要是在抽象逻辑思维阶段中帮助儿童建立抽象思维以及认知的[①]。聋童在前两个思维阶段的表达以及思维的发展和听人儿童的发展十分接近,而在第三个阶段时期会产生明显的差异,这种差异便是语言发展的滞后性所带来的。该时期如果聋童的语言没有获得很好的发展,将对其抽象逻辑思维能力产生终生影响。如在聋人教学实践过程中经常发现,老师针对某一个专业名词的解释,聋人学生所理解的程度以及时间的快慢是存在差异化的。一方面可能是教师手语存在问题,另一方面聋人学生个体的思维认知也存在差异。语言的发展会带动其他认知思维的发展,学生听力受损后会导致部分脑区的发展速度减慢,而补偿措施是否及时得当将影响聋生思维认知的发展。

(二)手语是聋人表达与沟通的重要工具

聋人表达与沟通的方式有手语、文字书写、读唇、借助多媒体,等等,其中文字书写、多媒体交流等方式,对聋人来说并不便利,手语是聋人首选的表达与沟通方式。在高校聋生课堂经常流行一句话,无论你多么德高望重、才高八斗,没有手语就等于茶壶里煮饺子——有嘴说不出。可见手语对聋人来说是多么重要。聋人和聋人进行沟通时,手语会表达得丰富且富有情感。在公共场合经常会看到聋人互相使用手语聊天,他们双手灵活多变,神采飞扬,即使不懂手语的听人也可以感受到他们丰富的内心世界。聋人和听人之间的交流相对聋人之间就略显拘谨,原因在于大部分听人手语能力一般,聋人与其交流时难以顺利沟通。

目前也有部分聋人通过语言康复训练,能够通过读唇方式与听人进行沟通,但是这种沟通方式局限性非常大:一方面我国幅员辽阔,各地之间方言差异较大,且各地的普通话会受方言的影响,这些都将影响读唇的效果;另一方面读唇会受聋人情绪和讲话者位置的影响。所以手语才是聋人比较实用的沟通方式。常常有不会手语的聋人抱怨说:"其实我们十分需要学习手语,长时间盯着一个人的口型看,我们会很累,而且汉语的发音又很多变,稍不注意,中间说的内容就过去了,前后连不上,丢失很多信息。有时碰到有手语翻译时,我们很羡慕那些懂手语的聋人。"

[①] 郑璇:《浅论手语对聋儿主流语言学习的影响》,载《中国听力语言康复科学》,2004年第2期。

手语在聋人的情感表达上具有不可替代的作用。聋人和听人一样,同样需要情感沟通和发泄。当聋人收获成功的喜悦与人分享时,聋人打手语会显得神采飞扬;当聋人遭遇坎坷与不幸找朋友倾诉时,聋人的手语会饱含伤感。常常有人认为手语是低级的,无法完整表达内容,这是人们对手语认识不足的表现。

(三)手语是聋人回归主流社会的重要保障

手语是聋人身份的重要标识,是聋人回归主流社会的重要保障,也是帮助聋人回归社会最佳选择。聋人在以聋人的身份生活时,用手语来学习知识、获取信息,与人沟通、实现人生价值。一方面手语使聋人产生较强的社会认同感;另一方面远离医疗手段以聋人的身份而不以病者、弱势群体的身份来进行社会生活,在心理方面能够极大地减少聋人的自卑心理。聋人身份可以让聋人在茫茫的人海中凸显出来,引发更多的社会关注从而获得更多的机会。

手语可以帮助聋人更好地学习第二语言,为聋人回归主流社会多添一份保障。聋人回归主流社会最大的障碍是语言。第一语言的良好发展可以让聋人的认知水平获得较好的发展,其逻辑思维能力也会获得较好的发展,这样更有助于聋人对书面语的理解和学习。目前有很多聋人看书时存在看不懂的现象,这就是汉语教学过程中聋人并没有理解汉语的含义造成的,如果我们在其汉语教学中通过手语帮助其理解汉语,则会大大的提升聋人的汉语水平。

第二节 手语与手语语言学

我国有关手语记载的文献出现较早,但是手语快速发展的时期却在近现代,这与经济和社会发展有关。而我国手语语言学的起步较晚,截至目前,还未形成一个完整的系统,手语语言学的研究成果还是呈零星分散状的。

一、中国手语的发展

早在西汉时期,我国就出现了有关手语的记载。在司马迁的《史记·淮阴侯列传》中有:"骐骥之局躅,不如驽马之安步;孟贲之狐疑,不如庸夫之必至也;虽有舜禹之智,吟而不言,不如瘖聋之指麾也。"其中"指麾"就是指聋人用手语表达的动作。

近代中国手语的发展是从中国第一所聋人学校的建立开始的。1887年米尔斯夫妇在登州(今蓬莱)创办启喑学馆,用口语、手指语和手势语进行教学,出现了近代中国手语最早的图片记录;1894年法国天主堂圣母院在上海徐家汇创办了聋哑学校,并用手语进行教学,我国著名的聋教育家梅芙生童年时期就是在这所学校就读。1947年,中华民国教育部颁布的《令本部特设盲哑学校》中提出"哑生手势语应予改进,统一,并增手势之种类使无意不能表达",由此看出,当时的教育部对手语的发展比较重视。

新中国成立后,国内的手语研究是从1958年中国聋人手语改革委员会成立开始的。当时全国11个城市建立了手语搜集和研究工作站,并于次年出版了中国第一部手语集——《聋哑人通用手语草图》,收录词目近2000个。《聋哑人通用手语草图》得到国家相关部门批准后在各地残联和聋校试行,这也是新中国成立以后国家层面初版的第一个官方的手语教材,也是我国手语研究的开端。

1979年全国手语工作会议召开,《聋哑人通用手语草图》得以继续修订,直至1987年出版了《聋哑人通用手语图》,取代《聋哑人通用手语草图》,并新增词汇1070个。1987年第三次全国手语工作会议在山东泰安召开,时任中国聋协副主席富志伟因多次出席世界聋人联盟会大会,受国外先进理念的影响,认为中国聋人使用的手语应有一个名称,所以从国际的视野提出"中国手语"这个名称,该会议还决定对《聋哑人通用手语图》进行修订,并改名字为《中国手语》。这也是我国手语第一次有了一个正式的官方名字。

1988年华夏出版社出版发行《中国手语》,该书收录词目3300个。2003年《中国手语》被再次修订发行,收集词目达到5586个,搜集词目之多前所未有,说明了手语在国家的倡导下有了大幅度的发展。随后,随着专业发展的需要,我国相继有《美术专业手语》《计算机专业手语》《体育专业手语》等一些专业类的手语书出版。

2010年教育部、国家语委、中国残联根据国情的需要在北京师范大学成立了"国家手语和盲文研究中心",该中心的成立说明了国内对手语的研究和认识上升到了新的高度。该中心集合国内优秀聋人代表和手语方面的专家,经过多年研究,在《中国手语》的基础上制定出版了《中国通用手语》,使中国手语的发展又上了一个更高的台阶。

二、手语语言的特点

手语语言学自20世纪60年代初在美国创立,手语是人类语言的认识已成西方学界共识[1]。1960年威廉姆·斯多基的论文《手语结构》的发表,确立了美国手语的语言学地位,标志着手语语言学的开端。他是世界上第一位对手语语言学进行科学论述的人,从威廉姆·斯多基开始,手语语言学研究至今已有半个多世纪,

---

[1] 龚群虎:《聋教育中手语和汉语问题的语言学分析》,载《中国特殊教育》,2009年第3期。

在这半个多世纪里,西方国家不断有人投入其中,并取得了丰硕的成果。而我国的手语语言学研究则刚刚起步。复旦大学龚群虎教授是中国语言学界最早介入手语研究的专家之一。2002年,在其带领下,成立了一个以语言学专家为主力的手语研究团队。2010年国家手语和盲文研究中心的成立,标志着我国把手语语言学也纳入了语言研究范围。

(一)手语的基本构成要素

手语语言学三要素分别为语形、词汇、句法,类似于有声语言的语音、构词、句法。

手语的语形包括手形、位置、方向、运动,以及非手控因素,这是一个手语词存在的基本要素。

(1)手形。手形是每个手语构成的最小单位,例如"蜻蜓"(图8-1)和"蝴蝶"(图8-2)的手语位置、方向、运动全部一致,只有手形不同。上海复旦大学的衣玉敏通过录像采集的方法采集上海的地方手语进行分析,辨认出了69种不同的手形。杨军辉在《中国手语入门》一书中也提到中国手语有60多种不同的手形。

图8-1 蜻蜓

图8-2 蝴蝶

(2)位置。位置是指手语表达过程中手形在身体出现的位置。手语中其他要素相同而手形位置不同,则表达的意思也不相同。例如"I"①手形(图8-3)在嘴部出现是代表的"妈妈"(图8-4);在太阳穴的位置就是"知道"的意思(图8-5)。

图8-3 "I"手形

---

① 本书手形命名均来源于吴玲《中国聋人手语500例》。

图 8-4 妈妈

图 8-5 知道

（3）方向。方向是手语在表达过程中掌心的朝向以及朝向的变化。手语中仅是方向不同导致意思不同的例子也很多，例如"I"手形（图 8-3），掌心向下指尖向前代表"你"（图 8-6）；掌心向右指尖向内代表"我"（图 8-7）。

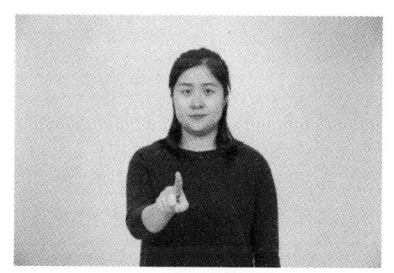
图 8-6 你

图 8-7 我

（4）运动。运动是指手语在表达过程中动作的运动轨迹。手语中也存在大量其他要素相同运动轨迹不同，从而表达意思不同的词汇。例如"V"手形（图 8-8）在眼前一侧点两下代表"看一看"（图 8-9），水平方向转一圈代表"观察"（图 8-10）。

图 8-8 "V"手形

图 8-9　看一看

图 8-10　观察

（5）非手控因素。非手控因素是指在手语表达过程中除手部之外有还有沟通语言信息的其他因素，表情、眼神、肢体动作等均包括在其中。

非手控因素既可以表达词汇意义，也能够表达语法意义。一个手语词主要是由手部的要素来完成的，但是在手语中会出现肢体本身也是词语一部分的现象。例如"庄严"，其整个身体就是词汇的本身；"服从"，则需要头部点头的动作才能是一个完整的词汇。如"生气""愤怒""悲伤"这些带有情绪的词汇都要通过非手控要素中的表情来实现。

非手控因素在句法里面表肯定和表疑问。例如："这本书是给你的。""这本书是给你的么？"这两句话中最后肯定以及疑问的语气都是通过非受控中的表情来完成的。

非手控因素表句法中的转折。例如："今天的阳光看起来很温暖，但是我感觉很冷。"这句话中的"但是"就是由非手控中的肢体的倾斜转换来完成的。有时甚至不需要肢体，仅通过视线角度的切换就可以表达人物的切换。例如一对母子的对话，身体不需要任何的变化，只需要俯视和仰视的视线角度转换就可以判断说话人是谁，当视线向下时表示说话人是妈妈，相反则是孩子。

非手控因素是手语表达过程中不可或缺的重要部分，目前国内听人学习手语大部分只注意手的因素而忽略了非手控因素，导致手语表达意思不到位。

手语语言学的词汇、句法将在后文介绍。

（二）手语构词学

手语中也存在单纯词与合成词。单纯词是指由一个语素构成表达一个完整意思的词汇。像"吃饭"（图 8-11）"爸爸"（图 8-12）"妈妈""警察"等，它们都是由一个手势构成，却能表达完整意思的词汇；合成词则是由两个或两个以上的语素构成才能表达一个完整意思的词。像"车站"（图 8-13）"飞机场"（图 8-14）"餐厅""学校"等。

图 8-11　吃饭

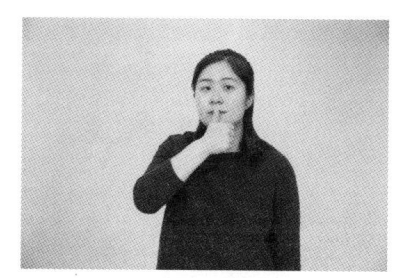
图 8-12　爸爸

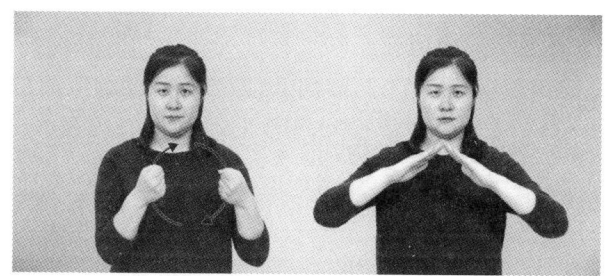
图 8-13　车站

图 8-14　飞机场

以"餐厅"(图 8-15)为例,它是由"吃饭"和"房子"两个语素构成,两个语素分开分别能够表达不同的意思,是一个完整的词,当他们组合在一起时,又构成了一个新词。

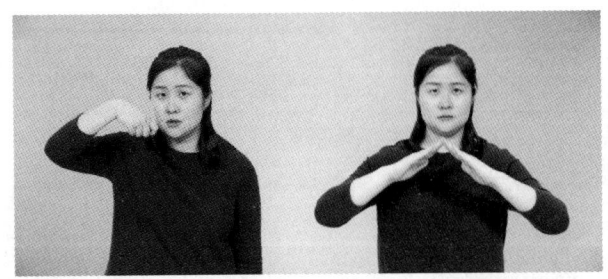

图 8-15　餐厅

手语的动词往往会根据语境在空间上发生变化。如"帮助"(图 8-16)这个手语,当表示向别人提供帮助时,双手掌心向外;当表示接受别人的帮助时,双手掌心则向内。当"帮助"这个手语双手掌心向内向外交替运动,则表示"互相帮助"。

(a)帮助他人　　　　　　　　(b)接受帮助

图 8-16　帮助

手语中也有名词作动词的现象,如"足球"(图 8-17)的手语在"踢足球"的语境中就是"踢足球"的意思;"香蕉"(图 8-18)的手语在"剥香蕉"的语境中就是"剥香蕉"的意思。类似的词只能根据语境来分析他们是作动词或名词。

图 8-17　足球,踢足球　　　　　图 8-18　香蕉、剥香蕉

动词在句子中有时可以做宾语有时也可以做谓语。邓慧兰在《手语双语研究对聋人的启示》中谈到:"手语的动词往往通过空间的坐标、动作的路径、方向甚至掌向来表达谓语的性质及主语跟宾语的语法关系"①。

(三) 类标记

类标记在手语语言学的研究中占有较大比重。手语中的"类标记"一词是来自有声语言的研究。类标记是根据语义条件对名词做的分类的语素,具有类标记的语言叫做类标记语言②。手语中的类标记指的是结合位置、方向、运动及表情体态而构成一个谓语的某种手形,是一类客体的符号③。

《美国手语类标记系统》中,Supalla 将类标记分为五种④:①形状类标记,手形表征物体的形状大小;②语义类标记,手发音器表征所指物体的语义类别;③身体类标记,打手势者的整个身体表示类标记;④身体部分类标记,打手势者的一些身体部位被用来表征所指的身体部分;⑤工具类标记,指手操纵一个物体的情形、形状、语义、身体、身体部位和工具。

(1) 形状类标记,一般是指手语的手形可以表达出一个事物的形状和大小。例如手语词汇:"黄瓜"(图 8-19),就是通过双手作"O"手形(图 8-20),掌心向下,从中间向外拉伸代表黄瓜又细又长的形状和大小。放在句子"这个黄瓜被我掰了一半吃了"中,整个一个黄瓜被我掰了一半的过程非常直观形象。

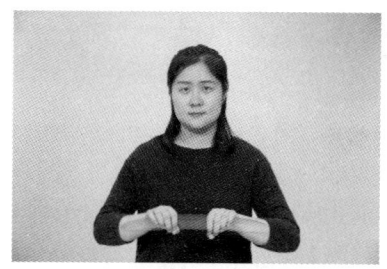 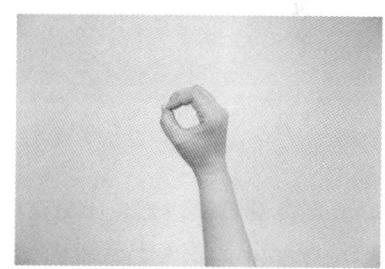

图 8-19 黄瓜　　　　　　　　图 8-20 "O"手形

(2) 语义类标记,一般是指某个手形存在一个固态事物的代表性。例如"Y"手形(图 8-21)在手语中经常代表人的事物。"我出门了"(图 8-22)这句话中,左手

---

① 邓慧兰,姚勤敏,林慧思,等:《手语双语研究对聋人的启示》[J]载《当代语言学》,2011 年第 2 期。
② 吴玲,方红,李磊:聋人教师手语的个案研究.载《中国特殊教育》,2011 年第 1 期。
③ 陈小红:《上海手语动词及类标记结构方向性研究》,复旦大学 2009 年博士论文。
④ 洪卡娜:《上海手语类标记调查与研究》.复旦大学 2008 年硕士论文。

打"房子"的一半,人从"房子"内侧向外侧出去。

图 8-21 "Y"手形

图 8-22 我出门了

(3)身体类标记,一般是指身体或者身体的某个部位可以作为手语的本身出现。例如吴玲的《聋人教师手语的个案研究》中的例子"掩嘴偷笑"(图 8-23),其身体本身也是手语的一部分;"小杨看到同学背上贴了一个乌龟,躲到一旁掩嘴偷笑"一句中,"躲在一旁掩嘴偷笑"手语在表达过程中,身体也是在整个手语的语句一部分。

图 8-23 掩嘴偷笑

(4)身体部分类标记和身体类标记很接近,但是不是整个人体,而是部分的身体。我们在动物中的词汇经常看到"牛"(图 8-24)、"羊"(图 8-25)、"马"等。

图 8-24 牛

图 8-25 羊

（5）工具类标记一般是指手形操持着某一个器物或者工具。比如说"小杨把杯子拿了过来"中拿杯子的动作,手形是一个"C"手形(图8-26),同时也是一个拿杯子的状态,而手语中经常有动宾一体的现象,如本句中的"拿杯子"(图8-27)、"踢足球""打乒乓球"等。

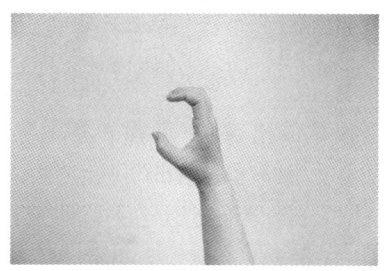
图8-26　"C"手形

图8-27　拿杯子

（四）手语的句法特征

手语有自己的语法规则。中国手语的语言学研究时间短,尚未形成完善的手语语言学体系。若把中国手语和汉语进行对比,手语存在以下几个方面的特点。

（1）手语里没有被动语态。据游顺钊与龚群虎的研究表明,手语中表陈述的句子可以是"宾语-主语-谓语",也可以是"主语-宾语-谓语",手语用空间位置表示动作的执行者和承受者,如男同学拉着女同学跑,用手语表达时首先在空间位置表明男同学和女同学的空间位置,然后再有表示男同学拉着女同学跑的动作。这个表达顺序可以是"主语-宾语-谓语",也可以是"宾语-主语-谓语"。

（2）动词有一定的方向性。动作的执行者和承受者能被明确地表示出来,如"男同学拉着女同学跑",在"拉着跑"这个动作实施出来时已经清楚地描述出动作的执行者和承受者。身体位置的转换表示角色的转换,在讲述者用手语讲述一个由两个或者两个以上的人参与的一个事情时,讲述者的身体位置的转换表示不同角色的发言,讲述者一般在讲述事情之前设定好身体不同的位置,代表不同的人,或者是在讲述过程中进行设定。

（五）中国手语相关概念辨析

目前国内手语研究对一些手语名词存在着争论,如中国手语、自然手语、手势汉语、汉语手势语、文法手语、混合手语、手指语等这些手语名词之间的具体关系搞不清楚。

中国手语,是中国聋人群体使用的形义结合的手势-视觉沟通符号体系[1]。与美国手语、印度手语、英国手语、斐济手语等同国别的国家手语具有同等的地位。其次,中国手语根据各个地域的手语特点又被划分为南方手语、北方手语、西藏手语、香港手语、台湾手语、新疆手语和内蒙古手语等。

手势汉语、文法手语、汉语手势语都是同一类手势语的称呼。手势汉语就是使用手语的词汇按照汉语的语法所打出来的手势语,它也被称为文法手语或汉语手势语。文法手语是借用台湾对手势汉语的称谓;汉语手势语是中国早期对手势汉语的叫法。手势汉语只是汉语手语化而不是独立的语言,它是聋人学习汉语的重要手段,在聋校的教学中,聋校老师在辅导聋人学生学习汉语的时候会把手语按照汉语的顺序打下来,以方便聋生对汉语的学习。一部分通过医学手段康复的聋人,他们无法使用熟练的手语进行表达,所以常用手势汉语来交流。此外,听人手语初学者刚开始学手语时也会不自觉地按照汉语的语序打手语。

三、手语对聋人文化的影响

文化是某一类人或某一群体具有相近的生活方式和环境相似性因而形成的,具有显性特征区别于他类群体的精神产品总和。广义的文化包括人类创造的一切物质产品和精神产品的总和。而狭义的文化专指语言、文学、艺术及一切意识形态在内的精神产品[2]。在社会中存在着多元的文化,每个国家的地域、历史不同,国家文化也会不同;每个民族生活习惯、宗教信仰不同,民族文化也会不同;社会人群年龄段不同、生长的年代不同,每个年代都有自己特色的文化;每个人兴趣爱好不同,就会产生不同的流行文化。聋人由于听力的损失导致其在社会生活中产生了不同于听人的生活方式和生活体验,聋人群体因其具有相似的经验感受形成了共有的认知、生活、情感,最终形成独具特色的文化——聋人文化。

聋人文化是当今世界文化多样性下的一个分支,是人类文化中重要的组成部分,其发展和聋人社群的出现具有同步性。聋人并不是社会上单一的个体,它有非常庞大人群基数,当众多的聋人聚集在一起就会形成一个庞大的社群,而这个社群所表现出来的特征也就构成了独特的聋人文化。残联、聋人协会、聋人学校是聋人文化表现的主要场所,这些场所区别于他类场所最主要的表现就是语言的不同,手语是此类场所中最主要的交际工具。早在聋人博士杨军辉和吴安安的《中国手语入门》里面就已经说过,手语是聋文化的核心。而黄丽娇在《论在中国开展聋文化

---

[1] 龚群虎:《聋教育中手语和汉语问题的语言学分析》,载《中国特殊教育》,2009年第3期。
[2] 黄丽娇:《论在中国开展聋文化研究的必要性》,载《中国特殊教育》2009年第3期。

第八章
聋人与手语

研究的必要性》中说到:"语言既是人类为了进行高度发达的生活所不可或缺的传达手段而创造出来的工具,也是文化各因素的象征性表现。语言既是文化的一部分,更是文化的载体,是一种文化传播和发展手段。可以说语言是文化的核心内容之一"。

手语的视觉性特征是聋人文化的重要表现。手语是通过看来实现的,在空间范围下通过光学的原理进入到人的视野范围中。手语词汇的来源也是从视觉特征上获取的,这也最符合聋人视觉捕捉信息的特征。如手语的词汇很多也是来源于形象借鉴,手语中动物类的词汇往往是通过动物形象或运动时的某一特征而得来的,"牛"的手语就是来源于牛角的形象;"狗"的手语就是狗在运动过程中的形象;手语的一些形容词也是来源于形象借鉴,"狡猾"的手语就是来自于公众对狐狸的狡猾形象的认知,通过狐狸摇头晃脑的狡猾形象和表情的配合表达;"倔强"的手语也是借用牛本身很犟的印象通过牛角向上一拧的形象来表达。

手语是聋文化传递和表达的工具。语言的形成来源于社群的形成,文化也是随着社群内部个体与个体之间交流频率的增加而形成的。聋人用手语表达想法,本身就是聋人文化的一种表现。一群聋人聚集在一起进行交流的时候,将自己在生活中的感受与经验带到了社群中进行了一次传播,而随着传播数量的增大,聋人文化的显性特征就越明显,每个聋人都通过这样的方式交流,就形成了自己所独有的生活方式与体验。这样的生活方式与体验被聋人所接纳和传播,都是聋人文化形成的重要标志。例如当聋人在家里由于听不到声音无法判断是否有人在门外敲门时,聋人社群会为此类麻烦提供一个交流的平台,从而帮助聋人解决这一难题。随着社群的讨论,为此类难题寻找一个合适的解决方法,当这样的解决方法被更多的聋人所掌握并使用时,这其实就是聋人文化的一个形成与传播。而这样一个文化形成与传播的过程,手语是一个极为重要的载体。

手语是听人了解聋文化的有效途径。而聋人文化不仅仅是聋人群体的一种文化表现,也是让别人了解聋人群体最有效的方法。当今社会对聋人的重视日渐凸显,最明显的表现就是越来越多的听人都加入对手语的学习潮流之中。手语社团、手语志愿服务活动日渐频繁,而这过程中很重要的载体就是手语。通过对手语的学习,听人可以增加对聋人文化的了解与认知,对聋人所产生某些行为的不解也有了答案。例如聋人经常会在某些场合发出别人无法接受的声音,听人通过语言的学习和对聋人文化的掌握便会得知,聋人仅仅是听力受损,其声带的发音并没有什么问题,之所以发音"恐怖"是因为聋人听不到声音,无法判断自己的声音是什么样的音色。偶尔听到聋人发音是因为聋人平时都会不自觉地控制自己的发音器官,但是在兴致高昂的时候就会忽略掉声音给他人带来的不适。但是聋人并不自知,在接收到别人异样的眼光时并不会将此联系在一起,反而觉得听人看不起他们,这样的误会和不理解会将两个群体之间的隔阂越拉越大,而手语的介入可以帮助两个群体增加了解。

现今社会还有很多人对聋人文化存在着质疑与不认可。由于因"听不到"而形成的生活习惯与思维模式是客观存在的,而这鲜有的特点也是聋人文化的一种体现。聋人文化存在的意义是加大沟通与理解,让主流群体以更包容的姿态接纳聋人群体,聋人文化的作用不是一种分离,而是更好的融合。只有双方能够更好更有效地沟通与交流,才能增进彼此的认识;只有深入地了解与认识,才能够更好地融合。接纳与包容聋人文化,才能让聋人更好地回归并适应社会,从而更好地生活。

第三节　手语与手语译员

一、手语译员

翻译是指将一种语言文字的意义用另一种语言文字表达出来,通常指把两种语言之间的一种用另一种表达[1]。手语译员(手语翻译员)其实就是指从事手语翻译工作的人员。

手语译员分为听人译员和聋人译员。听人译员的工作内容包括将聋人的手语转换成汉语说给听人听或以书写语的形式呈现出来;也可以将听到的汉语转换成手语打给聋人看。聋人在生活中与听人的沟通存在沟通障碍,而听人译员就像是一座桥一样把两个群体紧密地联系到了一起,让两个群体更好地沟通。聋人译员常常出现在跨国手语翻译的工作中。世界上各个国家的手语都不同,而聋人学习他国手语会比听人效率高出很多,聋人当中会涌现出通晓多国手语的优秀聋人。在国际手语会议中,通常有通晓两种手语以上的聋人译员来承担大会的翻译任务。此外在法院以及刑事案件审理过程中,犯罪的聋人常常是文化程度低的文盲聋人,文盲聋人的手语对听人译员来说是一个高难度的挑战,为了和文盲聋人能够沟通,也有聋人译员和听人译员共同承担文盲聋人与法官、警察之间的沟通重任的情况。

目前国内的手语译员大多以听人译员为主,承担着聋人日常生活、教育、就医、法律、高校聋人课堂教学、会议、活动等多方面的沟通重任。

---

[1]　张宁生,任海滨:《手语翻译概论》,郑州大学出版社2015年版,第1页。

手语译员以多种形式从事着手语翻译的工作,根据工作的性质可分为兼职手语译员与全职手语译员。兼职手语译员一般有自己的本职工作,利用工作之余的时间经私人介绍或者是挂靠在某一机构下从事手语翻译的工作;全职手语译员大多在一线城市,在专业的手语翻译公司里面从事手语译员的工作。目前国内的手语译员中全职的所占比例较少,但随着政府对残障事业重视程度的提升、高校手语翻译专业毕业生的增加,以及聋人对手语译员的需求增多,全职的手语译员的人数也呈上升趋势。如2013年1月中州大学(现郑州工程工程技术学院)为手语翻译设置27个工作岗位,其中18个为专职手语翻译,9个为学生实习岗位。

手语译员的工作内容是将两种语言进行转换。在《手语翻译概论》中,根据手语和口语之间的转换关系,将手语译员的翻译工作分为手语口译、口语手译、手语手译以及口语直译。

(1)手语口译。手语口译是指将聋人表达的手语翻译成汉语说给听人听或形成文字给听人看。该类翻译难度较高,要求译员必须精通手语和汉语两种语言,并且对聋人文化、听人文化有非常深的了解,目前国内听人能够做到的仍旧是少数,在部分需要手语口译的场所,会有一些具有部分口语能力和手语能力的重听群体和高校手语翻译来担任该类工作。

(2)口语手译。口语手译是指将听到或者看到的汉语翻译成手语或者手势汉语给聋人看。听人的听力正常,能够听到并快速理解发言者所要表达的信息,所以口语手译的翻译工作大部分是由听人译员来完成。听人译员会根据聋人不同的需求将听到或者看到的汉语翻译成手语或者手势汉语。当聋人的汉语基础较弱,手语译员则会翻译成手语;当聋人具有一定的汉语基础甚至只会汉语的时候,手语译员就要翻译成手势汉语。将汉语翻译成手语是两种语言的转换,汉语翻译成手势汉语是将汉语转换为视觉手势符号,语言本身并没有产生转换。

(3)手语手译。手语手译是指将一种手语翻译成另外一种手语,这类情况一般出现在国际活动中。随着国内国际活动的增多,当多地区聋人同时出现在一个活动的时候,则需要手语译员将一种手语翻译成另一种手语给参加活动的人群。手语手译要求译员必须同时掌握两种以上的手语,一般具有留学经历的听人或聋人才能承担;手语手译的对象不仅仅只有聋人,听人有时也会成为手语手译的翻译对象。此外,手语手译也会出现在对文盲聋人、离群聋人的翻译工作中,在接收信息的聋人文化水平不高或者认知水平和当今社会不对等时,则需要精通手语的聋人译员来做中间人,为其进行翻译工作。

(4)口语直译。口语直译与之前三种翻译有所不同,它是针对使用口语的聋人采用可视的手语,包括不出声的重复、选择容易以视话方式读出来的词汇,有时采用描述性的姿势①。一般做口译直译的是聋人较为亲近的亲属,对面向社会提供手语翻译服务的手语译员来说,该类翻译工作并不常见。

手语译员是聋人和社会沟通的重要桥梁。手语译员的存在让聋人可以接收到党和国家的关怀与问候,对国家重要事项具有基本的了解与认知,保障聋人身为国家成员的基本权利;也是聋人获得外界信息的辅助性手段;更是保证聋人接受教育、看病就医、行使法律、进行社会生活的基本条件;也是向社会表达声音、展示自我的重要手段。手语译员不仅可以让聋人群体更好更快地融入社会,也是国家社会和谐文明程度的重要体现。

二、手语译员的培养

自20世纪80年代以来,美国、英国、加拿大、瑞典、挪威、丹麦、日本等发达国家陆续将手语作为一种独立的语言纳入国家教育体系,美国、英国、澳大利亚等国家建立了一套比较完整的关于手语翻译的培训、测试和鉴定体系,有的国家还成立了国家级手语翻译机构。美国在20世纪60年代初期,一些立法和措施允许手语出现在公共场合为聋人服务时,当时的手语译员——即那些非正式的、非专业的志愿者身份的翻译人员被招募为正式的手语译员。随着需求的扩大,当时的人员满足不了社会的需求,于是在联邦政府的资助下出现了专门培训手语译员的社区大学和项目。该培训在初期仅仅是教授参训人员学习手语词汇,很少涉及手语语法及相关翻译技巧,培训时间从两星期至四星期不等。随着社会发展对手语译员数量及质量需求的不断提升,美国对手语译员培训的课程及时间不断增加,由原来单纯地进行美国手语的培训,到后来加入了翻译技巧的讲授。1965年《美国职业康复法案》首次认定手语译员是一种职业,其后美国的手语翻译教育由原来的短期课程转变为二到四年的学位课程,并在硕士中开设了手语翻译专业。

据《自强》2007年第6期中吴珊在《JICA聋人领导者培训见闻》一文中记载,日本手语翻译队伍非常强大,甚至每个县市都配有手语翻译,全日本手语翻译达到一万名。日本手语翻译在发展之初,对手语翻译人员的培训是由聋协承担,参加培训的人员主要是家庭主妇,以学习体验手语和帮助聋人为主要目的,并没有发展成专业的手语翻译教育。随着聋人对手语翻译需求的增加,日本聋协向政府提议,在相关政策中增加手语翻译为正式职业和手语翻译认证两个条例。随着相关政策的出台,手语翻译的地位和待遇得到提高,手语翻译的专业化教育也在不断地完善。

我国台湾于2002年制定了《手语翻译丙级技能检定规范》,并设计了相关的题

---

① 张宁生,任海滨:手语翻译概论(第二版)2015年版第3页。

库、培训课程、管理体制、发证办法、报考资格等相关内容。获取丙级技能资格证书的手语翻译人员应该具备满足聋人的一般公共事务服务所需,对于比较专业的领域,如法律、教育、医疗等,该级别的手语翻译还不能满足要求。在对丙级技能的人员进行培训的课程中,台湾地区把手语翻译技巧、手语和口语语法概论分别作为独立的课程进行讲授,手语翻译技巧的讲授包括口语翻译手语技巧、手语翻译口语技巧和手语、口语双向沟通技巧。手语与口语语法概论包括手语语法概论、口语语法概论、口语/手语语法差异和地域性手语差异等。由此看出,台湾地区手语翻译的专业化程度比较高。

我国手语翻译专业的发展历程与美国相似,在专业发展之初,对手语译员的培训也是仅仅从手语词汇的教授开始,对手语语法及翻译技巧的培训涉及非常少,培训时间也是从两个星期至三个月不等。直到2003年中州大学(现郑州工程技术学院)孟繁玲教授申请开办手语翻译专业之时,还有一些反对的声音,认为手语翻译的培养只需要短短几个月就能成才,不能作为大学的一门专业来开。2004年,中州大学(现郑州工程技术学院)手语翻译专业的招生标志着我国手语译员职业专业化系统化培养的开始,它填补了中国高等教育的一项空白。中州大学手语翻译专业开办之初,得到了美国加劳德特大学和美国国家聋人工学院的支持和帮助。该校在专业建设初期曾派教师到美国国家聋人工学院进行学习,通过对美国手语翻译专业的课程设置、教学方法、教材建设,考核方式及手语翻译资格证的获取方法等方面的学习,促进了我国高校手语翻译专业建设的规范化。

随后南京特殊教育师范学院、郑州师范学院、营口职业技术学院、浙江特殊教育职业学院等高校相继开设了手语翻译专业。手语翻译专业的开设无疑促进了手语翻译的职业化,为手语译员队伍的壮大及专业化程度的提高做出了很大的贡献。在办学过程中,大家逐步达成共识,培养一个合格的手语翻译三年时间是不够的,2016年,郑州工程技术学院(原中州大学)和南京特殊教育师范学院的手语翻译专业已经由专科升为本科,相信未来手语翻译人才培养层次将不断提升。

随着专业的发展,郑州工程技术学院(原中州大学)率先吸收聋人教师进入手语翻译专业教师队伍,这对手语翻译专业的发展起到了极大的促进作用;聋人教师的加入,使得专业学生在手语的学习及看手语进行口译的能力得到了极大的提升。但由于我国手语研究的历史较短,手语翻译专业建设之初,手语语言学及手语翻译的相关理论发展不太完善,手语翻译专业的教学仍侧重于手语词汇的学习,手语语法及翻译技巧的教授并不系统,专业课教师在讲授手语词汇的同时将自己的翻译经验及翻译中学到的手语语法讲授给学生,这些知识都是零星、不系统的。

2002年以来,以张宁生、孟繁玲为代表的老一辈聋教育工作者,积极主动地为手语翻译专业的开设及建设努力;以复旦大学龚群虎为代表的一批语言学家加入到手语语言学的研究队伍中来,促进了手语语言学的发展;以厦门大学肖晓燕为代表的翻译学界的学者加入到手语翻译理论的研究中来,促进了手语翻译技巧和理论的发展;同时以英国中央兰夏大学的聋人博士杨军辉为代表,将国外先进的手语语言学理论和手语翻译理论及技巧传入中国。这些人的不断努力,极大促进了手语翻译专业的发展。由于手语翻译专业是一门新兴的专业,所以研究成果很容易应用到教学中,同时在实践中得到应用,这也极大促进了手语翻译的专业建设。

三、手语译员的职业素养

聋人是手语的使用者,手语译员是因聋人群体的存在而产生的新兴职业。两者是鱼与水的联系,密不可分。聋人参与社会生活需要手语译员,手语译员也因聋人的需求产生社会价值,获得社会生活的个人所得,从而创造个人价值。手语译员是聋人参与社会无障碍社会环境的重要组成部分,没有手语译员,聋人的无障碍环境是不完整的。在社会公共环境中提供手语翻译服务也是国家义不容辞的责任。

手语译员的设立不仅仅是聋人群体的需求,同时也是社会需求。当聋人成为病人的时候,手语译员可以让医院与聋人病患之间无障碍地沟通;当警察抓捕到聋人犯罪嫌疑人的时候,手语译员可以帮助了解犯罪经过确定犯罪事实;法院在受理聋人诉讼的案件时,手语译员可以帮助聋人对整个过程的参与和知晓。总之,聋人能够参与大大小小的社会活动,都离不开手语译员的服务,而在社会公共场所配备手语翻译服务,也是文明的一种体现。

手语译员是一门职业,其服务对象是产生手语翻译需求并聘请手语译员的双方。聋人、听人、组织机构都是手语译员的服务对象,其工作职能就是消除双方因语言不通而产生的沟通障碍,同其他语言类翻译工作具有相同的属性。手语译员在面对服务对象时要有服务意识。应以中立的身份完成自己的服务,不偏袒任何一方,也不能以上位者的身份替自己的服务对象做决定。尊重服务对象,不因其财力、地位、学历、某种缺陷而产生歧视、轻视的态度,是手语译员身为服务人员的职业操守。

手语翻译是对语言的翻译,作为职业的手语译员应具备扎实的语言功底。手语是一门语言,手语译员要有这样的专业认知,并且深深地理解手语的语言性问题。每一门语言的学习都不是一个轻松的过程,仅仅经过短时间的学习就仓促作手语译员的人应认真审视自己是否真正地掌握了手语。由于我国手语语言学研究起步较晚,很多手语初学者对手语和手势汉语的认知存在混淆,掌握部分手语词汇之后就按照自己汉语的顺序打手语词汇,并将其定义成手语,这是一种错误的认知。聋人在打手语时,其句法顺序并不依托汉语,而是按照手语的语言特征进行表达,仅仅掌握了手语词汇,而没有对手语进行深入学习,是不达到手语译员手语能力要求的。中国手语还有地域性差异和年龄层差异的特点,只有广泛地接触各地区各年龄阶段的聋人,才能保证手语译员对手语具有深入认识。

手语译员不仅需要具有扎实的语言功底,同时也要对聋人群体和听人群体有深刻的认识。手语译员的服务人群是听人群体和聋人群体,是搭建两个群体沟通的桥梁,所以手语译员要对聋人群体和听人群体具有深刻的认识。由于听力的缺失,聋人群体在生活中的各个方面会产生和听人不同的思维方法和处事行为,有些行为会让听人觉得正常,有些行为会让听人觉得不适应不理解,身为手语译员要非常了解聋人,理解其行为背后所产生意义,这样在翻译过程中才可以准确把握聋人讲话者的意图,并做到准确翻译。手语译员不但要了解聋人,更要了解听人,这样才会在双方因沟通产生误会的时候很好地找到解决途径。手语译员要有长期和聋人相处的经历,一方面这样沉浸式的学习可以满足译员词汇量的累积;另一方面手语译员也要对服务对象的变化有跟踪性的了解。手语译员是跨文化的使者,是介于两类群体的中间人,起到一种桥梁作用。

手语译员还要对两种语言的转换能力进行专业的训练与培养。手语和汉语是两类不同的语言,各有自己的表达方式,手语译员应在同时掌握这两种语言的前提下,通过对翻译理论的学习以及技巧的练习到最佳的语言转换。在高强度翻译场所中,例如在同声传译过程中,时间紧、即时性强,手语译员应掌握一定的翻译技巧与方法来应对。另外,两个群体的文化背景、生活习惯、受教育程度存在差异,两者之间的语言也会存在不对等的状况。例如聋人群体整体平均学历水平略低于听人群体,在专业学科领域,其手语的词汇量是匮乏的;而聋人群体平时喜欢聚会、聊天,手语词汇量会高于汉语。手语译员应通过相应的学习而具有处理此类问题的能力,保证双方的沟通顺畅进行。有很多熟练的手语语用者在翻译场合显得力不从心,究其根本则是其翻译技能的缺失,手语译员必须经过专业的翻译培训才能胜任手语翻译工作。

翻译行业是紧跟时代潮流的行业,与社会的发展有着千丝万缕的联系,手语译员要始终不断地提升专业知识和专业技能。一方面,语言是随着时代的变化而变化的,不同时期会有很多新的词汇出现,手语译员也应不停地学习来更新自己的词汇量。另一方面,对相关领域的前沿科技也要积极学习,从而保证可以向服务群体提供更优质的服务并带动整体行业的发展。

第四节　手语对聋人影响的案例分析

一、在手语环境下长大的聋人的案例分析

【案例介绍】

杨某,35岁,聋人,某创业公司的负责人。

杨某出生在聋人家庭,家里的长辈都是聋人,杨某从小就在手语环境中成长。家庭成员之间的主要沟通方式就是手语沟通。进入聋校之后,其所在的学校也是手语教学。由于手语先天优势,杨某的学习能力领先于同班同学,成绩优异。在学校学习期间,杨某很好地掌握了书面语,让杨某具备了和他人进行文字沟通的能力。在家庭生活中,杨某就担任起父母与外界沟通的工作,帮助父母处理生活中的困难。长大后,杨某能够很好地和周围同学、朋友、师长相处,在一次偶然的机会,经朋友介绍,杨某获得了出国留学的机会。在国外,杨某的语言天赋获得很大的表现机会,在同时期去留学的学生当中,杨某对当地国家语言的学习速度很快,甚至超越了之前的留学生。由于从小承担家里的"外交"重任,杨某的"外交"天分也逐渐凸显,利用自己的语言优势,杨某迅速和当地多家机构结下了深厚的友谊,留学时间还没有结束,杨某就趁空余时间成立了公司,联合在留学国家的机构开展了多个交流项目。

【案例分析】

通过上述案例我们发现,手语在杨某的成长中一直发挥着积极作用。首先,杨某出生在聋人家庭,他从小就是在手语的环境下长大的,他的语言发展一直是持续的。语言的发展有助于其大脑语言功能区域思维的成长,后来杨某进入聋校,展现了其早期形成的语言优势,能够在课堂上最大限度学习知识,学习成绩领先于同班同学,形成很大的心理优势。杨某在家庭中帮助父母解决生活中的难题,这使他培养了坚韧的性格和人际交往的能力,也为后来的发展奠定了良好的基础。

聋童第一语言的良好发展对其学习第二语言是否能够产生良好的效果,目前并没有科学论证,但是聋童在语言发展时期能够很好地发展第一语言,对其认知是有直接的影响的。因为语言最重要的是交流以及信息的获得,聋童第一语言的良好发展则可以说明聋童在该时期通过第一语言的使用获得了丰富的信息与交流机会,其认知必然会高于同时期语言没有完善发展的聋童。早期频繁的语言沟通,对

聋童的情商、智商的发育也有很大的助益。在之后的聋校过程中,语言发展良好的聋童就会先于他人获得学习优势和与他人相处的优势。

二、在语言缺失环境下长大的聋人的案例分析

【案例介绍】

王某,20岁,聋人,某高校聋人大学生。

王某在两岁时因病致聋,父母都是听人。王某致聋后,父母带着王某去各地看病,在恢复无望后返回家中,由于父母都是农民,平时农忙对王某就少了照顾,再加上孩子听不见,父母与王某的交流就少之又少,在家待到了上学的年纪就把王某送到了市里的聋校。由于之前王某生活略微单一和闭塞,所以王某在学校的学习也倍感吃力,由于不爱与人交流,手语不好,同学们都比较排斥他。后王某参加聋人单招,考上了一所高校的绘画专业。大学期间,与同学之间的相处并不愉快,沟通事情总是说不明白,经常理解错误或者不理解,每次班级通知或者组织活动,王某都成为班级重点帮扶对象。在课堂教学过程中,任课老师也发现王某的理解力很不好,一个知识点别的同学一两遍就会,到了王某要教四五遍才算勉强学会,等过了一段时间王某就又忘了,还得重新教,对王某的状况老师也很苦恼。

【案例分析】

上述案例中,我们看出王某是在语言缺失的环境下成长的聋人,并对其产生了相对消极的影响。王某致聋时的年龄较小,正是儿童发展认知的重要阶段,致聋后,其语言能力并没有一个非常好的继续发展。该时期其父母对其的照顾停留在吃好喝好的表象下,而忽视了这段时期对孩子认识发展培养的重要性。这段时期没有合适的语言介入,获得的信息也十分稀少,这些对王某之后在聋校的学习产生了非常大的阻碍。本来在家的交流就很少,王某进入学校后,各方面能力落后于其他同学,王某和同学交流的机会就更少了,这也是王某性格内向的一个原因。先天语言发育的不足,后来又没有进行很好的补救措施,导致王某的理解能力弱于同时期的孩子,随着时间的日积月累,王某和同龄人的差距会越来越明显。

语言对一个人的影响是至关重要的,其生活、学习、交流都要通过语言来完成。聋人因听力的丧失,其获得信息的渠道相较于听人会减少很多,最直接的影响就是有声语言的获取失败。手语是一门语言,其视觉性更符合聋人依靠视觉获取信息的特点,手语的存在弥补了有声语言带来的信息缺失。当孩子致聋后,手语的介入能够很好地替代有声语言的作用,帮助聋童继续获取外界的信息。而神经语言学在试验过程中也发现,聋人打手语时其脑部活跃区域与听人说话时脑部活跃区域

的重合率高达百分之八十,从而说明聋童学手语有助于其语言的发展与认知的发展。

三、在口语环境下长大的聋人案例分析

【案例介绍】

陈某,26岁,重听人,某公益组织的工作人员。

陈某在五岁时因病致聋。致聋后父母四处求医无果,最后将其送到康复中心进行康复训练,后来陈某又做了人工耳蜗手术,但是术后听力的恢复效果并没有达到听人水准。陈某的童年是在康复中心度过的,康复训练成了陈某最重要的事情。到了上学的时候,父母将陈某送进了一所听人小学,由于早期康复训练,陈某的上学略晚,年纪在同学中也就大一点。陈某的小学生活并不是很快乐,因为自己与其他同学的不同,让陈某经常受到同学异样的眼光。再加上听力并没有完全恢复,当看到同学在自己周围窃窃私语时,陈某就会觉得同学在嘲笑他,便和同学产生了极大的冲突。好在小学知识难度不高,陈某还能跟得上,到了初中学习难度的加大以及周围环境的压力,导致陈某听力下降,不得已转到了聋人学校就读。到聋校后,陈某发现聋校教的知识都是低年级的水平,慢慢地就瞧不起自己的聋人同学。在聋校就读一年后,参加了聋人单独招生考试,考上了一所高校的计算机专业。毕业后由于聋人的身份,陈某就职于一家公益组织,负责聋人事项。由于对聋人有偏见,加上自己的手语水平有限,陈某和聋人关系并不好。不过由于聋人的身份,并具有一定的口语能力,陈某受到了手语志愿者的喜爱,而参与了手语教学工作。虽然是教手语,但是陈某对手语的认知并不足,当手语志愿者问到陈某不会的手语时,陈某就说手语太低级,没办法表达完整。他的言论被周围聋人知道,更加受到聋人群体的排斥。

【案例分析】

类似陈某的案例在日常生活中非常多,父母希望自己的聋孩子可以通过人工耳蜗手术,达到听人的说话和听话水平,以融入听人社会变成一名听人。但是通过人工耳蜗手术的聋人,并不是全部都可以获得非常好的说话和听话能力。部分通过人工耳蜗康复效果不明显的聋人,口语发展不顺利,手语水平低下,导致其在生活中常常受挫,且无归属感,很难融入听人群体,又不屑于融入聋人群体。

康复训练和手语的最终目的都是一样,帮助聋人回归到主流社会群体中。两者之间并不矛盾,甚至是可以共存的。康复是从医疗层面帮助聋人恢复听力、融入社会;手语是从语言的角度帮助聋人获得平等的信息,帮助聋人回归主流社会。康

复是从外部进行改变,手语是从内在影响。很多通过康复手段恢复部分听力的聋人,他们的内心都是很纠葛的,觉得自己是边缘人,不是听人也不是聋人,不被两个群体所接纳,认为自己是游离在两类群体之外的人。这让他们十分痛苦。其实手语和汉语都是语言,康复训练的聋人不是一定要在手语和口语之间做一个选择,社会上有很多掌握多种语言的人,手语和口语也是可以共存的。而在聋人听力恢复不理想的情况下,手语是一个很好的补充手段。掌握两种语言可以做两个群体的桥梁。目前很多手语好又有部分听力、口语的聋人通过做手语译员,在社会中找到了自己的定位与价值。

参考文献

一、著作类

[1] 张宁生,任海滨.手语翻译概论.2 版.郑州:郑州大学出版社,2015.

[2] 陈小红.上海手语动词及类标记结构方向性研究.上海.复旦大学,2009.

[3] 洪卡娜.上海手语类标记调查与研究.上海.复旦大学,2008.

[4] 孙颖,刘和平.大学生非智力品质修养.天津:天津大学出版社,1999.

[5] 张福娟.特殊教育史.上海:华东师范大学出版社,2000.

[6] 张宁生.残疾人高等教育研究.沈阳:辽宁人民出版社,2000.

[7] 解焕民.大学生的学习与成才.济南:山东科学技术出版社,2000.

[8] 关彤.交际礼仪.北京:北京师范大学出版社,2000.

[9] 张宁生.听力残疾儿童心理与教育.大连:辽宁师范大学出版社,2002.

[10] 郭建模.残疾人工作知识读本.北京:华夏出版社,2002.

[11] 林语堂.励志人生.西安:陕西师范大学出版社,2002

[12] 胡礼祥.大学生发展启示录.杭州:浙江大学出版社,2003.

[13] 刘全礼.特殊教育导论.北京:教育科学出版社,2003.

[14] 李莉.实用礼仪教程.北京:中国人民大学出版社,2004.

[15] 玺璺.青少年心理障碍个案与诊断.广州:广州出版社,2004.

[16] 李开复.做最好的自己,北京:人民出版社,2005.

[17] 覃彪喜.读大学,究竟读什么.广州:南方日报出版社,2006.

[18] 李晓.沟通技巧.北京:航空工业出版社,2006.

[19] 刘盈江.听觉障碍青少年心理咨询.北京:华夏出版社,2007.

[20] 胡雅梅.聋人大学生身份认同的研究.大连:辽宁师范大学,2005.

二、期刊类

[1] 吴玲.聋人书面语学习困难的研究.中国特殊教育,2007(5):33-37.

[2] 徐铁卫.中国手语的概念及内涵.中国特殊教育,2004(2):9-12.

[3] 郑璇.浅论手语对聋儿主流语言学习的影响.中国听力语言康复科学,2004(2):51-53.

[4] 龚群虎.聋教育中手语和汉语问题的语言学分析.中国特殊教育,2009(3):

63-67.

[5] 邓慧兰,姚勤敏,林慧思,等.手语双语研究对聋人的启示.当代语言学,2011(2):116-123.

[6] 吴玲,方红,李磊.聋人教师手语的个案研究.中国特殊教育,2011(1):42-46.

[7] 黄丽娇.论在中国开展聋文化研究的必要性.中国特殊教育.2009(3):38-43.

[8] 何文明.中国特教的世纪回顾.现代特殊教育,2000(1):41-42.

[9] 孙继红,胡正纲.关于我国聋人高校自主招生现状的反思.中国特殊教育,2002(1):30-34.

[10] 肖非.面向21世纪的中国特殊教育:问题与对策.人民教育,2001(11):45-47.

[11] 李秘,陈光华.关于视、听残障青年一体化高等教育的调查.现代特殊教育,2002(11):17-19.

[12] 李强,鲍国东.中、日、美聋人高等教育模式的对比与借鉴.比较教育研究,2004(11):37-40.

[13] 李强,张然,鲍国东,等.聋人大学生心理健康状况及相关因素分析.中国特殊教育,2004(2):68-71.

[14] 徐美贞.聋生心理健康教育研究的现状与分析.中国特殊教育,2004(4):85-88.

[15] 孟繁玲.浅论聋人高等教育的专业建设.中州大学学报,2004,21(3):59-60.

[16] 冯年琴.聋生心理健康状况调查与研究.中国特殊教育,2004(10):66-70.

[17] 徐黎黎,张宁生.消除隔阂 营造和谐:谈聋人与健听人的沟通问题.中州大学学报,2006(3):82-85.

[18] 牟映雪.中国特殊教育演进历程及启示.中国特殊教育,2006(5):37-41.

[19] 李东梅.美国聋人高等教育的支持服务.中国残疾人,2006(8):37-41.

[20] 李丹.融合式聋人高等教育的支持性服务.中国听力语言康复科学杂志,2007(3):51-54.

[21] PATRICIA A,MUDGETT D C,JAMES J,et al.中国聋人高等教育:现状、需求和建议.中国特殊教育,2007(8):12-17.

[22] 白瑞霞.开启心灵之窗.现代特殊教育,2008(5):29-30.